BARBARA FICKERT

DIE OFFENBARUNG HEUTE

BARBARA FICKERT

DIE OFFENBARUNG HEUTE

1900 Jahre danach

zeigt eine
auf alten Traditionen beruhende
visionäre Schau des Johannes,
die durch die Jahrhunderte
bis in die Neuzeit
immer wieder bestätigt wurde.

Mit einem Vorwort von Gerhard Wehr

AURUM VERLAG · FREIBURG IM BREISGAU

1978
ISBN 3 591 08069 1

Gesamtherstellung: Landsberger Verlagsanstalt Martin Neumeyer.
Printed in Germany.

Meinem Mann gewidmet
zu seinem 60sten Geburtstag am 25. Juli 1978
sowie
meinen Kindern
Helmut, Achim, Brigitte, Olof und Udo
und meiner Enkelin Nicole

INHALT

Vorwort von Gerhard Wehr 11
Danksagung und Bekenntnis 19
Einleitung 21

ERSTER TEIL

A Äußere Daten der Apokalypse
1 Historischer Rahmen, Autorenschaft . . . 23
2 Die Frage nach dem Sinn 27
3 »Stein des Anstoßes« Luthers Stellungnahme . 30

B Aufnahme traditionellen Gutes
– Ergebnisse moderner Forschung –
a Hebräische Buchstaben und ihre Zahlenwerte . 33
b Der Tarot 35
c Die Kabbala 37

ZWEITER TEIL

Gang durch die Apokalypse nach Kapiteln . . . 39
1. Kapitel: Vorwort, Einleitung, Berufung des Johannes 40
Zur Astrologie 43
Zur Zahl 7 44
Zur Zahl 1 45

2. Kapitel: Sendschreiben an Ephesus, Smyrna, Pergamon und Thyatria 47
Zur Zahl 2 53

3. Kapitel: Sendschreiben an Sarfes, Philadelphia und Laodizea 54
Zur Zahl 5 54
Zur Zahl 6 56
Zur Zahl 3 60

4. Kapitel: Der Herr der Welt 62
Zur Zahl 4 64

5. Kapitel: Das Lamm und das versiegelte Buch . 66

6. Kapitel: Die ersten sechs Siegel 69

7. Kapitel: Kennzeichnung der Knechte Gottes, die große Schar vor Gottes Thron . . 75

8. Kapitel: Das 7. Siegel und die ersten 4 Posaunenengel 79
Rückblick und Überblick
Zur Zahl 8 86

9. Kapitel: Die fünfte und sechste Posaune
Zur Zahl 9 87

10. Kapitel: Das kleine geöffnete Buch, das »göttliche Manna« für Johannes . 92

11. Kapitel: Vermessung des Tempels; die zwei Propheten und die 7. Posaune . . . 96

12. Kapitel: Schaubilder: Kampf des Satans, Sturz des Drachens, Verfolgung der Frau . 101

13. Kapitel: Die beiden Tiere 106

14. Kapitel: Das Lamm und sein Gefolge, Gerichtsankündigung 110

15. Kapitel: 7. Schaubild der 7. Posaune, Gericht und Schalenengel 114

16. Kapitel: Ausschüttung der Schalen des Zorns . 117

17. Kapitel: Die Hure Babylon 120

18. Kapitel: Babylons Sturz 124

19. Kapitel: Endkampf und Sieg 128

20. Kapitel: Fesselung des Satans, Millenarium, Endgericht 133

21. Kapitel: Der neue Himmel und die neue Erde; Verheißung des himmlischen Jerusalem 138

22. Kapitel: Zeugnis und Mahnung des Sehers . . 145

DRITTER TEIL

A Die Bestätigung der Apokalypse durch die Jahrhunderte 149

1 Audition

a Äußere Stimme
Augustinus Aurelius, 354 – 430 152

b Innere Stimme
Teresa von Ávila, 1515 – 1582 154
Johann Friedrich Oberlin, 1740 – 1826 . . . 156
Sri Aurobindo, 1872 – 1950 158
Carlo Carretto, geb. 1910 162

c Stimme mit Schreibauftrag
Johannes Tennhardt, 1661 – 1720 164
Martin Buber, 1878 – 1965 167
Jakob Lorber, 1800 – 1864 169

2 Lichtvision

a Innere Erleuchtung
Joachim von Fiore, gest. 1202 173
Ignatius von Loyola, 1491 – 1556 175

b Äußere Vision
Buch Mormon, 1830 176
Hildegard von Bingen, 1098 – 1179 179

3 Vom Geist entrückt
Gertrud von Helfta, 1256 – 1302 182

Juliane von Norwich, 1343 – 1413 183
Marina von Escobar, 1554 – 1633 186
Emanuel Swedenborg, 1689 – 1772 189
Sadhu Sundar Singh, 1889 – 1930 196

B Einzelaussagen verschiedener Visionäre zum Themenkreis der Apokalypse des Johannes . . 203
Jakob Böhme, 1575 – 1624 203
homo maximus, Gott-Mensch, Makrokosmos im Verhältnis zum Mikrokosmos, Adam . . . 206
Göttliche Dreifaltigkeit 207
Zusammenfassendes zur Sophiologie 208
Heinrich Seuse, 1295 – 1366 209
Das »neue Lied«, die himmlische Musik . . . 212
Engel 212
Wanderung durch die andere Dimension . . . 220
Mozarts Zauberflöte 220
Dante Alighieri, 1265 – 1321, und seine Göttliche Komödie 221
Nachtodliches Leben in heutiger Sicht 227
Brigitta von Schweden, 1303 – 1373 228
Meister Eckhart, 1260 – 1327 231
Matthias Claudius, 1740 – 1815 233

Zusammenfassung und Rückblick 235
Gedanken zum Schluß 237
Abkürzungsverzeichnis 239
Literaturverzeichnis 241
Namensregister der wichtigsten im Text zitierten Visionäre in der chronologischen Folge ihrer Lebenszeiten 248

VORWORT VON GERHARD WEHR

Gegenwärtige Offenbarung

»Jetzt erst erkenn' ich, was der Weise spricht:
›Die Geisterwelt ist nicht verschlossen;
Dein Sinn ist zu, dein Herz ist tot!
Auf, bade, Schüler, unverdrossen
Die ird'sche Brust im Morgenrot‹« –

Diese Verse aus dem ersten Teil von Goethes »Faust« – Vergewisserung und Zuspruch in einem – sind Niederschlag einer inneren Erfahrung, die letztlich an keine Zeit und an keine Region gebunden ist. Sie kann sich mal um mal einstellen, freilich immer in neuer, individualisierter Gestalt. Diese Worte weisen nicht nur zurück auf die Höhepunkte der Geistesoffenbarung in längst vergangenen Zeiten. Sie lenken den Blick des Suchenden, der sich nicht scheut, »Schüler« zu sein, auf das, was heute geschieht, auf gegenwärtig geschehende Offenbarung.

Nun ist nicht zu leugnen, daß sich mit dieser Feststellung ein Problem verbindet. Der Einwand wird laut: Offenbarung, christliche Offenbarung zumal, sei durch das Christusereignis nicht nur begründet, sondern mit der Verkündigung dieses Ereignisses auch abgeschlossen. Verwiesen wird auf den Bibelkanon des Alten und Neuen Testaments, das heißt auf jene *norma normans* (die normierende Norm), die durch keinen Abstrich und durch keine Zutat, etwa durch weitere Zeugnisse der urchristlichen Zeit, verändert werden dürfe. Zwar müsse das Wort der Verkündigung in jeder Zeit und in die Situation der Menschen jeder Zeit hinein immer wieder aufs neue gesagt werden. Doch das sei eine Frage der Auslegung; das auszulegende Wort, eben jener nicht zu verändernde Kanon heiliger Schriften, sei ein und dasselbe. Mithin sei Offenbarung im strengen Sinn des Wortes durch die biblischen Dokumente fixiert und durch sie begrenzt. Mit dem letzten Bibelbuchstaben hätte diese Offenbarung aufgehört. »Deus dixit«, Gott hat geredet – das ist alles. Ist das alles?

Auch wenn man diese und ähnliche Einwände ins Bewußtsein faßt und ihnen gerecht zu werden sucht, wird man jedoch nicht darüber hinwegsehen können, daß beispielsweise die neutestamentlichen Evangelien den Niederschlag einer vielgestaltigen Fülle religiöser Erfahrungen darstellen und daß diese Erfahrungen mit der apostolischen Zeit keinesfalls ein Ende gefunden haben. Ganz im Gegenteil: ungezählte Menschen wurden in der Tiefe ihres Seins ergriffen, erschüttert, beglückt, erregt, schließlich zu einem Leben in Christus verwandelt und zu Taten der Christusnachfolge impulsiert. Und nicht genug damit: Das Neue Testament selbst macht an zentraler Stelle auf den *Fortgang* des Offenbarungsprozesses aufmerksam, wenn Christus in jenem hochbedeutsamen 16. Kapitel des Johannesevangeliums sagt: Ich habe euch noch viel zu sagen, aber ihr könnt es jetzt noch nicht tragen. Wenn aber jener, der Gott der Wahrheit, kommen wird, der wird euch in die volle Wahrheit leiten!

Der griechische Text gebraucht die Vokabel *»hodegései«*, er, der Geist, wird »Wegführer« sein in die Fülle der Wahrheit. Und mit ihr ragt die Offenbarung in das Erkennen des Menschen hinein. Paul Schütz, der große nonkonformistische lutherische Theologe dieser Zeit, spricht mit vollem Recht von dem »großen Hodegései des Johannesevangeliums«. Der durch keine Dogmatik und durch keine Konfession einzuengende Horizont ist eröffnet. Christus selbst versichert seinen auf die spirituelle Erkenntnis vorbereiteten Jüngern eine Geistes-Gegenwart, wie sie vom Menschen her zwar nicht beliebig machbar, durch den Menschen jedoch je und je erfahrbar ist, nämlich als gegenwärtig sich ereignende Offenbarung.

Aus einem solchen Erleben und Wissen heraus hat die

Theologin Barbara Fickert ihr Buch geschrieben, das theologisches Erkennen und religiös-geistiges Erfassen zu einer Einheit verbindet. Durch sie artikuliert sich die Sehnsucht vieler Zeitgenossen, nämlich die nach der »geistigen, überkonfessionellen Kirche«. Ich nenne es die *Ökumene des Geistes,* die sich nicht allein als eine Ökumene in der Horizontalen darstellt, in der Menschen unserer Zeit aufeinander zugehen, indem sie die Enge einer lehrmäßigen und weltanschaulichen Rechthaberei zu überwinden trachten. Es gibt eine Ökumene des Geistes in der Vertikalen, durch die jeder einzelne, der auf dem Wege ist, mit denen in Verbindung steht, die uns glaubend, erkennend, liebend, hoffend vorangegangen sind. Das Neue Testament spricht von der »Wolke der Zeugen«. Sie setzt sich nicht einfach aus den Namen derer zusammen, die sich seit alters in der Schar der kirchlich anerkannten Märtyrer und Heiligen oder Glaubenszeugen finden. Manche sogenannte Ketzergestalt gehört hinzu! Immer aber sind es Menschen, die aus der Tiefe und aus dem Reichtum religiöser Urerfahrung geschöpft haben. Wir begegnen ihnen innerhalb wie außerhalb der verfaßten Kirche, nicht selten dort, wo sich so etwas wie ein religiöses Niemandsland erstreckt. Eine exakte Positionsbestimmung läßt sich für Grenzgänger dieser Art kaum geben. Sie entziehen sich einer eindeutigen Definition. Wer wollte etwa behaupten, daß Häretiker außerhalb des spirituellen Kraftfelds gegenwärtiger Offenbarung stehen? Sind nicht gerade sie es, die an sich – oft in leidvoller Weise – den Durchbruch des göttlichen Geistes erlebt haben und denen es jedoch nicht gegeben war, das mit Erschütterung Wahrgenommene zu verschweigen?

Man braucht nur die innere Schicksalslinie solcher Menschen zu verfolgen, um selbst inne zu werden, was es heißt, der offenbarenden Stimme oder der erschrecklichen Vision standzuhalten, seien es so verschiedene Geister wie der leidgeprüfte alttestamentliche Prophet Jeremia oder der vom Stigma der Gottesbegegnung gezeichnete Paulus oder der durch die Ängste der Wiedergeburt und jäher Erleuchtung hindurchgegangene Görlitzer Schuster Jakob

Böhme. Ein Stein des Anstoßes war jeder auf seine Weise. Es stimmt versöhnlich, aber auch nachdenklich, daß nicht etwa nur unerfahrene Ignoranten die beunruhigende, tief erregende Botschaft von Drüben auf ihre Weise als anstößig empfunden haben. So ist es sehr berechtigt, wenn die Autorin ihrer Exegese des mit vielen Siegeln verschlossenen Offenbarungsbuches des Neuen Testaments nicht nur Hinweise auf traditionelle Erkenntnishilfen voranschickt, sondern wenn sie Martin Luthers Erkenntnisbegrenztheit angesichts der Johannes-Offenbarung ausdrücklich vermerkt.

So stellt sich die Frage nach dem Sinn dessen, was als *Apokálypsis,* als ein Dokument der »Entschleierung« des Verborgenen, der Christenheit anvertraut ist. Und hier geht es nicht um beliebige »Welträtsel«, wie sie eine im Irrgarten des Evolutionismus gefangene Generation einst zu lösen trachtete. Hier stehen wir im Bereich des Mysteriums. Rätsel lassen sich enträtseln, rationale Probleme lassen sich lösen; anders verhält es sich mit jener Wirklichkeit, die allein durch das mythische Bild und durch die Mehrdimensionalität eines echten Symbols zur Sprache gebracht werden kann.

Wiewohl mit den Methoden historisch-kritischer Forschung und der bibelwissenschaftlichen Hermeneutik vertraut, ist sich Barbara Fickert bewußt, daß eine »sezierende Exegese«, und sei sie nach allen Regeln der Kunst angewandt, letztlich Stückwerk bleiben muß. Was geistiger Inspiration entstammt, das verlangt nach einer adäquaten Interpretation. »Das Eigentliche ist dort zu suchen« – so lesen wir in Martin Heideggers Einführung in die Metaphysik – »wo die wissenschaftliche Interpretation nichts mehr findet, die alles, was ihr Gehege übersteigt, als ›unwissenschaftlich‹ brandmarkt.« Auf die religiöse Überlieferung angewandt, heißt das doch: Ein spiritueller Wortlaut verlangt nach *spiritueller Interpretation* (Vgl. hierzu Gerhard Wehr: Veränderung beginnt innen, Stuttgart 1977; ders.: Wege zu religiöser Erfahrung, Olten-Freiburg 1974).

Der Apokalyptiker Johannes gibt selbst im 10. Kapitel seines Werks einen Hinweis darauf, was zu geschehen hat: Er tut das mit den Worten: »Nimm und iß (das aufgeschlagene Büchlein)!« – Konkreter, geistrealer könnte kaum zum Ausdruck gebracht werden, worauf es bei der Entgegennahme geistig-religiöser Wirklichkeit letztlich ankommt. Nicht darauf kommt es an, daß wir die Bilder und die Sinngehalte in uns und mit anderen »diskutieren« (wörtlich: zerschlagen, sezieren, analysieren, kritisieren), sondern daß wir sie uns »einverleiben«. Das ist ein kommunikativer, ein sakramentaler, ein meditativer Akt. Analyse und Kritik sind deshalb nicht etwa außer Kraft gesetzt, wohl aber relativiert und auf ihre faktische Reichweite begrenzt, nämlich auf das, was an der religiösen Überlieferung »Text« ist. Durch das Text-Gewebe hindurch aber erstreckt sich die Dimension des spirituellen Offenbarungswortes. Oder um es mit dem um eine spirituelle Erschließung der Bibel verdienten Emil Bock zu sagen: »Ein in den Köpfen stecken bleibendes und deshalb unwirkliches und unechtes Geistesleben wird verhängnisvoll, wenn die Wirklichkeit der Geisteswelt in die Erdenwelt hereinbrandet, die nur da wahrhaft aufgenommen wird, wo sich Menschen von ihr bis in die tiefsten Schichten ihres Wesens durchdringen und umschmelzen lassen.« – Das Mysterium beginnt zu sprechen; mehr noch: es beginnt zu wesen, es gegenwartet: Gegenwart der Offenbarung!

Diese Gegenwart ist zwar nicht verfügbar. Man kann mit ihr nicht in dem Sinne rechnen, wie man mit Maß, Zahl und Gewicht zu rechnen pflegt. Sie schenkt sich »allein aus Gnaden« (Luther) oder sie setzt uns auf ungewisse Zeit der »Gottesfinsternis« (Buber) aus. Der Geist weht, wann und wo *er* will! Immerhin ist eines möglich: Die Verfasserin nennt es »Die Bestätigung der Apokalypse durch die Jahrhunderte«. Das ist auch die Überschrift eines Kapitels, in dem Barbara Fickert eine stattliche Anzahl von Zeugen vorstellt, Männer und Frauen aus Geschichte und Gegenwart, unter ihnen die Nichtchristen Shri Aurobindo und Martin Buber, – wahrhafte Repräsentanten einer Ökumene des Geistes! Dadurch wird die zeitliche Kluft, der garstige Graben«, zwischen dem Apokalyptiker Johannes und uns überbrückt. Niemand meine, daß durch den Bericht über die Erfahrungen anderer die spirituelle Eigenerfahrung zu ersetzen sei, – alles andere als das!

Aber Christentum ist ohne die Gemeinschaft der Christen nicht möglich, nicht realisierbar. Menschen, die unterwegs sind, bedürfen des Zuspruchs, den der eine dem anderen schuldet. Und da ist selbst derjenige nicht allein gelassen, der in der Einsamkeit zu ersticken droht. Die »Wolke der Zeugen«, die auf ihre Weise an der Offenbarung des göttlichen Geistes Anteil gewonnen haben, umgibt auch ihn. Und so wie der Schreiber der Johannes-Offenbarung sein Erleben auf Patmos weitersagen muß, sein imaginatives, inspiratives und intuitives Wahrnehmen, so beginnt auch das zum heutigen Leser unmittelbar zu sprechen, was die Hüter eines esoterischen Christentums in ihren Schriften niedergelegt haben, nämlich Gewißheit stiftend, Erfahrung vorbereitend. In diesem Sinne lassen sich die zahlreichen Zeugnisse verstehen, die die Autorin im Schlußteil ihres Buches aneinanderreiht. Wohl ist die Geistesart eines Meister Eckhart eine andere als die eines Sadhu Sundar Singh; und was eine Teresa von Ávila erkannte, das läßt sich trotz vieler Gemeinsamkeiten nicht mit dem völlig in Deckung bringen, was Johannes vom Kreuz als »Aufstieg zum Berge Karmel« beschreibt. Ähnliches gilt für Emanuel Swedenborg und für seinen großen schwäbischen Zeitgenossen, den Theosophen Friedrich Christoph Oetinger. Probleme eigener Art wirft Martin Buber auf, der sich in reifen Jahren von dem Enthusiasmus seiner mystischen Frühzeit ausdrücklich distanziert hat und dessen Chassidismus-Deutung zu manchen Rückfragen Anlaß gibt.

Doch all das ist im letzten nicht entscheidend, geht es doch nicht darum, neue Glaubenssätze zu kanonisieren. Das Heer der geistig überforderten »Anhänger«, die auf die Worte ihres Meisters schwören, ist groß. Dabei weist sich der echte Meister, Geisteslehrer und Seelenführer dadurch aus, daß er die Fragenden, Suchenden, nicht etwa an sich bindet, sondern – im Sinne einer Maxime Rudolf

Steiners – »Geistesschüler auf den Weg der Entwicklung« bringt.

Was rechtfertigt schließlich, von der *Gegenwärtigkeit* der Offenbarung zu sprechen? – Dies liegt im Wesen dessen, was das Apokalyptische genannt zu werden verdient, selbst begründet. Nur eine in der Zeit und für diese Zeit gesprochene Weisung erlangt existentielle Bedeutsamkeit. Deshalb spannt der Apokalyptiker die Fülle seiner Gesichte in den Rahmen eines einzigen, beschwörenden Wortes, das im einleitenden Prolog (Kap. 1, 3) und im abschließenden Epilog (Kap. 22, 10) gleich lautet: »Die Zeit *(Kairós)* ist nahe!«

Der unter dem Eindruck des Offenbarungsgeschehens Stehende rechnet demnach nicht allein mit jener quantitativen Zeit (griechisch: *Chrónos)*, die wir messen, weil sie sich in linearer Weise erstreckt. *»Kairós«* meint eine ganz andere Zeit*qualität*, nämlich die erfüllte Zeit; sie meint die impulsierende Anwesenheit der Ewigkeit im Fluß der Zeit. Das entspricht einem Einschlag von »oben« her, der einmalig und unwiederholbar trifft, wo immer er trifft. Jakob Böhme war es, der wie kaum ein anderer der großen Geisteslehrer der Neuzeit diesen Kairos-Charakter der Zeit erkannt und hervorgehoben hat: »Es gaffe niemand mehr nach der Zeit – schreibt er in seinen Theosophischen Sendbriefen (55, 17) – Sie ist schon geboren. Wen's trifft, den trifft's. Wer da wachet, der siehet's, und wer da schläfet, der siehet's nicht. Sie ist erschienen, die Zeit, und wird bald erscheinen . . .« Und an anderer Stelle, in seinem Buch »Von den drei Prinzipien göttlichen Wesens« (1, 21) lesen wir: »Es wird eine Zeit kommen, die ist wunderlich, weil sie aber in der Nacht anfähet (anfängt), werden's ihrer viel nicht sehen wegen des Schlafs und der großen Dunkelheit. Jedoch wird den Kindern die Sonne inmitten der Nacht scheinen. (Ich) Tue den Leser hiemit der sanften Liebe Gottes empfehlen.«

Die »Schau der Sonne um Mitternacht« ist ein uraltes Mysterienmotiv. Bei Böhme entsteht kein Zweifel darüber, daß er sich in die Tradition des Apokalyptikers Johannes hineinstellt und keinen anderen als den in neuer

Seinsweise erscheinenden Christus meint, der in der Stunde der Mitternacht aufbricht, um zur Hochzeit des Lammes zu schreiten, begleitet von denen, die wie die Jungfrauen im Gleichnis Jesu die Flammen ihrer Wachsamkeit leuchten lassen können.

So will auch dieses Buch in einem großen Kontext gelesen und meditativ betrachtet werden, eben weil die geistige Welt nicht verschlossen ist, weil vielmehr »Die Morgenröte im Aufgang« je und je zu leuchten beginnt. Und wer wollte dem Mann auf Patmos, dem Görlitzer Meister oder dem Alten in Goethes »Märchen« widersprechen? – »Es ist an der Zeit!«

DANKSAGUNG UND BEKENNTNIS

Der »Offenbarung heute . . .« soll ein persönliches Dankeswort vorausgehen, aus dem ersichtlich ist, daß ich es nicht als Verdienst oder gar Leistung empfinde, daß nun dieses Buch vor uns liegt.

Danken möchte ich zunächst meinem Mann und meinen Kindern, die Verständnis aufbrachten für mein theologisches Zweitstudium, welches mir aus der Erbschaft unse-Sadhurer »Tante Ti«[1] ermöglicht wurde.

Nach meinem Vater wären vor allem die Professoren zu nennen, die mir in Vorlesungen, Gesprächen und durch Veröffentlichungen Hilfe boten. Wesentliche Erkenntnisse verdanke ich gleichermaßen vielen Menschen, denen ich äußerlich nur flüchtig begegnete.

Besonderen Dank schulde ich Herrmann Strich, der mein unfertiges Manuskript einer kritischen Durchsicht unterzog und mich zur Weiterarbeit ermutigte.

Auch möchte ich an dieser Stelle dem Aurum Verlag herzlich danken für sein Entgegenkommen in der zeitlichen Planung und für die Sorgfalt, mit der er die Gestaltung des Buches durchgeführt hat.

Die Lektüre setzt keine theologischen Kenntnisse voraus. »Die Offenbarung heute« wurde geschrieben, um in die Thematik des letzten Buches der Bibel einzuführen. Astrologie, Numerologie und Farbenlehre, die Beziehung zur Kabbala und zum Tarot werden hier zwar behan-

---

[1] Oberin Lotte Heck, zuletzt Helmarhausen bei Karlshafen, meisterte ihr Leben so gut, daß trotz Verwitwung, Flucht und Verlust von Heimat und Besitz und trotz einer sich lange Jahre hinziehenden Krebserkrankung sich junge Menschen gern bei ihr Rat holten. Mein Studium der Theologie und dieses Buch sind ganz in ihrem Sinne.

delt, doch sind dies nur Ergänzungen am Rande, deren genaue Entsprechung allerdings oft verblüfft.

Dieses Buch gibt meine ganz persönliche, gegenwärtige Sicht der behandelten Fragen wieder. Zugleich enthält es notwendig mein »Credo«, mein Glaubensbekenntnis. Dieses ist durch meine Entwicklung im Verlauf eines Lebens geprägt und läßt sich nicht durch die Dogmen irgend einer institutionellen Kirche in eine Schablone pressen.

Freiheit *zu* und Sehnsucht *nach* einer geistigen, überkonfessionellen Kirche spricht daraus, und zugleich die Hoffnung, daß die so dringend notwendigen Kirchen unserer Welt und dieser Tage nicht auf der Erde, in der Materie steckenbleiben, sondern sich nach oben, zum Wort und zum vielfältigen Handeln Gottes öffnen.

Die Offenbarung des Johannes, das letzte Buch der Heiligen Schrift, ist erfüllt von dieser Hoffnung, der sie in der Gewißheit des Glaubens nachgeht.

Das Geheimnis der Apokalypse sollten wir zu lüften versuchen, wie Gertrud von Le Fort[2] es ausgedrückt hat:

»Wir können uns der letzten Geheimnisse nicht anders versichern als durch einen kühnen Sprung in ihre Tiefe. Dieser Sprung ist ein ungeheures Wagnis, er bedeutet eine ganz persönliche Entscheidung, aber wir dürfen sie trotz aller Gefährlichkeit und scheinbaren Ungewißheit getrost vollziehen, denn es ist kein blinder Zufall, daß wir unter diesen oder jenen Vorstellungen über die letzten Geheimnisse stehen, sondern diese Vorstellungen sind vom göttlichen Leben selbst in uns gewirkt.«

---

[2] Gertrud von Le Fort, Aphorismen

EINLEITUNG

»Was man vom Christentum lernen kann, daß es unter der Wirkung einer historisierenden Behandlung blasiert und unnatürlich geworden ist, bis endlich eine vollkommen historische, d. h. gerechte Behandlung es in reines Wissen um das Christentum auflöst und dadurch vernichtet, das kann man an allem, was Leben hat, studieren: daß es aufhört zu leben, wenn es zu Ende seziert ist, und schmerzlich und krankhaft lebt, wenn man anfängt, an ihm die historischen Sezierübungen zu machen.«[3]

Diese Exegese oder Deutung will nicht mit Schärfe analysieren und zergliedern. An ihrem Anfang steht vielmehr die Überzeugung, daß die Beschäftigung mit der Apokalypse des Johannes nur aus der anschauenden Erfahrung sinnvoll sei und zum Verstehen führe. So ist diese Arbeit mit dem Glauben verbunden, daß »das Objekt die Macht habe, sich uns zu zeigen«, damit es nicht lediglich zur »Angleichung an unsere eigenen Gedanken komme.[4] Sämtliche hermeneutischen[5] und exegetischen Regeln leisten zwar Hilfestellung bei der Erklärung des Textes. Zum Verstehen des Neuen Testaments (NT) oder auch eines Textes des Alten Testaments (AT) ist aber nicht die philologische Akribie oder religionsgeschichtliches Wissen das Wichtigste, sondern hier ist eine innere Beziehung zum Gegenstand Grundvoraussetzung. Also sind nicht nur historisch-kritische oder dialektische Kenntnisse und Fähigkeiten maß-

[3] Friedrich Nietzsche 1874 in »Vom Nutzen und Nachteil der Historie für das Leben«

[4] Adolf Schlatter, Erlebtes, 1929

[5] Hermeneutik ist das Auffinden des Sinnes, oft auf mehreren Bedeutungsebenen

geblich; wesentlicher ist vielmehr »Das Wunder des Geistes«, welches den Text zu neuem Leben zu erwecken vermag.

Damit ist zugleich gesagt, daß der Exeget sich geführt weiß; und zwar nicht nur jeweils zur rechten Zeit zu den in dieser Arbeit zitierten – und für ihn persönlich gerade wichtigen – Werken, sondern vor allem zu ihn begeisternden, neuen Erkenntnissen und Sinndeutungen, die nicht aus ihm selbst stammen, sondern ihren Ursprung haben in der *σοφία τοῦ κόσμου τούτου (sophía toú kosmoú toútou)*, jener Weisheit, die *in* (Bestandteil), *über* (Ziel) und *hinter* (Ursprung) allen materiellen und geistigen Erscheinungen dieser Welt steht.

ERSTER TEIL
A ÄUSSERE DATEN DER APOKALYPSE

1. HISTORISCHER RAHMEN, FRAGE DER AUTORENSCHAFT

Der Apokalyptiker Johannes, der an die Gemeinden Asiens schreibt, lebte gegen Ende des 1. christlichen Jahrhunderts im römischen Reich. Man datiert heute die Schrift in die Regierungszeit des Kaisers Domitian (81–96 n. Chr.). Die Christenverfolgungen unter Nero lagen einige Jahrzehnte zurück und flackerten unter Domitian im Osten erneut auf: eine Drangsal- und Notzeit für die Christen. Der Verfasser des Buches muß eine Persönlichkeit von starker Autorität gewesen sein, der allen Christen der Provinz Asia gut bekannt war.

Aufgrund eines Zeugnisses des Irenäus (V. 30. 3) war die alte Kirche einmütig der Meinung, der *Apostel* Johannes, der Sohn des Zebedäus, sei der Verfasser aller johannäischen Schriften. So bezeichnet Justinus der Märtyrer: »Johannes, einen der Apostel Christi« (Dial. 81, 15) als den Apokalyptiker.

Dem Presbyter Johannes aus Ephesus, der mehrmals bezeugt ist, wurde ebenfalls die Verfasserschaft zugesprochen. Man erörterte die Frage, ob er Johannes Markus, der Genosse des Paulus und Vetter des Barnabas gewesen sei.[6]

Im Bericht des Papias[7] heißt es:

»Zu Ephesus lebte unter Trajan (98–117) ein so ur-

[6] Die Schriften des Neuen Testaments, II, Vandenhook & Rupprecht, Göttingen 1908

[7] aus E. Bock, Cäsaren und Apostel

alter Greis, daß nicht nur seine Altersgenossen, sondern auch deren Kinder und Enkel längst gestorben waren und die Urenkel nicht mehr wußten, wer er war. Sie nannten ihn einfach Johannes oder Presbyter. Sie wußten auch nicht, wie sie ihn ehren sollten, kleideten ihn in kostbare Gewänder, hängten ihm auf die Stirn das geheimnisvolle Emblem des Königs und Hohenpriesters Melchisedek, einen Stein aus Goldblech, das πέταλον *Pétalon* mit dem unaussprechlichen Gottesnamen.«

Schon früh ist die Frage gestellt worden, ob es sich bei dem Apokalyptiker und dem Evangelisten nicht um verschiedene Autoren handele. Justinus benennt den Apostel als Apokalyptiker; doch der 2. und 3. Johannisbrief tragen den Namen des Presbyters als Absender.

Klären könnte hier wohl Eusebius[8], der einen Brief des um 190 n. Chr. lebenden Bischofs Polykrates von Ephesus zitiert, in dem es heißt: »Johannes, der an der Brust des Herrn lag, den Stirnschild (, das *Pétalon)* trug, πέταλον Priester (*ἱερεύς Hiereus),* Glaubenszeuge und Lehrer war und in Ephesos zur Ruhe eingegangen ist.«

Da der Jünger Johannes es war, der »an der Brust des Herrn lag«, wird die Vermutung geweckt, es könne der Apostel und der Presbyter ein und dieselbe Person gewesen sein.[9] Gerne möchte man dieser Auffassung folgen, doch die sprachlichen und inhaltlichen Unterschiede zwischen der Apokalypse und den übrigen johannäischen Schriften geben auch Anlaß zu Zweifeln an der Identität der beiden Autoren: In der Apokalypse spielen im Unterschied zu den anderen Schriften die Gegensätze von Licht und Finsternis, oben und unten, Gott und Welt, Lieben und Hassen keine Rolle. Der Begriff des Antichrist ist ein anderer als im Evangelium und in den Briefen.

Im Evangelium wird betont, daß das ewige Leben bereits im Diesseits mit Christus begonnen habe, während die Apokalypse von der Eschatologie[10] beherrscht wird.

---

[8] Eusebius, Kirchengeschichte III, 31, V. 24

[9] so Arthur Schult, Das Johannesevangelium, Remagen 1965

[10] Eschatologie als die Lehre von den letzten Dingen, dem Endgericht

So zweifelte bereits Bischof Dionysios von Alexandria (gest. 265), daß der Evangelist Johannes der Autor der Apokalypse sei. Nach Inhalt, Sprache und Stil seien die Schriften allzu verschieden. Tatsächlich weist die Apokalypse zahlreiche Hebraismen und grammatische Fehler auf, während die Johannesbriefe in fehlerlosem Griechisch geschrieben sind. Immer wieder taucht so durch die Jahrhunderte die Vermutung auf, daß mehrere Autoren am Werk gewesen seien; ja, es wurde sogar die Auffassung vertreten, die Offenbarung selbst hätten mehrere Federn geschrieben.[11]

Die Apokalypse stellt sich uns in der charakteristischen, von Endzeitgedanken erfüllten Form der alten israelitischen Prophezeiungen dar. Sie ist Aufruf zur Buße und Ankündigung des letzten Gerichts wie alle Prophetenschriften Israels, und verbindet die alttestamentarischen Ausdrucksformen mit christlichem Glaubensgehalt. Die eschatologischen Bilder Jesajas, Daniels, Sacharjas und Hesekiels sind da verwandelt in die Botschaft der Parusie, der Wiederkunft des Herrn.

Ist das Johannes-Evangelium ein Werk, das der Gemeinde vor Augen stellen soll, was der Glaube schon *jetzt* an Christus durch sein irdisches Wirken besitzt, so gibt die Apokalypse der *Zukunftshoffnung* auf eine Niederwerfung aller gottfeindlichen Mächte durch den Heiland Ausdruck.

Genauere Sprachstudien ergeben indes auch – trotz der stilistischen Unterschiede – viele Gemeinsamkeiten. So ist die Bezeichnung Jesu als »Wort Gottes« nur in der Offenbarung, dem Evangelium des Johannes und im 1. Johannesbrief enthalten. Nur die Offenbarung und Joh. 21, 15 kennen das Wort *ἀρνίον arníon* (als Parallele zu Joh. 1, 19, 36 *ἀμνός amnós*, Lamm). Ebenso findet sich die Vorstellung der christlichen Gemeinde als Braut Christi

[11] Die Schriften des Neuen Testaments, Vandenhoeck & Rupprecht a.a.O. und

J. Weiß, Die Offenbarung des Johannes, Göttingen 1904

im Neuen Testament nur in der Apokalypse und im Evangelium Johannies.[12]

So spricht manches dafür, daß der Apokalyptiker, der sich selbst als »Ich, Johannes« bezeugt (Offb. 1, 1, 9; 22, 8), identisch ist mit dem Schreiber der übrigen johannäischen Schriften[13], und daß ihm diese altertümlich hebraisierende, feierlich-hieratische und ans Alte Testament sich anlehnende Sprache als das Ausdrucksmedium seiner archetypischen Prophetie aus tiefen Bewußtseins-Schichten zuwuchs.

Der »Stein des Anstoßes«, der schon früh durch die Johannesschriften gegeben war (Aloger), bewog Bischof Dionysios von Alexandria zu einem vorsichtigen Urteil über die Apokalypse:[14]

»Einige unserer Vorfahren haben das Buch verworfen und ganz und gar abgelehnt . . . Ich aber möchte nicht wagen, das Buch zu verwerfen, denn viele Brüder halten große Stücke auf dasselbe. Ich möchte vielmehr glauben, daß es über meine Fassungskraft hinausgehe. Ich vermute nämlich, daß die einzelnen Sätze einen verborgenen und ganz wunderbaren Sinn in sich schließen.«

[12] weitere ausführliche Angaben dazu in: Paul Feine, Theologie des Neuen Testaments, 3. Aufl., Leipzig, 1919

[13] vgl. Lohmeyer, Kommentar zur Offenbarung des Johannes, Tübingen, 1953

[14] Eusebius, Kirchengeschichte VII, 25

2. DIE FRAGE NACH DEM SINN

Um diesen »verborgenen und ganz wunderbaren Sinn« geht es bei der Exegese der Bibel und besonders der Apokalypse durch alle Jahrhunderte. Schwierig ist dabei, daß diese unsere menschlichen Maßstäbe übersteigende Schau, dieses grandiose, vielgestaltige und lebensvolle Bild eines um neue Dimensionen erweiterten Kosmos, von einem Menschen empfangen und in menschliche Worte und Begriffe gekleidet werden mußte. So dient es uns als Denk- und Vorstellungsanstoß, durch den der tiefere Sinn stets nur erahnt, nie aber präzise »gewußt« werden kann.

Wir haben sie also, diese *große* Offenbarung für die Menschheit aus jener Zeit, als Gott in Jesus Christus das Erdenleben durchlitt, predigend durch die Lande zog und der nach Erlösung sich sehnenden Menschheit das Wort Gottes brachte. Aber wurde diese *reine* Bezeugung, diese Offenbarung aus erster Hand, in ihrer Tiefe und Wahrheit auch voll erkannt?

Schon Christus wußte, daß die wenigsten seiner Zeitgenossen, auch nicht seine Jünger, seine Worte verstehen (u. a. Joh. 6, 60; 12, 16), seine Botschaft empfangen konnten. Er wußte um die begrenzte Aufnahme- und Tragefähigkeit der Menschen: »Ich habe euch noch viel zu sagen, aber ihr könnt es jetzt nicht tragen« (Joh. 16, 12). Christus stellte sich undogmatisch auf das jeweilige Fassungsvermögen seiner Hörer ein und führte sie durch Bilder, durch Gleichnisse des alltäglichen Lebens, durch Sprichwörter *παροιμία paroimía,* an den eigentlichen Sinn seiner Botschaft heran.

Aber Christus war sich klar bewußt, was er verkündigte, während jeder Prophet, auch der Apokalyptiker Johannes, überwältigt wurde von der Macht der Gesichte. Prophetische Schau muß also erst in geistiger Arbeit festen Umriß gewinnen und dann – im nächsten Schritt – in verständliche Worte »übersetzt« werden. Es wächst eben, wie der württembergische Prälat Friedrich Christoph Oetinger im 18. Jahrhundert sagte, »das Korn der himmlischen Offenbarung immer auf dem Hals der menschlichen Anschauung.«

Johannes versucht, aus der Fülle der Gesichte den christologischen Inhalt durchschimmern zu lassen, den roten Faden durch alles Weltengeschehen diesseits und jenseits zu verfolgen: Christus – Gott in Ewigkeit – ist der Erste, der Auferstandene vom Fleisch (Offb. 1, 18), der uns den Weg bahnt durch Finsternis zum Licht. Das aus dem Schoße der Zeiten auftauchende Wissen des Menschen um den Verlust der göttlichen, der geistigen Heimat, führt durch Christus zur Zukunftshoffnung auf eine »neue Welt« (Offb. 1, 18).

Es gibt Epochen, die aufgeschlossen sind für die »letzten« Fragen. Das Jahrhundert um Christi Geburt war eine solche »Endzeit«, die die Menschen erschütterte und zum Fragen nach dem Sinn des Lebens und Sterbens anhielt. Man sah das Weltenende nahe.

Heute, wo die Vernichtung der Erde durch nukleare Waffen oder chemisch-biologische Prozesse droht, die der Mensch in luziferischer Hybris durch Technik und Raubbau der Erde auszulösen vermag, wird der Apokalypse, wird der Kunde, »was danach geschehen wird«,[15] erneut mehr Beachtung geschenkt. Von abergläubischem Sektenwahn und Massenpsychosen soll in dieser Exegese nicht gesprochen werden, obgleich auch solche Strömungen ein charakteristisches Licht auf die Zeit werfen. Doch das wachsende Interesse an eschatologischen Fragen und an der Apokalypse des Johannes als des großen prophetischen Buches im Kanon der Heiligen Schrift findet ihren Niederschlag in vielen fundierten Veröffentlichungen zu die-

[15] Offb. 4, 1 *μετὰ ταῦτα,* metà tauta, nach diesem

sem Thema – und zwar aus jedem konfessionellen Raum.[10]

In unserer Zeit, in der es gerade die Naturwissenschaft ist, die zugeben muß, daß hinter der Materie mit ihren Gesetzen das Numinose, das Nicht-Faßbare, steht, sollte man wieder hinhorchen auf die Offenbarung und Ohr und Herz öffnen für das, was Novalis mit feinem Gespür umschreibt:

Hätten die Nüchternen einmal gekostet,
alles verließen sie
und setzten sich zu uns an den Tisch der Sehnsucht,
der nie leer wird.

---

[16] als Auswahl verweise ich auf:
Hanns Lilje, Das letzte Buch der Bibel, Hamburg 1955; Otto Karrer, Die geheime Offenbarung, Einsiedeln/Köln 1940; Emil Bock, Apokalypse, Stuttgart 1951; Arthur Schult, Weltenwerden und Johannes Apokalypse, 1976, und Greshake/Lohfink, Naherwartung, Auferstehung, Unsterblichkeit, Freiburg 1975

3. »STEIN DES ANSTOSSES«. LUTHERS STELLUNGNAHME

Lange wurde die Apokalypse lediglich nach Wortlaut und Oberflächenbedeutung verstanden und dabei blieb vieles eben »unerklärlich«. So haben Tychonius (gest. 400) wie Augustin die Kirche als das »Tausendjährige Reich« der Apokalypse gedeutet. Von Augustins Glaubensvorstellungen und seinem Geschichtsbild wurden noch Luthers und Melanchthons Auffassungen entscheidend geprägt.

Martin Luther schreibt in der Vorrede zur Apokalypse im September 1522:

»In diesem Buch der Offenbarung Johannes laß ich auch jedermann seines Sinnes walten, will niemand an mein Dünkel oder Urteil verbunden haben. Ich sage, was ich fühle. Mir mangelt an diesem Buch nicht einerlei, daß ich's weder apostolisch noch prophetisch halte. Aufs Erste und allermeist, daß die Apostel nicht mit Gesichten umgehen, sondern mit klaren und dürren Worten weissagen wie Petrus, Paulus, Christus im Evangelio auch thun; denn es auch dem apostolischen Amte gebührt, klärlich und ohne Bild oder Gesicht von Christo und seinem Tun zu reden. Auch so ist kein Prophet im Alten Testament geschweige im Neuen, der so gar durch und durch mit Gesichten und Bildern handelt, daß ich's fast gleich bei mir achte dem vierten Buche Esras und allerdings nicht spüren kann, daß es von dem heiligen Geist gestellt sei. Dazu dünkt mich das all zuviel zu sein, daß er so hart solches eigenes Buch, mehr denn andere heilige Bücher tun, da viel mehr angelegen ist, befiehlt und droht: wer etwas davon thue, von dem werde Gott auch thun. Wiederum sollen wenig sein, die da halten, was drinnen steht, so doch niemand weiß, was es ist, geschweige, daß er's halten sollte, und eben so viel ist, als hätten wir's nicht, auch wohl edlere Bücher vorhanden sind, die zu halten sind. Es haben auch viele Väter dies Buch vor Zeiten verworfen, und ob's wohl Hieronymus mit hohen Worten führt und spricht: Es sei über alles Lob und so viel Geheimnis darinnen als Worte, so er doch dessen nichts beweisen kann, und wohl an mehr Oerten seines Lebens zu milde ist.

Endlich halte davon jedermann, was ihm sein Geist gibt. Mein Geist kann sich in dies Buch nicht schicken. Und mir ist die Ursache genug, daß ich sein nicht hoch achte, daß Christus darin weder gelehrt noch erkannt wird, welches doch vor allen Dingen ein Apostel zu thun schuldig ist, wie er sagt, Apostelgeschichte 1: Ihr sollt meine Zeugen sein. Darum bleibe ich bei den Büchern, die mir Christum hell und rein dargeben.«

Luther gibt zu erkennen, daß ihm durch die Apokalypse in seinem Hauptanliegen: »Wie bekomme ich einen gnädigen Gott?« nicht geholfen wird, ja, daß ihn ihr herber Anspruch verwirrt. Weil er persönlich in dieses Buch sich »nicht schicken« konnte, drang er auch in den Wortlaut nicht tiefer ein. Für seine Übersetzung nahm er zudem die 1522 erschienene 2. Auflage des griechischen Neuen Testaments von Erasmus von Rotterdam als Grundlage, bei der Erasmus manchmal recht eigenwillig mit dem Text verfuhr, vor allem in den letzten Kapiteln. Luther wußte von diesen editorischen Freiheiten nichts, überprüfte auch nicht den ihm vorliegenden Text, da ohnehin seine Neigung für die griechische Sprache geringer war. So blieb auch für ihn diese Schrift im Kanon des Neuen Testaments nahezu ein Stein des Anstoßes.

Anfang des 18. Jahrhunderts erregte der Theologe und Naturwissenschaftler William Whiston, der 1703 Nachfolger auf dem Lehrstuhl von Newton in Oxford wurde, mit seinem »Essay über die Apokalypse« viel Aufmerksamkeit. Aufgrund gemeinsamer Studien mit Newton glaubte er nachweisen zu können, daß die endzeitliche Epoche der Welt begonnen habe. Er wurde wegen Häresie (Arianismus) verklagt und mußte nach London übersiedeln.

B AUFNAHME TRADITIONELLEN GUTES – ERGEBNIS MODERNER FORSCHUNG –

Unter Heranziehung des inzwischen gut durchleuchteten griechischen Textes[17] und unter Zuhilfenahme von Ergebnissen verschiedener Zweige der Altertumsforschung[18] soll nun ein Gang durch die Apokalypse erfolgen.

a) HEBRÄISCHE BUCHSTABEN UND IHRE ZAHLENWERTE

Die Gliederung der Apokalypse in zweiundzwanzig Kapitel scheint nicht »zufällig« zu sein, wie überhaupt Zahlen[19], Buchstaben, Ideen und Bilder in dieser Schrift ein enges Beziehungsgeflecht bilden. Die Zahlen- und Bildersprache der hebräischen Esoterik, die in der »Kabbala« zusammengefaßt wurde, ist hier vielfältig gegenwärtig.

»In Babylon ereigneten sich seltsame Dinge. Außer Hesekiels Wiederbelebung der israelitischen religiösen Überlieferung, die sie veranlaßte, nach Jerusalem zurückzukehren, erkannten die für die Geheimlehren der Religion verantwortlichen Männer, daß dies eine einzigartige Gelegenheit für die Neugeburt des Volkes war. Das Hebräische hatte unter dem Einfluß der in Babylonien gesprochenen Sprachen aufgehört, die erste Sprache der Juden zu sein.

---

[17] Novum Testamentum Graece, Eberhard Nestle 1971

[18] zu theologischen Grundfragen die Werke des früher in Tübingen, heute in Saarbrücken lehrenden Professors für Kirchen- und Dogmengeschichte, Ulrich Mann, Vorspiel des Heils, Stuttgart 1962; Ulrich Mann, Die Religion in den Religionen, Stuttgart 1975 — worauf ich besonders verweisen möchte.

[19] Cheiro, Das Buch der Zahlen, Nachdruck, Freiburg 1973

Es bestand daher die Möglichkeit – bevor das Hebräische wieder zur Nationalsprache wurde – es zu einer Sprache zu machen, die mehr als alltägliche Wörter enthielt. Wir wissen, daß die vorhandenen zweiundzwanzig Buchstaben des Alphabets Neubildungen waren, eine Umwandlung der alten Bilderschrift zu einem klarer verständlichen Alphabet, das wir als syrische Schrift kennen. Später, lange nachdem sich dieses neue Hebräisch durchgesetzt hatte (obwohl es niemals das Aramäische ganz in seiner Rolle als Verkehrssprache des Mittleren Ostens verdrängte), wurde es als eine heilige Sprache angesehen, die wie das Sanskrit nur für geheiligte Ausdrucksformen verwandt werden durfte. Ein Werk im besonderen offenbart den philosophischen Gehalt des hebräischen Alphabets. Dies ist der Sepher Yetsirah, der von Abraham selbst geschrieben sein soll.«[20]

So war also die hebräische Sprache unter den Israeliten nur in der Zeit vor dem Exil gesprochen worden, denn nach der Erhebung des Aramäischen zur Verkehrssprache im semitischen Vorderasien durch die Achämeniden wurde das Hebräische aus dem Alltag verdrängt und entwickelte sich zur Literatur- und Gebildetensprache. Nach ihrer Niederlassung in Palästina übernahmen die Israeliten das aus zweiundzwanzig Zeichen bestehende, auf ägyptische Schreibkunst zurückgehende, kananäisch-syrische Konsonantenalphabet. Dieses war auch um 800 v. Chr. von den Phöniziern nach Griechenland übermittelt worden, und von dort wiederum gingen sämtliche europäischen Schriftarten aus.[21]

---

[20] aus: Z'ev ben Shimon Halevi, Der kabbalistische Weg, London 1792; übersetzt Freiburg 1975

[21] nach Rudolf Meyer, Hebräische Gramatik, Berlin 1966

b) DER TAROT[22]

Die zweiundzwanzig Buchstaben und Zahlen – denn jeder Buchstabe hat im Hebräischen seinen Zahlenwert – lassen sich in Verbindung bringen zu den zweiundzwanzig ägyptischen Einweihungsbildern, die im Tempel zu Memphis und in der Halle der Cheops-Pyramide den Adepten[23] gezeigt wurden. Im »Tarot« sind uns diese Bilder erhalten.

Henri Birven[24] schreibt dazu:

»Der *Tarot* (oder Tarock) ist ein Werk der ältesten esoterischen Tradition, und er hat ebenso wenig einen Ursprung wie die Welt. Es ist eine Synthese ältester Einweihungswissenschaft, die das Geheimnis von Gott, Mensch und Welt umfaßt. Daraus erklärt sich die frappante Dynamik seiner Bilder, die jeden Betrachter sogleich in ihren Bann schlägt. Denn in diesen Bildern erkennt der Mensch sich selbst in allen seinen Rollen, die ihm im Ablauf der Weltgeschichte zugeteilt werden. Die ersten Tarotforscher haben den Ursprung des Tarot in der ägyptischen Kultur vermutet. In den ägyptischen Priesterkollegien entstand eine ausgebildete esoterische Dogmatik, die bis auf den heutigen Tag den Nimbus des Geheimnisvollen bewahrt. Unter dem Namen Hermes ist uns das Corpus Hermeticum überliefert, das eine Reihe von hermetischen Schriften enthält. Hermes, der Dreimal Größte, ist aber der ägyptische Gott Thot. Man vermutet daher nicht ohne Grund, wenn auch ein strenger Beweis dafür nicht erbracht ist, daß der Tarot das sog. »Goldene Buch des Thot« ge-

---

[22] Dazu informativ in moderner Sicht unter Betonung der psychologischen Aspekte: Dio Raman, Der praktische Tarot, Freiburg 1978

[23] Priester-Schüler, der »eingeweiht« worden ist (lat. »erlangt hat«)

[24] Henri Birven, Der Tarot, 1960

wesen sei, das in einem Tempel der Sphinx aufbewahrt wurde. Vielleicht gehörte dazu auch die ebenfalls dem Hermes zugeschriebene berühmte Tabula Smaragdina, deren Text auf einem Smaragd geschrieben war. Wie dem auch sein mag, der Tarot ist und bleibt ein Mysterium wie die Welt selbst.«

Hier läßt sich der Weg erahnen, der von den zweiundzwanzig ägyptischen Einweihungsbildern mit ihrer esoterischen Bedeutung hinführte zu den zweiundzwanzig Buchstaben des hebräischen Alphabets mit ihrem Zahlenwert, und der zuletzt in die zweiundzwanzig Kapitel der Offenbarung Johannis mündete.

c) DIE KABBALA

Kabbala heißt eine Form der jüdischen Theosophie[25], deren Hauptwerk, der »Sohar«, um 1260 in Spanien wohl von Moses de León verfaßt wurde. Moses de León hatte dabei aus den Predigten des Rabbi Simeon ben Jochai (150 n. Chr.) schöpfen können. Dazu schreibt Eliphas Levi:[26]

»Alle Religionen haben das Andenken an ein frühes Buch bewahrt, das von den Gelehrten der ersten Jahrhunderte der Welt in Bildern geschrieben wurde und dessen später vereinfachte Symbolik der Heiligen Schrift die Buchstaben, dem Gotteswort den Stempel, der okkulten Philosophie die geheimnisvollen Pentakel gegeben haben. Dieses Buch von den Hebräern dem Hennoch, dem Siebenten nach Adam, von den Ägyptern dem Hermes Trismegistos, von den Griechen dem Kadmos, dem geheimnisvollen Gründer der heiligen Stadt Theben zugeschrieben: es war die symbolische Zusammenfassung der frühen Überlieferungen und wurde seither nach einem hebräischen Wort die Kabbala genannt, das etwa Überlieferung bedeutet.«

Verbindung besteht zwischen dem Alten Testament – als der geistigen Grundlage der Apokalypse – und den Mysterien des Osiris. Moses wurde zu Heliopolis in diese Mysterien eingeweiht und trug als Priester des Osiris den Namen Osirsaph, wie Manetho[27] um 300 v. Chr. bezeugt.

Die Apokalypse verbindet in großartiger Schau die im Dunkel der Zeiten sich verlierenden Spuren des Anfangs mit der durch Christus in der Auferstehung erlösten Erde und führt hin zur neuen Schöpfung. Man könnte auch

---

[25] Gotteswissenschaft, Lehre von Gott

[26] Eliphas Levi, Dogmen und Ritual der Hohen Magie, Band I, 1927

[27] Fragmentum apud Josephum contra Apion I, 26

sagen, sie zeigt den Weg zur glücklichen Heimkehr des verlorenen Sohnes nach viel Drangsal und Not, hin zu seinem Vater, dem göttlichen Ursprung, hin zum Ende, zum »Ruhen in Abrahams Schoß«.

ZWEITER TEIL
GANG DURCH DIE APOKALYPSE NACH KAPITELN [28]

Der in dieser Arbeit zitierte Bibeltext wurde seit 1962 – zeitweilig von 75 Mitarbeitern – in gemeinsamer Absprache (Einigung auf die »Loccumer Richtlinien«) zwischen der Katholischen und der Evangelischen Kirche Deutschlands erarbeitet.

[28] Die Bibel in neuer Einheitsübersetzung, Andreas Verlag, Salzburg 1975

DAS ERSTE KAPITEL DER APOKALYPSE
VORWORT 1, 18

1, 1–3, Offenbarung Jesu Christi, die Gott ihm gab, damit er seinen Knechten zeigt, was bald geschehen wird; und er hat es durch seinen Engel, den er sandte, seinem Knecht Johannes gezeigt. Dieser bezeugt, was er geschaut hat, das Wort Gottes und das Zeugnis Jesu Christi. Selig, wer die Worte der Propheten vorliest, und selig wer sie hört und wer an dem festhält, was in ihr geschrieben steht: denn die Zeit ist nahe.

In diesen vorweg gesprochenen Worten will Johannes »Zeugnis geben« (*μαρτυρεῖν martürein)* für das, was ihm geschah: ein *dringendes* Zeugnis, in dem das nahende Ende betont wird. Zugleich weist er sich aus als dienender Mittelsmann: nicht er ist es, der hier verkündet, sondern Gott, der über Jesus Christus und seinen Engel in hieratischem Stufenweg seinem Knecht Johannes diese Schau übermitteln läßt. Daran schließt sich die erste der insgesamt sieben Seligpreisungen der Apokalypse an, die wiederum ein mahnendes »die Zeit ist nahe« ans Ende setzt.

1, 4–8 BRIEFLICHE EINLEITUNG

Johannes an die sieben Kirchen in der Provinz Asien: Gnade und Friede sei mit euch von ihm, der ist und der war und der kommen wird, und von den sieben Geistern, die vor seinem Thron sind, und von Jesus Christus; er ist der treue Zeuge, der Erstgeborene von den Toten, der Herrscher über die Könige der Erde. Er liebt uns und hat uns durch sein Blut befreit von unseren Sünden; er hat uns die Würde von Königen gegeben und uns zu Priestern gemacht für den Dienst vor seinem Gott und Vater. Ihm sei die Herrlichkeit und die Herrschermacht in Ewigkeit. Amen.

Siehe, er kommt mit den Wolken, und schauen wird ihn jedes Auge, auch alle, die ihn durchbohrt haben; und alle Stämme der Erde werden seinetwegen wehklagen. So geschieht es, Amen!

Ich bin das Alpha und das Omega, spricht Gott, der Herr, der ist und der war und der kommen wird, er, der Herrscher des Alls.

In der Form des urchristlichen Briefstils folgt nach Nennung des Absenders und der Empfänger die liturgische Doxologie, die Lobpreisung in zwei trinitarischen Formeln. Einmal heißt es: Gott der da ist (Christus), der da war (Gottvater), der da kommt (der Geist und Tröster, der *παράκλητος Parákl̈ätos).* Zum anderen folgen nach der Nennung des Vatergottes, der alles in allem ist, die sieben Geister als die sieben Aspekte des Heiligen Geistes, erscheint der Erstgeborene von den Toten, Christus, im Blickfeld. Dieses Bild erhält Nachdruck durch die abschließenden Propheten- und Herrenworte.

Johannes an die sieben Kirchen, 1, 9 – 3, 22

1,9–20 BERUFUNG DES JOHANNES

Ich, euer Bruder Johannes, der wie ihr bedrängt ist, der mit euch an der Königsherrschaft teilhat und in Jesus standhaft ausharrt, ich war auf der Insel Patmos um des

Wortes Gottes und des Zeugnisses Jesu willen. Ich wurde am Tag des Herrn vom Geist ergriffen und hörte hinter mir eine laute Stimme, die wie eine Posaune klang. Sie sprach: Schreib in ein Buch, was du siehst, und schick es an die sieben Kirchen nach Ephesus, nach Smyrna, nach Pergamon, nach Thyatira, nach Sardes, nach Philadelphia und nach Laodicea. Da wandte ich mich um, weil ich die Stimme sehen wollte, die zu mir sprach. Als ich mich umwandte, sah ich sieben goldene Leuchter, und mitten unter den Leuchtern ist einer, der wie ein Mensch aussieht; er ist bekleidet mit einem Gewand, das bis auf die Füße reicht, und seine Brust ist umgürtet mit einem goldenen Gurt. Das Haar seines Hauptes ist weiß wie schneeweiße Wolle, seine Augen sind wie flammendes Feuer; seine Füße gleichen kostbarem Erz, das im Ofen glüht, seine Stimme gleicht dem Rauschen vieler Wasser. In seiner Rechten hält er sieben Sterne, und aus seinem Mund kommt ein Schwert, zweischneidig und scharf, und sein Aussehen strahlt wie die Sonne in ihrer Kraft. Als ich ihn sah, fiel ich vor seinen Füßen nieder wie tot. Er aber legte seine Rechte auf mich und sprach: Erschrick nicht! Ich bin der Erste und der Letzte und der Lebendige. Ich war tot, doch ich lebe in Ewigkeit, und ich habe die Schlüssel des Todes und der Welt des Todes. Schreib auf, was Du gesehen hast: was ist und später geschehen wird. Das Geheimnis der sieben Sterne, die du auf meiner Rechten gesehen hast, und das Geheimnis der sieben goldenen Leuchter bedeutet dies: Die sieben Sterne sind die Engel der sieben Kirchen und die sieben Leuchter sind die sieben Kirchen.

Johannes gibt hier Auskunft über sich und die Situation, in der ihn die prophetische Schau überkam: wegen seines Glaubens war er festgehalten auf der Insel Patmos[29] und wird durch eine Audition aufgeschreckt, die ihm befiehlt, alles aufzuschreiben und dies den benannten Gemeinden Asiens zu übermitteln. In der folgenden Vision – Johannes wollte nicht nur hören, sondern *auch* sehen – erblickt

[29] dazu Ethelbert Stauffer, Christus und die Caesaren, Hamburg 1960

er in einem grandiosen Bild einen Gottmenschen, ausgestattet mit allen äußeren Attributen, die schon die Thora Gott zuschrieb (Dan 7, 13; 10, 5, 6; 7, 9 u.a.m.). Es ist Christus als Menschensohn, als der vollkommene, gottebenbildliche, als der sündlose Mensch. Die Bezeichnung »Menschensohn« (*ὁ υἱὸς τοῦ ἀνθρώπου ho hüiós toû anthrôpou)* kommt im NT 70 mal vor: 26 x bei Matthäus, 12 x bei Markus, 20 x bei Lukas und 12 x bei Johannes.[30] Es ist die eigentliche Selbstbezeichnung Jesu. Er ist im gleichen Sinne der *ἄνθρωπος τέλειος (ánthropos téleios)*, der Mensch des Ziels als der Mensch in Gott, der Erste und der Letzte.

Dieser Gott-Christus hält sieben Sterne in seiner rechten Hand: er lenkt und trägt den Kosmos, und steht inmitten von sieben goldenen Leuchtern. Aus seinem Munde geht ein scharfes, zweischneidiges Schwert (Jes. 11,4; 49,2) und sein Angesicht leuchtet so hell, daß Johannes wie ein Toter hinfällt. Der Mensch vergeht vor Gott, er kann sein Licht nicht ertragen – ein altbekanntes Bild. Gott-Christus deutet Johannes die sieben Sterne als die »Engel« (Erzengel) der sieben Gemeinden. Er weist damit auf Wesens-Grundstrukturen hin, auf Bildungskräfte des kosmischen Unbewußten, die wie jedes Horoskop oder Kosmogramm stets nur gleichnishaft verstanden sein wollen.[31] Die sieben kleinasiatischen Christengemeinden entsprechen jeweils einem prägenden Planetentypus, der für ihre besondere Wesensart steht.

Im Vorwort zur Astrologischen Menschenkunde[32] sagt der bekannte Parapsychologe Hans Bender, der einzige Lehrstuhlinhaber für diese Fragen in Deutschland:

»Von den Kritikern und Bekämpfern der Astrologie, die in ihr nur einen lächerlichen Aberglauben sehen, wird gewöhnlich übersehen, daß sich in den astrologischen Symbolen eine säkulare seelische Erfahrung niedergeschlagen

---

[30] Alfred Schmoller, Handkonkordanz zum Griechischen NT, Stuttgart 1938

[31] Thomas Ring, Existenz und Wesen in Kosmologischer Sicht, 1975

[32] Hans Bender, Freiburg, in: Thomas Ring, Astrologische Menschenkunde, Freiburg 1956

hat. So repräsentieren die Zeichen des Tierkreises eine Zwölfzahl von Menschentypen und Lebensformen, die sich als älteste Typologie durch die Jahrhunderte hindurch mit erstaunlicher Frische erhalten hat. Zusammen mit anderen astrologischen Bauelementen, den Planeten als Sinnbildern für die Grundkräfte des Wesens, den Aspekten als Formen ihrer Harmonie und Disharmonie, stellen sie eine ganze, an das Firmament projizierte Charakterlehre dar, von deren Tiefe die Dichter schon immer wußten und deren Verwurzelung oder Spiegelung in den Archetypen, den Leitbildern des Unbewußten, C. G. Jung überzeugend nachwies.«

Direkter noch werden die Gemeinden durch die sieben Leuchter symbolisiert. Die über den Text hinausgehende Interpretation der sieben Leuchter als sieben Weltentage oder als die sieben Kulturperioden der Menschheit ist oft durchdacht worden. In einer fundierten Arbeit hat Ulrich Mann[33] diese sieben Weltentage charakterisiert.

Die Zahl[34] *Sieben* soll unmittelbaren Bezug zur Welt des Übersinnlichen besitzen und ist eine wichtige pythagoräische Primzahl. Sie weist auf die geheimnisvolle, allgewaltige Gottesmacht hin. Diese Siebenerordnung findet Ausdruck in den sieben christlichen Sakramenten wie in den sieben Lebensphasen im Ablauf des menschlichen Einzellebens. Auch für die Apokalypse ist die Sieben die bedeutsame Zahl. Ihre sieben Geister stehen in gleicher Tradition wie die sieben Devas in der Heiligen Schrift der Hindus, die sieben Amschaspands bei den Persern, die sieben Engel bei den Chaldäern, die sieben Sephiroth in der Kabbala und die sieben Blütenblätter des Buddhas in der Lotosblume.

Der apokalyptische Text nennt ferner sieben Sendschreiben, sieben Siegel, sieben Posaunen, sieben Schaubilder, sieben Zornesschalen und sieben Phasen des Endgerichts.

---

[33] Ulrich Mann, Theogonische Tage, die Entwicklungsphasen des Gottesbewußtseins in der altorientalischen und biblischen Religion, Klett 1970

[34] Zur Deutung der Zahlen ausführlich: Jules Silver, Numerologie, Genf 1976

Der Rückgriff auf altes Menschheitswissen ist immer wieder deutlich.

Die Griechen sprachen von sieben Weltwundern und sieben Weltweisen, von den sieben Helden von Theben und den sieben Köpfen der Hydra. Rom wurde auf sieben Hügeln erbaut und in deutschen Märchen gibt es die sieben Zwerge Schneewittchens. In der Magie wurde der Sieben besondere Wirkkraft zugeschrieben, weil sie durch Multiplikation anderer Zahlen nicht gewonnen werden kann. Auch im Alten Testament ist sie eine der wichtigsten Zahlen und wird von den Kirchenvätern mehrfach als die Zahl der Fülle und Vollendung bezeichnet. In der Apokalypse wird die Sieben vierundfünfzigmal genannt.

Der erste Buchstabe des hebräischen Alphabets ist das א Aleph mit der Bedeutung des Urlebens. Die mit dem Aleph verbundene Zahl *eins* symbolisiert aller Dinge Anfang, das Ursprüngliche, Positive, Schöpferische.

Eins ist die Zahl Gottes, denn sie ist unteilbar und ist ein Begriff für das Wesen der Einheit und Einzigartigkeit. Agrippa von Nettesheim[35] sprach das so aus:

Die Einheit durchdringt jede Zahl. Sie ist allen Zahlen gemeinsames Maß. Sie enthält alle Zahlen in sich vereint, schließt aber jede Vielheit aus. Die Eins ist sich immer selbst gleich und unveränderlich, daher sie auch, mit sich selbst multipliziert, sich selbst wieder zum Produkt hat. Sie ist, wenngleich selbst ohne Teile, teilbar. Sie wird aber durch Teilung nicht in Teile zerlegt, vielmehr in neue Einheiten. Keine dieser Einheiten ist indessen größer oder kleiner als die ganze Einheit, und jeder kleinste Teil ist wieder sie selbst in ihre Ganzheit.«

Der esoterische Rang der Eins in der Kabbalistik zeigt, wie unfaßbar diese Einheit für das Begreifen des Menschen bleibt. Die erfahrene Welt ist ja immer Mehrzahl, erscheint uns in verwirrender Polarität und Vielfalt. Gut und böse, Leben und Tod, Glück und Unglück, hoch und niedrig, Mann und Frau erklären sich nur gegenseitig. Die Zahl Eins dagegen steht über jeder Polarität, bedarf kei-

---

[35] Heinrich Cornelius Agrippa von Nettesheim, 1486—1535

nes Bezugssystems außer sich, ist also absolutes Sein. Dies aber spricht man nur Gott zu. Gott ist Voraussetzung für alles was ist, wie die Zahl Eins Voraussetzung für alle anderen Zahlen ist. So sagte der Philosoph Plotin (205–270):

»Jede Vielheit ist eine Vielheit von Einheiten, setzt also die Einheit voraus.«

Und weil die Einheit vor der Vielheit steht, heißt die erste Tarotkarte »Osiris«, zeigt sie das Sinbild des Schöpfergottes. Johannes aber schildert im Kapitel »Eins« der Apokalypse als Zentralfigur den Gott-Christus mit schneeweißem Haar als den Ersten und Letzten der Schöpfung, dessen Antlitz wie die Sonne leuchtete, welche die Eins unter den Gestirnen ist.

DAS ZWEITE KAPITEL DER APOKALYPSE

2, 1–7 AN DIE KIRCHE VON EPHESUS

Schreib dem Engel der Kirche in Ephesus: Dies spricht er, der die sieben Sterne in seiner Rechten hält und mitten unter den sieben goldenen Leuchtern einhergeht: Ich kenne dein Tun und deine Mühe und dein Ausharren; ich weiß: Du kannst die Bösen nicht ertragen, du hast jene, die sich Apostel nennen und es nicht sind, auf die Probe gestellt und erkannt, daß sie Lügner sind. Du hast ausgeharrt und Schweres ertragen, weil du meinen Namen bekannt hast, und du bist nicht müde geworden. Aber ich werfe dir vor, daß du nicht liebst wie früher. Bedenke, von welcher Höhe du gefallen bist. Kehr um und handle wieder wie früher; Sonst werde ich kommen und deinen Leuchter von seiner Stelle rücken, wenn du nicht umkehrst. Doch es spricht für dich: Du verabscheust das Treiben der Nikolaiten, das auch ich verabscheue. Wer Ohren hat, der höre, was der Geist den Kirchen sagt: Allen, die siegen, werde ich zu essen geben vom Baum des Lebens, der im Paradies Gottes steht.

Christus, der inmitten der sieben Leuchter wandelt, richtet sein erstes Sendschreiben an die Gemeinde in *Ephesus*, die damals bedeutendste Stadt Kleinasiens, am Meer gelegen und berühmt als Mysterien- und Kultstätte der Diana-Artemis. Diana-Artemis ist eine Göttin des Mondes wie Selene. Unser erster Wochentag ist der Montag (frz. lundi von lt. luna). So wird die erste Gemeinde unter den Aspekt des Mondes gestellt als »dem Engel der Gemeinde«. Die physische Welt, der Lebensbaum sind für die Mondsphäre kennzeichnend. Vers vier aber deutet darauf hin, daß das Streben der Gemeinde zu einseitig auf

Geisterkenntnis (Gnosis) zielte – daher also die Mahnung des im Mondzeichen erscheinenden Engels, zum Anfang, zu der Liebe des Urbeginns, zu den urmütterlichen Kräften der göttlichen Sophia zurückzukehren.

Zu diesem Anfang – auch zum Anfang des menschlichen Lebenslaufes – gehört sinnbildlich das Sakrament der Taufe, die Reinigung und Läuterung des Irdischen.

Ulrich Mann[36], der den ersten theogonischen Tag mit »der tanzende Gott« überschreibt, führt hierzu aus:

»Wandlung war es, was am ersten Tag der Theogonie sich dem Menschen als Urgeheimnis des gottnahen Seins mitteilte, in der Wandlung strahlte das Licht auf.«

2, 8–11 AN DIE KIRCHE VON SMYRNA

Schreib dem Engel der Kirche in Smyrna: Dies spricht er, der Erste und der Letzte, der tot war und wieder lebendig wurde: Ich weiß, daß du bedrängt und arm bist; aber du bist dennoch reich. Und ich weiß, daß du geschmäht wirst von denen, die behaupten, sie seien Juden; sie sind aber keine Juden, sondern die Synagoge Satans. Fürchte dich nicht vor dem Leiden, das dir bevorsteht! Der Teufel wird einige von euch ins Gefängnis werfen, um euch auf die Probe zu stellen, und ihr werdet zehn Tage lang in Bedrängnis sein. Sei treu bis in den Tod, dann werde ich dir den Kranz des Lebens geben. Wer Ohren hat, der höre, was der Geist den Kirchen sagt: Alle, die siegen, kann der zweite Tod nicht verderben.

Die Empfängerin des zweiten Sendschreibens ist die Gemeinde in *Smyrna*. Diese bedeutendste Handels- und Hafenstadt Kleinasiens trug in sich die Wesenszüge von Hermes-Merkur, dem Gott des Handels und Verkehrs, dem Gott der Denker und Redner. So zählt die Gemeinde zur Planetensphäre des Merkur.

Johannes sieht Leidenszeiten für diese Gemeinde voraus und fordert zur Überwindung auf, die er in »zehn Tagen«

---

[36] Ulrich Mann, Theogonische Tage, a.a.O.

verheißt. Auch die Zehn gilt – der Eins auf anderer Stufe entsprechend – als Zahl der Ewigkeit und der göttlichen Vollendung. Sie ist in der pythagoräischen Zahlensymbolik die Zahl der Vollkommenheit, und daher muß in der für den Läuterungsprozeß benötigten Prüfungszeit das Leben der Gläubigen zur Vollendung gelangen.

Das dem zweiten Sendschreiben entsprechende zweite Sakrament ist die Konfirmation, die den jungen Menschen stärken, kräftigen und gründen will. Sieht man nicht Jugendliche im Pubertätsalter vor sich, wenn man die Charakterisierung des zweiten theogonischen Tages bei Ulrich Mann nachliest?

»Das Bewußtsein bemächtigt sich nun des Ganzen . . . es beansprucht eine Eigenständigkeit, die es bisher so noch nicht gab. Das Bewußtsein will nicht mehr Sklave, es will Lehensträger sein . . . Der Schweifende sucht sein Ziel im Schweifen selbst. Auch das ist ein Ziel, hier ist der Weg das Ziel.«

So überschreibt Ulrich Mann diesen zweiten theogonischen Tag mit »der schweifende Gott«.

2, 12–17 AN DIE KIRCHE VON PERGAMON

Schreib dem Engel der Kirche von Pergamon: Dies spricht er, der das zweischneidige und scharfe Schwert trägt: Ich weiß, wo du wohnst; es ist dort, wo der Thron Satans steht. Und doch hältst du an meinem Namen fest und hast mir die Treue gehalten auch in den Tagen, als Antipas, mein treuer Zeuge, bei euch getötet wurde, dort, wo der Satan wohnt. Nur dies werfe ich dir vor: Du hast bei dir Leute, die an der Lehre Bileams festhalten; Bileam lehrte Balak, er solle die Söhne Israels verführen, Fleisch zu essen, das den Göttern geweiht ist, und Unzucht zu treiben. So hast auch du Leute, die in gleicher Weise an der Lehre der Nikolaiten festhalten. Daher kehr um! Sonst komme ich schnell zu dir, und ich werde sie mit dem Schwert meines Mundes bekämpfen. Wer Ohren hat, der höre, was der Geist den Kirchen sagt! Allen die siegen, werde ich von dem verborgenen Manna geben. Ich werde jedem von ihnen einen weißen Stein geben, und auf dem Stein ist ein neuer Name geschrieben, den nur der kennt, der ihn empfängt.

Das dritte Sendschreiben ist an *Pergamon* gerichtet, die bedeutende Kunststadt der sieben Städte der Apokalypse. Kunst und leichtes, oberflächlich-sinnliches Leben gingen dort Hand in Hand. Beides wird unter dem Aspekt des Planeten Venus zur Anschauung gebracht.

Als Sakrament wird diesem Planeten die Beichte zugeordnet; das Lebensalter der Sturm- und Drangjahre gehört dem dritten theogonischen Weltentag zu. Ulrich Mann[37] überschreibt diesen Tag mit »der stürmende Gott« und faßt zusammen:

»Das Bewußtsein wurde vom Lärm der Draußenwelt voll, das leise Rauschen aus dem Innern wurde nicht mehr vernommen.«

2,18–29 AN DIE KIRCHE VON THYATIRA

Schreib dem Engel der Kirche in Thyatira: Dies spricht der Sohn Gottes, der Augen hat wie flammendes Feuer und Füße wie kostbares Erz: Ich kenne dein Tun, deine Liebe und Treue, dein Dienen und Ausharren, und ich weiß, in letzter Zeit ist dein Tun reicher, als es am Anfang war. Aber ich werfe dir vor, daß du das Weib Isebel gewähren läßt; sie nennt sich Prophetin und lehrt meine Knechte und verführt sie, Unzucht zu treiben und Fleisch zu essen, das den Göttern geweiht ist. Ich habe ihr Zeit gelassen, sich zu bekehren; sie aber will sich nicht abkehren von ihrer Unzucht. Ich werfe sie auf das Krankenbett, und alle, die mit ihr Ehebruch treiben, bringe ich in große Bedrängnis, wenn sie sich nicht abkehren vom Treiben dieses Weibes. Ihre Kinder werde ich mit dem Tode schlagen, und alle Kirchen werden erkennen, daß ich es bin, der Herz und Nieren prüft; und ich werde einem jeden

[37] Ulrich Mann, Theogonische Tage, a.a.O.

von euch nach seinen Taten vergelten. Aber euch übrigens in Thyatira, die dieser Lehre nicht folgen und die »Tiefen des Satans«, wie sie es nennen, nicht erkannt haben, sage ich: Ich lege euch keine andere Last auf als dies: Haltet an dem, was ihr habt, fest, bis ich komme! Alle die siegen und in ihren Taten meinen Willen bis zum Ende erfüllen, diese werden über die Heidenvölker herrschen mit eisernem Zepter und sie zerschlagen wie Tongeschirr; und ich werde ihnen diese Macht geben, wie auch ich sie von meinem Vater empfangen habe, und ich werde ihnen den Morgenstern geben. Wer Ohren hat, der höre, was der Geist den Kirchen sagt!

Das vierte Sendschreiben an *Thyatira* gilt einer kleinen, unbedeutenden Binnenstadt – ganz im Gegensatz zu allen anderen genannten Städten. Diese unscheinbare Stadt erhält ein ausführliches Schreiben mit besonderem Zuspruch. Die Mitte der theogonischen Tage ist erreicht, der Höhepunkt des menschlichen Lebens. Der »Ich bin« ist in Christus erschienen, die Liebe des Neubeginns beflügelt die Werke. So wird diese Gemeinde nicht aufgefordert, zum Ursprung zurückzufinden, weil ihre ersten Werke größer waren als die letzten (Ephesus), sondern sie soll halten, was sie hat: so wird sie den Morgenstern empfangen.

Der vierten Gemeinde, dem vierten theogonischen Welttag wird die Sonne zugeordnet. So steht die Sonnensphäre hinter der Venus, die die Menschen erdflüchtig macht und sie zur luziferischen Welt des schönen Scheins verführt – und vor der Marssphäre (Sardes), die die Menschen im Irdischen verstrickt und verhaftet. Die Christensonne aber wandelt die Venus Urania, die himmlische Venus, zur göttlichen Sophia, zum Heiligen Geist, und den Mars der Planetensphäre zum gepanzerten Himmelshelden, zum Dämonen besiegenden Erzengel Michael.

Die Zahl vier gehört symbolisch dem Uranus zu, der seinerseits in der okkulten Zahlenlehre eine Beziehung zur Sonne und zur Zahl eins besitzt.

Das dieser Gemeinde und dem vierten theogonischen Tag entsprechende Sakrament ist das Abendmahl: Die

Sonnengaben von Brot und Wein stärken Fleisch und Blut der Gläubigen äußerlich und innerlich.

Zu diesem vierten theogonischen Tag, den Ulrich Mann mit »der raunende Gott« überschreibt, gehört die vom Weltgrund her alles durchstrahlende, sonnenhafte Liebe:

»Nun verstehen wir vollends den Sinn der Dringlichkeit des Nazareners. Liebe als das wunderhafte Geschehen, klar zu unterscheiden von allen Teilphänomen wie eroshaftes Begehren und freundliche Gesinnung, die zwar nicht fehlen, aber doch nicht das Wesen ausmachen, Liebe als ereignishafter Grund allen Seins, von dem jeder Einzelmensch wenigstens ansatzweise etwas erfährt; Liebe, so verstanden, will provoziert sein. Sie will ja herbeieilen, aber der Sohn muß dem Herbeieilenden entgegenkommen. Der verlorene Sohn liebt ja, gerade indem er den Teilphänomenen entsagt. Es ist dringlich im Heimkehren, das ist seine Provokation. Es ist kein Gehabt-Haben und Sichdessen-Erinnern wie bei Platon, und kein Haben wie bei Zarathustra. Es ist ein Andringen auf nächste Zukunft und nächste Gegenwart, alles ist Akt und also reinster Ritus. Ich und Du sind die Pole, die diesen Ritus im Gang halten. Die Liebe hat alle Spaltungen überwunden, die Theogonie ist ans Ziel gelangt. Das ist das Mysterium des Dringlichen . . . Von nun an kann es nur noch darum gehen, die Fülle des vierten Tages wiederherzustellen, die Fülle, die immer wieder und immer unter neuen Umständen verlorenzugehen droht.«[38]

Alle sieben Sendschreiben sind einheitlich strukturiert. Nach einem feierlichen Eingangsspruch, in dem bestimmte Symbole Christi betont werden, kommt der die Gemeinde charakterisierende Hauptteil. Positives und Negatives wird aufgezeigt, eine Ermahnung setzt den Akzent. Zum Schluß steht die Verheißung des Sieges und der Überwindung.

Bei den ersten drei Sendschreiben wird die Verheißung eingeleitet durch die Worte »Wer Ohren hat, der höre, was der Geist den Kirchen sagt«. Bei den vier letzten

[38] Ulrich Mann, a.a.O.

Sendschreiben dagegen bilden diese Worte den Schluß: die Gemeinden – die theogonischen Weltentage – haben ja durch Christus das göttliche Wort schon erhalten. So gliedert sich die Siebenheit der Sendschreiben – der theogonischen Erdentage – in die Dreiheit und Vierheit auf. Der Dreiheit sind Mond, Merkur und Venus zugeordnet. Sie liegt *vor* dem Erscheinen des göttlichen Logos. Zur Vierheit gehören Sonne, Mars, Jupiter und Saturn: in ihr ist innere Kenntnis von Christus lebendig. Die Dreiheit bezieht sich zugleich auf die an der Küste – im Außenbereich – gelegenen Städte Ephesus, Smyrna und Pergamon. Die Vierheit umgreift die im Binnen-Land – im Inneren, im Kern des Seins – gelegenen Städte Thyatira, Sardes, Philadelphia und Laodizea.

Der zweite Buchstabe des hebärischen Alphabets ist das ב Beth. Es bedeutet »Haus« und weist damit – wie die Zahl *zwei,* die dem Mond symbolisch zugeordnet wird – auf das »Haus des Geistes«, auf die Seele als das weiblich-passive, mondenhaft empfangende Wesen hin. Beth entstand aus dem urzeitlichen »Bajat«, welches die Bedeutung »Schaffer des Weges« hat (wie italienisch bajazzo, Kind; rumänisch bajat, Knabe; griechisch pais, Sohn, Kind). Die Zahl zwei wurde schon im Altertum als Symbol des Weiblichen und Irdischen betrachet. Eins ist »Ich«, doch die Zwei ist stets »Du« und drückt Polarität aus.

Die zweite Tarotkarte heißt »Isis«. Sie zeigt eine Isispriesterin als Sinnbild der Großen Mutter, der Sophia, der Weisheit des Heiligen Geistes. Im zweiten Kapitel der Apokalypse wird von Gottes Weisheit, von Isis-Sophia gehandelt. Es schildert die vorchristlichen Kulturen bis zum Erscheinen von Christus am Ende des Kapitels – am vierten theogonischen Tag mit der äußerlich unscheinbaren vierten Gemeinde zu Thyatira. Denn Christus wurde im Stall geboren, nicht im Königspalast. Die Armen, Hungernden und Geknechteten haben ihn stets bereiter, sehnsüchtiger empfangen als die Reichen, Satten, Befehlenden, denen die Freuden dieser Welt den Blick verstellen auf die Sinnfragen des Lebens.

DAS DRITTE KAPITEL DER APOKALYPSE

3, 1–6 AN DIE KIRCHE VON SARDES

Schreib dem Engel der Kirche in Sardes: Dies spricht er, der die sieben Geister Gottes und die sieben Sterne hat: Ich kenne dein Tun. Dem Namen nach lebst du, aber du bist tot. Sei wachsam und stärke, was noch übrig ist und im Sterben liegt. Denn ich halte dein Tun für nicht vollwertig in den Augen meines Gottes. Denk deshalb daran, wie du die Lehre empfangen und gehört hast! Halte daran fest und kehre um! Wenn du aber nicht wachsam bist, werde ich kommen wie ein Dieb, und du sollst nicht erfahren, zu welcher Stunde ich komme. Aber du hast einige Leute in Sardes, die ihre Kleider nicht befleckt haben; sie werden mit mir in weißen Gewändern gehen, denn sie sind würdig. Alle, die siegen, werden ebenso mit weißen Gewändern bekleidet werden. Nie werde ich ihren Namen aus dem Buch des Lebens löschen, sondern ich werde mich vor meinem Vater und vor seinen Engeln zu ihnen bekennen. Wer Ohren hat, der höre, was der Geist den Kirchen sagt!

Das fünfte Sendschreiben an die Christen in *Sardes* steht im Zeichen der *Fünf,* die in den Lehren der Kabbala ein Symbol für ausschweifende männliche Sexualität und Sinnenfreude ist. Viele Wesenszüge der Fünf sind ausgesprochen phallisch: Schnelligkeit, Unbesonnenheit, Sprunghaftigkeit, Elastizität und Spannkraft. Mit dem Pentagramm, dem Fünf-Stern, glaubt der Magier die Natur beherrschen zu können, weil dies Zeichen die Beherrschung der Elemente durch den Geist ausdrückt.

Sardes, die alte lydische Königsstadt auf ihrem Burgfelsen wurde viel umkämpft. In Kriegsnot leiden die sittlichen und geistigen Kräfte. Die Menschen sind nüchterner, mehr der Materie verhaftet und oft selbstsüchtig und seelenos. So ist Lob hier recht spärlich und nur wenigen zugesprochen. Wie Christus zu Beginn seiner Lehrtätigkeit mehr die Stärkung des Glaubens betonte, vor seinem Tod aber zum Wachsein aufrief, so wird auch dieser Gemeinde gesagt, daß sie wacher im Geist werden muß, weil das Ende sich naht.

Die fünfte Gemeinde steht in der Einflußsphäre des Mars. Ihr wäre das Sakrament der Ehe zuzuordnen. Das weist auf die Verbindung zum dritten Sendschreiben hin: Die Willensaktivität des männlichen Mars und die Gefühlswelt der weiblichen Venus sollen sich durchdringen und nach der Überwindung des Gegensatzes dürfen sie »die weißen Gewänder« anlegen. Jede gute Ehe ist immer Aufgabe, ja Kampf, und verlangt von den Partnern stete Wachheit.

Ulrich Mann gibt dem fünften und sechsten theogonischen Tag die Überschrift »der leidende Gott«, denn sein Leiden begann, »daß er sich so in die Hände des Menschen begab. Er ließ sich mißbrauchen, ja, er konnte und wollte diesem Mißbrauch nicht wehren, er mußte mitspielen . . .«

3, 7–13 AN DIE KIRCHE VON PHILADELPHIA

Schreib dem Engel der Kirche in Philadelphia: dies spricht der Heilige, der Wahrhaftige, der den Schlüssel Davids hat, der öffnet, so daß niemand schließen kann, der schließt, so daß niemand öffnen kann; ich kenne dein Tun, und ich habe vor dir eine Tür geöffnet, die niemand schließen kann. Du hast nur geringe Kraft, aber du hast dennoch an meinem Wort festgehalten, und meinen Namen nicht verleugnet. Ich gebe dir Leute aus der Synagoge Satans, die behaupten, sie seien Juden, sie sind aber keine Juden, sondern Lügner. Ich werde bewirken, daß sie kommen und sich vor deinen Füßen niederwerfen und erkennen, daß ich es bin, der dich geliebt hat. Du hast mein Wort, das Ausharren fordert, bewahrt; daher werde auch ich dich bewahren vor der Stunde der Prüfung, die über den ganzen Erdkreis kommen soll, um die Bewohner der Erde zu prüfen. Ich komme bald. Halte fest, was du hast, damit dir niemand deinen Kranz nimmt! Jeden, der siegt, werde ich zu einer Säule im Tempel meines Gottes machen. Er wird ihn nicht verlassen müssen. Und ich werde auf ihn den Namen meines Gottes schreiben, den Namen des neuen Jerusalems, das aus dem Himmel herabkommt von meinem Gott, und ich werde auf ihn auch meinen neuen Namen schreiben. Wer Ohren hat, der höre, was der Geist den Kirchen sagt!

Das sechste Sendschreiben an die Gemeinde in Philadelphia spricht zu Bewohnern einer Stadt, die erst 189 v. Chr. von Attalos Philadelphos gegründet worden war. Dessen Liebe zu seinem Bruder Eumenes von Pergamon hat die Geschichte überliefert, und so trägt diese »Binnen-Gemeinde« den Namen »Bruderliebe« zu Recht (wie auch der Text lobend und ausführlich hervorhebt). Das christiche Idealbild der Nächsten- und Gottesliebe wird hier gezeichnet: auch wenn die physische Kraft gering ist, werden die höchsten Ziele durch Liebe erreicht. In Philadelphia leben Menschen, die in Liebe glauben und sich in Gott geborgen wissen.

Der Planet solch gottgeborgener Brüderlichkeit ist der Jupiter. Als Sakrament wäre hier die Priesterweihe zu nennen, denn selbstlose Liebe ist die Grundvoraussetzung für priesterliches Wirken.

Die *Sechs* gehört zu den »vollständigen« Zahlen, denn Addition und Multiplikation ihrer Teilzahlen 2 und 3 führen zu gleichem Ergebnis. Deshalb gilt die Drei als harmonisch und ausgewogen; sie strahlt Ruhe und Gelassenheit aus. Auch birgt sie in sich die erste weibliche Zahl (2) wie die erste männliche (3), ist als Bergende aber das Symbol für weibliche Sexualität, häusliches Leben, Ehe und Familie. Die schöpferische Gabe (gleichsam die »Selbstverdoppelung«) zeigt die Sechs in der Verdoppelung der Drei. Doch die Dualunion des Alls wird in der Polarität von Geist-Stoff, Gott-Chaos und Raum-Zeit offenbar: drei Paare, entsprechend den drei Zweierpaaren der Sechs. Von Indien und Ägypten kam diese Vorstellung zu den Juden und fand später auch Eingang ins Christentum, wo wir den Sechsstern als Monstranzform finden. In der Magie wirkt das Hexagramm vor allem im »Liebeszauber«.

So stand die Sechs schon früh in Verbindung mit allen seelisch-geistigen, religiösen und humanistischen Formen der Liebe. Denn es ist der in Liebe glaubende Mensch, der den Geist der priesterlich-königlichen Jupitersphäre in sich realisiert. Liebe, Glaube und priesterliches Wirken gehören innerlich zusammen. Als Jupiterstufe des menschlichen Lebens – als höchster Gipfel geistiger Entfaltung – gilt die Zeit zwischen dem 42. und 56. Lebensjahr.

Das sechste Sendschreiben zeigt viele Verbindungen zum zweiten. So ist die Priesterweihe in gewisser Weise eine Überhöhung der Konfirmation. Smyrna wie Philadelphia hatten unter Christenverfolgungen zu leiden, verehrten gemeinsame Märtyrer. Beide mußten gegen die Feindschaft der orthodoxen Juden (die »Synagoge des Satans«) ankämpfen. So sind die Trostworte in den zwei Sendschreiben auch ähnlich abgefaßt.

Nach Ulrich Mann steht der sechste theogonische Tag wie der fünfte in bezug zum »leidenden Gott«, wenngleich seine eigentliche Tendenz durch das Leiden hindurch auf Harmonie zielt. So ist der Idealtyp dieses Tages unter den »singenden Gott« gestellt. Und dies ist so zu verstehen, daß »das Singen Gottes wie auch der Schrei des Menschenherzens in Lust und Not, beidemal ein Letztes an Abgründigkeit, ein Äußerstes an Tiefe, ein Tiefstes an Leiden, und zugleich ein Letztes an jubelnder Freudigkeit, ein Höchstes an Erhabenheit und ein Tiefstes an Innerlichkeit« laut werden läßt.

3, 14–22 AN DIE KIRCHE VON LAODIZEA

Schreib dem Engel der Kirche in Laodizea: Dies spricht der treue und zuverlässige Zeuge, er, der »Amen« und der Ursprung und Anfang der Schöpfung Gottes: Ich kenne dein Tun. Du bist weder kalt noch heiß. Wärest du doch kalt oder heiß! Weil du aber lau bist, weder heiß noch kalt, will ich dich ausspeien aus meinem Mund. Du behauptest: Ich bin reich, ja ich bin zu Reichtum gekommen und mir mangelt nichts. Aber du weißt nicht, daß gerade du elend und erbärmlich bist, arm, blind und nackt. Darum rate ich dir: Kaufe von mir Gold, das in Feuer geläutert ist, damit du reich wirst; und kaufe von mir weiße Kleider und zieh sie an, damit die Schande deiner Nacktheit nicht sichtbar wird; kaufe Salbe für deine Augen, damit du sehen kannst! Alle, die ich liebe, weise ich zurecht und züchtige sie. So setze denn alles daran und bekehre dich! Ich stehe an der Tür und klopfe. Wenn einer meine Stimme hört und die Tür öffnet, werde ich bei ihm eintreten, und ich werde mit ihm und er wird mit mir Mahl halten. Jedem der siegt, werde ich gewähren, mit mir auf meinem Thron zu sitzen, wie auch ich gesiegt und mich mir meinem Vater auf seinen Thron gesetzt habe. Wer Ohren hat, der höre, was der Geist den Kirchen sagt!

Das siebente und letzte Sendschreiben gilt der Gemeinde *Laodizea.* Diese im Vergleich zu Ephesus, Smyrna und Pergamon junge Stadt wurde im Binnenland zwischen den Flüssen Mäander und Lykos zur Zeit des Antiochus II (261–240 v. Chr.) gegründet. Es gab dort viele Höhlen, und das Gebiet war reich an Mineralien und litt unter häufigen Erdbeben. Zu Ciceros Zeit war die Stadt ein Zentrum des Bankwesens, was den Einwohnern großen Reichtum brachte.

Saturn beherrscht sowohl das Reich der Mineralien und Erdentiefen als auch Bankwesen, Finanz und Industrie. Kenzeichnend für die saturnische Dominante ist eine starke Bindung der Menschen an Materie und Intellekt. Das jüdische Volk galt als ein typisches Saturnvolk. Der jüdische Sabbat – unser letzter Wochentag – ist zugleich der Saturntag (englisch Saturday). (Sollte es nicht zu denken geben, daß in unserer Zeit überall in der Welt der Sonnabend – der dem Saturn geweihte Tag – von Jahr zu Jahr mehr zu einem Ruhe- und Feiertag wird?) Der Planet Saturn gehört zum älteren Menschen (50 bis 70 Jahre), bringt Verhärtungen und Verkalkungen, läßt Schwierigkeiten aus dem Wege gehen, ist »nicht heißt, nicht kalt«. Der Saturn ist der von der Sonne am weitesten entfernte der sogenannten »schöpferischen« Planeten. Er symbolisiert das Ausruhen von der Arbeit und im Gegensatz zu seinem materiellen Aspekt für den jüngeren Menschen Verzichtleisten und die Abkehr von irdischen Freuden und Begierden. Entsprechend dringt der Text der Apokalypse auf Abkehr vom äußeren Reichtum und auf Hinwendung zu inneren Werten. Saturn weist auf das Ende, auf den Tod hin.

Die Gemeinde wird vor dem baldigen Ende gewarnt. Das enderfüllende Wesen Gottes kommt zum Ausdruck: die Offenbarung nennt Gott mit dem Namen »Amen«. Für das Denken der Antike ist Saturn aber Ende und Urbeginn zugleich, ein sich immer wieder erneuernder Kreis. Saturn-Kronos ist nicht nur der Gott der Zeit, sondern als Aión auch Repräsentant der zeitüberschreitenden Ewigkeit, der Transzendenz Gottes.

Zu diesem letzten Sendschreiben – wie zum alten Menschen und zum siebenten theogonischen Weltentag – gehört das Sterbesakrament, die letzte Ölung.

Es fällt auf, daß mit den letzten Sendschreiben die Attribute sich steigern. Philadelphia erhielt das höchste Lob aller Städte und Laodizea den härtesten Tadel: Die guten und bösen Mächte werden stärker, wenn das Ende naht. Bezeichnend ist, daß die letzte Gemeinde überhaupt kein Lob in der Einleitung erhält.

Wie das fünfte Sendschreiben zum dritten und das sechste Sendschreiben zum vierten in bezug steht, so zeigt sich beim siebenten der Rückgriff auf das erste, die Koppelung an die Botschaft für Ephesus.

Sowohl die Saturn- als auch die Monden-Sphäre wirken stark auf die Physis ein. Der Anfang mit dem Sakrament der Taufe und das Ende mit dem der letzten Ölung gehören zusammen. Danach erst erfolgt das Überschreiten der Schwelle.

Zum siebenten theogonischen Weltentag schreibt Ulrich Mann:

»Wir leben von jetzt an im eschatologischen Aión, der Jüngste Tag ist angebrochen. Wie er endet, das ist nunmehr dem einzelnen überlassen. Jeder einzelne tritt am Abend seines Lebens in den Abend des eschatologischen Tags ein. Er ist voll verantwortlich geworden dafür, daß der Abend heilvoll sei. Heilvoll sei, das heißt, daß Gottes Feier anhebe und nimmer ende. Der siebente theogonische Tag ist kein Jahrtausend mehr, kein aionischer Tag, den man zeitlich begrenzen und bestimmen könnte. Gottes Feier ist von nun an offen über allen Jahrtausenden, die noch folgen werden. Diese Erkenntnis stellt uns Aufgaben fürs Künftige in Fülle.«[39]

Der dritte Buchstabe des hebräischen Alphabets ist das ג Gimel. Es bedeutet den Hieros Gamos, die Ehe zwischen dem Gottvater und der Gottmutter und weist ebenso wie die dazugehörige Zahl drei auf den dritten göttlichen Aspekt, den Sohnesgott hin.

Die Zahl *drei* hat in der Astrologie und der Zahlenmagie eine besondere Bedeutung. Mit ihr beginnt eine Zahlenreihe (3, 6, 9), die man als »Linie der Kraft« bezeichnet hat.

Drei ist die Zahl des harmonischen Fortschritts und zeigt einen starken schöpferischen Impuls. Für die Pythagoräer galt sie als perfekte Zahl, weil sie – wenn man sie in Punkten wiedergibt – einen Anfang, eine Mitte und ein Ende hat. (Wie vielen Menschen geht doch ein Lebensabschnitt verloren, die Harmonie ist gestört, eine Entwicklung abgebrochen.)

Die Dreiheit findet sich häufig: Wie das dreimal »Heilig« in Jes. 6, 3, müssen alle Beschwörungsformeln dreimal gesprochen werden. Jede Steigerung hat ihre drei Stufen: klein, kleiner, am kleinsten, was wiederum auf die Dreiheit von Himmel, Erde und Hölle hinweist. So heißt es zur Zahl drei bei Franz Endres:[40]

---

[39] Ulrich Mann, a.a.O.

[40] Franz C. Endres, Mystik und Magie der Zahlen, Zürich 1951

»Da Eins das Ruhende des Absoluten darstellt, Zwei aber das unruhig zum Ausgleich drängende Polare, so bedarf es jener Zahl, die die Durchsetzung des Polaren mit göttlichem Geiste symbolisiert und damit die Wirkung der Gottheit in der Welt. Diese bedeutsame Zahl ist die Drei.«

Die dritte Tarotkarte heißt »Horus«. Horus, der Sohn von Osiris und Isis, ist eine vorchristliche Gestalt des Sonnengottes.

Im dritten Kapitel der Apokalypse wird die geistige Aufnahme von Christus hier auf Erden, in den drei letzten Gemeinden von Sardes, Philadelphia und Laodizea, behandelt. Die Zentralfigur ist hier der Sohn Gottes.

Das grandiose Bild dieses *alle* Zeiten (die sieben Leuchter) durchschreitenden Christus-Gottes, der aber erst in der Mitte der Menschheitsgeschichte (im Binnen) erkannt wird (ins Fleisch kommt) und der seine Mit-Brüder und -Schwestern in Wort (Lehre) und Tat (Kreuz) zu ihrer eigentlichen menschlichen Bestimmung (der Gottesebenbildlichkeit) führen will, bildet den Abschluß des dritten Kapitels der Apokalypse.

DAS VIERTE KAPITEL DER APOKALYPSE
DIE ENDGESCHICHTE DER WELT UND DES VOLKES GOTTES
4, 1 – 11, 19

GOTT UND DAS ENDE DER WELT: 4, 1 – 8, 5
4, 1 – 11 DER HERR DER WELT

Danach hatte ich eine Vision. Und ich sah: eine Tür war geöffnet am Himmel, und die Stimme, die ich früher wie eine Posaune zu mir reden hörte, sprach: Steig herauf und komm hierher! Ich werde dir zeigen, was später geschehen wird. Sofort wurde ich vom Geist ergriffen. Und ich sah: Ein Thron steht im Himmel; auf dem Thron sitzt einer, der an Aussehen einem Jaspisstein und Karneol gleicht. Und rings um den Thron ist ein Regenbogen, der an Aussehen wie ein Smaragd ist. Und rings um den Thron sind vierundzwanzig Throne, und auf den Thronen sitzen vierundzwanzig Älteste in weißen Gewändern und mit goldenen Kränzen auf ihrem Haupt. Von dem Throne gehen Blitze, Stimmen und Donner aus. Und sieben Feuerfackeln brennen vor dem Thron: das sind die sieben Geister Gottes. Und vor dem Thron ist gleichsam ein gläsernes Meer, das einem Kristall gleicht. Und in der Mitte, rings um den Thron, sind vier Wesen voller Augen, vorn und hinten. Das erste Wesen gleicht einem Löwen, das zweite einem Jungstier, das dritte hat ein Gesicht, das einem Menschen gleicht, das vierte gleicht einem Adler im Flug. Und jedes von den vier Wesen hat sechs Flügel, rundum und innen voller Augen. Tag und Nacht ruhen sie nicht und rufen: Heilig, heilig, heilig ist der Herr, der Gott, der Herrscher des Alls; er war und er ist und er wird kommen. Und wenn die Wesen dem, der auf dem Thron sitzt und in Ewigkeit lebt, Herrlichkeit und Ehre und Dank darbringen, dann werfen sich die vierundzwanzig Ältesten vor dem Thronenden nieder und beten ihn an, der in Ewigkeit lebt. Sie legen ihre Kränze vor seinen Thron und sprechen: Würdig bist du, unser Herr und Gott, Herrlichkeit und Ehre und Macht zu empfangen. Denn du bist es, der die Welt erschaffen hat, durch deinen Willen war sie und wurde sie erschaffen.

Dieses Kapitel führt über eine entscheidende Schwelle in eine andere Welt. Der Seher braucht jetzt einen Führer, der ihm das zuvor Niegeschaute zeigt. Er kann nicht mehr allein erkennen. Er wird aufgefordert, empor zu steigen in die höhere Dimension. Er wurde »vom Geist ergriffen«, worin zugleich liegt, daß er dies Aufsteigen nicht aus eigener Kraft vermag. Die Alltagssprache reicht in dieser Sphäre nicht aus; Bilder »aus alten Tagen« tauchen auf und wollen gedeutet sein.

Der in grün (Schöpfergott), rot (Liebe Christi) und weiß (Licht des Heiligen Geistes) leuchtende Thron wird von vierundzwanzig thronenden Ältesten umgeben, die in weiße Gewänder (Überwindung der Materie), also in Geistkleider, gehüllt sind.

Nach alter Tradition lassen sich alle Zahlen auf die ersten neun Zahlen zurückführen, indem bei größeren Zahlen die jeweilige Quersumme eine dieser Erstzahlen ergibt, die symbolische Bedeutung tragen. So sind die Ältesten, deren Anzahl die Quersumme sechs ergibt und zudem aus der Verdoppelung der mystischen Zwölf hervorgeht (Quersumme der 12 ist 3), in die »Linie der Kraft« (Zahlenreihe 3, 6, 9) eingebettet. Die Zwölfzahl findet sich bei den Monaten und Tierkreiszeichen, den Stämmen Israel wie den Jüngern Christi und vielfach in anderen Zusammenhängen.

Die vier göttlichen Wesen zeigen eine Verbindung zu den vier Himmelsrichtungen, die in ihrer Gesamtheit den ganzen Kosmos symbolisieren (die Uranus-Zahl ist die vier). Zugleich knüpfen sie an die Ecksternbilder Löwe, Stier, Engelmensch (oder Wassermann) und Adler (oder Skorpion) an. Schon die babylonischen Flügelgeister wie auch die ägyptischen Sphingen zeigten sich mit Löwenpranken, Stierhinterleib, Menschenkopf und Adlerflügeln. Die Hesekiel-Vision (Ez 1, 10) verwendet das gleiche Bild.

Im Mikrokosmos, beim Menschen also, bedeutet der Stier Körper- und Willenskräfte, der Löwe Seelen- und Herzenskräfte, der Adler Geist- und Verstandeskräfte und der Engelmensch die Gottebenbildlichkeit. Der Makrokosmos dieses Mikrokosmos ist der Gottmensch, der alles in allem ist, der Alte »der da ist, der da war und der da sein wird«. Auch bei den Visionen des Jesaja (Jes. 6. 1–3) haben diese vier Wesen Flügel und singen als Cherubin und Seraphim ihr dreimal »Heilig«. Die Augen wiederum sind die Sterne des Himmels, die alles erspähen und sehen, denen nichts verborgen bleibt.

Die Erdenwelt hat Johannes hinter sich gelassen. Nur die vierundzwanzig Ältesten in den weißen Gewändern der Überwinder – sie überwanden die irdische Zeit – erinnern an das vergangene Dasein. Die Weite des Raums, verbildlicht durch die vier Wesen mit ihren vielen Augen, das Blitzen (Licht des Geistes), die Stimmen (Lehren des Sohnes) und das Donnern (Stimme des Vatergottes) nimmt ihn ganz gefangen: eine neue Welt hat sich ihm geöffnet.

Der vierte Buchstabe des hebräischen Alphabets ist das ד Daleth. Es bedeutet »Tür« oder »Tor« und ist ein Mysteriensymbol für den Schwellenübergang zwischen der irdischen und göttlichen Welt.

Die Zahl *vier* ist zunächst auf alles Irdische bezogen wie die vier Elemente Feuer, Wasser, Luft und Erde und die dazugehörigen vier Temperamente. Von der Vierheit von Mensch, Tier, Pflanze und Stein nähert man sich der Schwelle zum Überirdischen: den vier Himmelsrichtungen, den vier Planetensphären. Die Letzteren verleihen dem Menschen 1. durch den Mond die Kraft des Segens, 2. durch Merkur das Licht des Geistes, 3. durch Venus die Würde der Seele und 4. durch die Sonne die Führermacht des Ichs. Die Pythagoräer sahen darüber hinaus durch die Quersumme der ersten vier Zahlen (1 + 2+ 3 + 4 = 10) wiederum einen Hinweis auf die mystisch besonders bedeutsamen Zahlen zehn und eins. So ist die Vier durch Deutungen verschiedener Art hervorgehoben. Sie nimmt eine Sonderstellung ein, steht am Schwellenübergang vom Irdischen zu höheren Sphären.

Die vierte Tarotkarte heißt »Pharao« oder »Herrscher«: Der Herrscher thront auf einem Würfel, der den Kosmos symbolisiert. Seine Arme bilden mit dem Kopf ein Dreieck. Die Bedeutung des Dreiecks über dem Viereck aber ist, daß die göttliche Trinität den viergegliederten Kosmos beherrscht.

Das vierte Kapitel der Apokalypse beschreibt den Schwellenübergang von der Erde in den »Kristallhimmel«, wie man das »gläserne Meer, das einem Kristall gleicht«, benannt hat.

Raumbeherrschender Blickpunkt vieler alte Dome, Kirchen und Kapellen ist der thronende Christus als Weltenrichter, umgeben von einem leuchtend blauen Himmel, oft inmitten von Sternen und zwischen den vier Wesen (oder den vier Aposteln), welche die Ecken des Weltenkreises darstellen. Dieser Kristallhimmel wird gedeutet als die erste himmlische Sphäre, in der alle Archetypen des räumlichen Seins sich befinden, wo Bewußtsein in Sein, Liebe in Bewegung und Willen in Raum übergeht.

Gott – in seinen drei Aspekten – sitzt als der Pantokrator (»Allbeherrscher«) auf seinem Thron, so wie der Herrscher der Tarotkarte über seinem viergegliederten Reich thront.

DAS FÜNFTE KAPITEL DER APOKALYPSE

5,1–14 DAS LAMM UND DAS VERSIEGELTE BUCH

Und ich sah: In der Rechten hält er, der auf dem Thron sitzt, eine Buchrolle: sie ist beschrieben innen und außen und mit sieben Siegeln versiegelt. Und ich sah: Ein mächtiger Engel rief mit lauter Stimme aus: Wer ist würdig, die Buchrolle zu öffnen und ihre Siegel zu lösen? Aber niemand im Himmel, auf der Erde und unter der Erde konnte das Buch öffnen und es lesen. Ich aber weinte sehr, weil niemand für würdig gehalten wurde, das Buch zu öffnen und es zu lesen. Da sagte einer von den Ältesten zu mir: Weine nicht! Gesiegt hat der Löwe aus dem Stamm Juda, der Sproß aus der Wurzel Davids; er kann das Buch und seine sieben Siegel öffnen. Und ich sah: Zwischen dem Thron und den vier Wesen und mitten unter den Ältesten steht ein Lamm; es gleicht einem geschlachteten Lamm und hat sieben Hörner und sieben Augen; die Augen bedeuten die sieben Geister Gottes, die über die ganze Erde ausgesandt sind. Das Lamm tritt heran und empfängt das Buch aus der Rechten dessen, der auf dem Thron sitzt. Als es das Buch empfangen hat, fallen die vier Wesen und die vierundzwanzig Ältesten vor dem Lamm nieder; alle halten ein Saitenspiel und goldene Schalen voll von Räucherwerk; das sind die Gebete der Heiligen. Und sie singen ein neues Lied: Würdig bist du, das Buch zu empfangen und seine Siegel zu öffnen, denn du bist geschlachtet worden und hast mit deinem Blut Menschen für Gott gekauft aus allen Stämmen und Sprachen, aus allen Völkern und Nationen; und du hast sie für unseren Gott zu Königen und Priestern gemacht; und sie werden herrschen auf der Erde. Ich sah, und ich hörte die Stimme von vielen Engeln rings um den Thron und um die Wesen und die Ältesten; die Zahl der Engel ist zehntausend mal zehntausend und tausend mal tausend. Sie schreien mit lauter Stimme: Würdig ist das Lamm, das geschlachtet ist, Macht zu empfangen, Reichtum und Weisheit, Kraft und Ehre, Herrlichkeit und Lobpreis. Und jedes Geschöpf im Himmel und auf der Erde, unter der Erde und auf dem Meer, alles was in der Welt ist, hörte ich sprechen: Ihm, der auf dem Thron sitzt, und dem Lamm gebühren Lobpreis und Ehre, Herrlichkeit und Kraft in alle Ewigkeit. Und die 24 Ältesten fallen nieder und beten an.

Dieses fünfte Kapitel bringt das Vorspiel, die Einleitung, die liturgische Umrahmung für größeres Geschehen.

Die Buchrolle, das geheimnisvolle Buch der Kabbala, die Gott in der Rechten hält, wird gedeutet als das Buch des Lebens, als das, was den Menschen die letzten Dinge enthüllt. Der Mensch als der Mikrokosmos ist seit dem Sündenfall in die Materie nicht mehr in der Lage, dieses Buch zu lesen. Das gleiche Bild der Buchrolle verwendet die Apokalypse in 6, 14 aber auch für den Makrokosmos: »Der Himmel schwand wie eine Buchrolle, die man zusammenrollt«.

Voll Sehnsucht nach den tiefsten Geheimnissen, die dem Menschen in diesem mit sieben Siegeln verschlossenen Buch vorenthalten bleiben sollen, weint Johannes, weil sich nach dem Aufruf des mächtigen Engels (Michael) kein Würdiger zu finden scheint, der diese Siegel zu lösen vermag. Doch einer der Ältesten, einer, der die irdische Welt schon überwand und nun Johannes helfen will, öffnet diesem die Augen und weist ihn hin auf das Lamm, das blutende Schlachttier, das durch Not und Tod in freiwilliger Liebe den Weg bahnte, um den Menschen wieder mit seinem Ursprung und dem letzten Wissen über diesen Ursprung zu verbinden.

Das Tierkreiszeichen Widder bringt den Frühling, die »Auferstehung« der Natur. Die Sonne wird stark und erwärmt die Erde, bewirkt neues Wachsen, Blühen und Gedeihen. Das Lamm – der Sonnenwidder – symbolisiert den

Anbruch der Erlösung. Seine sieben Augen bedeuten göttliche Weisheit und die sieben Hörner göttliche Kraft.

Nachdem dem Lamm das Buch ausgehändigt war, ertönt das »neue Lied« im Kosmos: das Lied der befreiten, geistig gewordenen Ebenbilder Gottes.

Die gewaltige Zahl der lobpreisenden Engel läßt sich über die Zehn auf die Eins zurückführen – also Rückkehr zum göttlichen Anfang. Der Zahl zehn gab man das Attribut »Zahl der Ewigkeit in göttlicher Vollendung«, so wie auch die Kabbala im Bild ihres Lebensbaumes von zehn Sephirots spricht, wobei die zehnte Sephira, Malkut, als das Reich der Gottesgegenwart gilt.

Andererseits sind es in Vers 12 wieder sieben Gaben, die das Lamm erhalten soll. Diese wurden gedeutet als die sieben ins Geistige geläuterten Planeten-Wesenskräfte. Die Siebenzahl ist hier auch Symbol der Fülle.

Die himmlische Liturgie, ein dreifacher, sich steigernder Lobgesang, schließt dieses Kapitel ab. Das Lamm hat Erlösung gebracht und in aller Kreatur im Himmel, auf Erden, unter der Erde und in den Wassern das »neue Lied« erweckt.

Der fünfte Buchstabe des hebräischen Alphabets ist das
ה He, ein Hauchlaut, der »Atem Gottes« bedeutet.

Die fünfte Tarotkarte heißt der »Hohe-Priester«. Er trägt den Himmelsschlüssel und eröffnet den Gläubigen die göttlichen Geheimnisse.

Das fünfte Kapitel der Apokalypse spricht von der versiegelten Buchrolle (den Geheimnissen und dem Sinn des menschlichen Daseins), die nur mit Hilfe des Lamms (mit Hilfe von Jesus Christus als dem Hohen-Priester wie dem Atem Gottes) uns Menschen wieder eröffnet werden kann.

DAS SECHSTE KAPITEL DER APOKALYPSE

6, 1–17 DIE ERSTEN SECHS SIEGEL

Und ich sah: Das Lamm öffnete das erste der sieben Siegel, und ich hörte das erste der vier Wesen wie mit Donnerstimme rufen: Komm! Dann sah ich ein weißes Pferd, und er, der auf ihm saß, hielt einen Bogen. Ihm wurde ein Kranz gegeben und siegreich zog er aus um zu siegen.

Als das Lamm das zweite Siegel öffnete, hörte ich das zweite Wesen rufen: Komm! Dann zog ein anderes Pferd aus; es war feuerrot. Und er, der auf ihm saß, erhielt die Macht, den Frieden von der Erde zu nehmen; die Menschen sollten einander hinschlachten. Und es wurde ihm ein großes Schwert gegeben.

Als das Lamm das dritte Siegel öffnete, hörte ich das dritte Wesen rufen: Komm! Dann sah ich ein schwarzes Pferd und er, der auf ihm saß, hielt eine Waage in der Hand. Mitten unter den vier Wesen hörte ich Worte wie von einer Stimme: Ein Maß Weizen für einen Denar und drei Maß Gerste für einen Denar! Aber dem Öl und dem Wein füge keinen Schaden zu!

Als das Lamm das vierte Siegel öffnete, hörte ich die Stimme des vierten Wesens rufen: Komm! Dann sah ich ein fahles Pferd, und er, der auf ihm saß, er hieß »der Tod«, und die Welt des Todes zog hinter ihm her. Ihnen wurde Macht gegeben über ein Viertel der Erde; Macht, zu töten durch Schwert, Hunger und Tod und durch die Tiere der Erde. Als das Lamm das fünfte Siegel öffnete, sah ich unter dem Altar die Seelen aller, die hingeschlachtet waren, weil sie festhielten an dem Wort Gottes und an dem Zeugnis, das sie besaßen. Sie schrien mit lauter

Stimme: Wie lange zögerst du noch, Herr, du Heiliger und Wahrhaftiger, zu richten und unser Blut an den Bewohnern der Erde zu rächen? Da wurde jedem von ihnen ein weißes Kleid gegeben, und es wurde ihnen gesagt, sie sollten noch eine kurze Zeit warten, bis die volle Zahl erreicht ist durch den Tod ihrer Mitknechte und Brüder, die wie sie noch sterben müssen.

Und ich sah: Das Lamm öffnete das sechste Siegel. Da entstand ein großes Beben. Die Sonne wurde dunkel wie ein schwarzer Sack, und der volle Mond wurde wie Blut. Die Sterne des Himmels fielen herab auf die Erde, wie ein Feigenbaum seine Früchte abwirft, wenn der Sturm ihn schüttelt. Der Himmel schwand wie eine Buchrolle, die man zusammenrollt, und alle Berge und Inseln wurden von ihrer Stelle gerückt. Und die Könige der Erde, die Großen und die Heerführer, die Reichen und die Mächtigen, alle Sklaven und alle Freien verbargen sich in den Höhlen und Felsen. Sie sagten zu den Bergen und zu den Felsen: Fallt über uns und verbergt uns vor dem Angesicht dessen, der auf dem Thron sitzt, und vor dem Zorn des Lamms; denn der große Tag ihres Zorns ist gekommen. Wer kann da bestehen?

Man kann den Aufbau der Apokalypse mit dem bis ins einzelne durch Prophetenwort dem Volk Israel gegebenen Plan[41] des Tempels vergleichen.

Von Osten kommend mußte der Gläubige zwei mal sieben Stufen emporsteigen, um die Höhenlage des eigentlichen Tempelbezirks zu erreichen. Das entspricht den Mahnungen in den sieben Sendschreiben an die Kirchen oder dem Gang durch die theogonischen Weltentage, die eine notwendige und unabdingbare Vorbereitung sind für eine zukünftige Welt. Durch ein gewaltiges Bronzetor schreitend, öffnete sich dem Gläubigen zunächst der Frauenhof, dann der – den Frauen unzugängliche – Männervorhof, der auch als »Vorhof Israels« bezeichnet wurde. Eine breite Öffnung führte westlich in den »Hof der Priester«, wo sich in der Mitte der weiß gekalkte Brandopfer-

---

[41] Ex. 25, 9

altar erhob, wo Tiere geopfert wurden. Nach Josephus Flavius war dieser Altar 7½ m hoch. Vor den kultischen Brandopferhandlungen mußten sich die Priester im großen Reinigungsbecken, dem »ehernen Meer«[42], waschen.

Katharsis (Reinigung) wird gefordert in den Sendschreiben wie auf der höheren Ebene in den sieben Siegeln. Denn die Menschheit insgesamt – oder jeder einzelne – steht durch den Tod vor dem Geheimnis des versiegelten Buches, des Daseins-Sinnes.

Die irdische Zeit liegt hinter dem Betrachter, der das Physische überwunden hat und das weiße Kleid anlegen durfte (5. Siegel). Er ruht »noch eine kurze Zeit« unter dem Brandopferaltar, bis die sechste Siegelzeit vorbei ist, die das Ende der materiellen Zeit bringt. Ausharren, dulden und vertrauen trägt seinen Lohn ein. Über allem Leid erhebt sich jubelnd die Erlösungsbotschaft für die, die überwunden haben – ein Motiv, das immer wieder in der Apokalypse besonders hervorgehoben wird.

Johannes – als irdischer Berichterstatter aus Gottes Gnaden – erlebt nun im Öffnen der sieben Siegel, wie alles an körperlichen Gedanken ausgeschieden wird und dadurch die zur Erkenntnis notwendige Stufe des Irdischen ihre Vergeistigung erfährt. Denn um diese Vergeistigung geht es hier: Ein Mensch ist ja nicht durch seinen Tod, ist ja nicht dadurch, daß er die »Schwelle überschritt«, plötzlich ein anderer Mensch geworden. Nur die äußere Hülle ist gefallen, ist abgelegt, und die Läuterung des Wesens, die Einweihung zu höherem Dasein steht bevor. Das griechische *ἄγγελος (Sphragís)*, ein Symbol für die Taufe, für Konfirmation und Priesterweihe, bedeutet den Siegel, mit dem sich Gottes Geist dem Menschen einprägt. Versiegelung wurde als Geist-Erfüllung verstanden.

Die vier Reiter sollen die Läuterung des Denkens bewirken. Das heißt also, daß auf der geistigen Ebene die Arbeit des Menschen an sich selbst weitergeht, die Lehrzeit noch nicht beendet ist, bis er sein Ziel der Gottebenbildlichkeit erreicht hat. Das Lamm (Christus) führt und

---

[42] Ex. 3, 18—21; 1. Köln 7, 23

deutet den Weg – ja, es *ist* der Weg zu Licht und Wahrheit.

Nach Brechung des *ersten* Siegels durch das Lamm ruft das erste Wesen das weiße Pferd. Pferde – oft Verkörperungen der Winde aus den vier Himmelsrichtungen – werden auch als schnelle Gedanken gedeutet. Auf dieser Ebene gilt es daher, den Kampf mit den Gedanken, mit der menschlichen Vorstellungskraft zu bestehen, das Geistige zu läutern, das noch zu sehr im Irdischen verstrickt ist.

Da der Reiter des ersten Pferdes einen Bogen hält und einen Siegerkranz trägt, hat man in ihm den Marduk[43] von Sumer-Babylon wiedererkennen wollen. Weiß war im Zweistromland die Farbe des Ostens wie des Marduk-Jupiter. So verband man den ersten Rufer des »Komm!« als das Löwe-Eckwesen des Ostens mit dem ersten Reiter als Marduk-Jupiter. Unter jupiterhafter Geistigkeit standen die alten Mysterien-Kultstätten des Ostens. Mit seinem Bogen zieht der erste Reiter aus, um das Tierisch-Dämonische unter der Geistsphäre zu besiegen. Diesem ersten Reiter hat spätere Exegese die sieghafte, Strahlenpfeile versendende Sonne zugeordnet, die im Osten aufgeht.

Nach Brechung des *zweiten* Siegels durch das Lamm ruft das zweite Wesen das rote Pferd herbei, dessen Reiter ein großes Schwert trägt. Man deutet den Rufer des zweiten »Komm!« als das Stiereckwesen und den Norden. Der Hüter des Nordens, Nergal-Mars[44], läßt sich dazustellen; als Kriegsgott verkörpert er mit seinem Rot die Triebseele und ihre Leidenschaften.

Nach Brechung des *dritten* Siegels durch das Lamm ruft das Wassermann-Eckwesen des Südens das schwarze Pferd mit seinem die Waage tragenden Reiter hervor. In Sumer-Babylon wurde Schwarz symbolisch dem Ninurta-Saturn zugeordnet; auch war Schwarz die Farbe der südlichen Himmelsrichtung. Es fällt hier auf, daß in »südlichen Ländern« Europas die Frauen nach altem Herkommen in schwarze Gewänder gekleidet sind. Saturnhaftes

[43] Reichsgott von Babylon
[44] Nergal = babylonischer Gott der Unterwelt

Denken, erstarrte Formen, die Hunger nach dem »Brot des Lebens« mit sich bringen, müssen überwunden werden. Das Streben nach irdischen Maß-Zahlen, der Zwang einengenden Reglements, alles Abwägen-Wollen mit irdischem Maß, hält das Geistige gefangen, und es gilt, dagegen anzukämpfen.

Nur durch den Tod läßt sich Erlösung und Auferstehung erreichen, So beinhaltet die Waage, die der 3., der schwarze Reiter »auf der Schwelle« trägt, zugleich auch das Gericht; im Tod erntet jeder unerbittlich das, was er gesät hat, und zwar ganz gleich, ob auf der irdischen Ebene (Ende der Sendschreiben) oder der geistigen, in der wir uns jetzt befinden mit Johannes.

Nach Brechung des *vierten* Siegels und dem »Komm!« des letzten Eckhüters, des Adlerwesens aus dem Westen, erscheint das fahle Pferd, dessen Reiter der Tod ist. In Sumer-Babylon war grün oder fahl die Farbe des Nabu-Merkur, war auch Farbe des Westens, in dem der griechische Hades, das Totenreich, lag. Die merkurische Abstraktheit des Denkens, die Analyse allein mit dem Verstand, die gleichwohl alles in den Griff bekommen möchte, führt zum Tod. Als Götterbote aber ist Merkur (in Babylon Nabo) zugleich Führer der Toten durch die unteren und oberen Sphären. Er überschreitet die Grenze zwischen beiden Reichen. Dies weist auf die Schwellensymbolik hin, welche der Zahl vier – hier das vierte Pferd – beigelegt wird.

Das *fünfte* Siegel greift das Bild des Altars als Grab auf (die Form des Altars als eines Sarges hat alte Tradition). Hier ist der Ort der Auferstehung, hier erfolgt die Einkleidung in die weißen Gewänder. Die Todeswelt des vierten apokalyptischen Reiters führt zur Auferstehungssphäre kraft des Glaubens.

Das *sechste* Siegel gibt das verstörende Bild einer kosmischen Katastrophe, mahnt an die Auslöschung all dessen, was als fest bestehend betrachtet wird. Der Untergang der physischen Anschauungswelt wird hier bedeutet. Alle Planetensphären haben dabei ihre Repräsentanten: die Könige (Saturn), die Großen (Jupiter), die Heerführer

(Mars), die Reichen (Venus), die Mächtigen (Sonne), die Sklaven (Mond) und die Freien (Merkur). Der Schrecken des Weltunterganges, des menschlichen Todes, läßt alle nach Schutz suchen »vor dem Angesicht dessen, der auf dem Thron sitzt«.

Als Parallelstelle hierzu sei auf Lukas 23, 28–30, verwiesen, und für die gesamte Siegelzeit auch auf die sogenannte »kleine Apokalypse« in Matthäus 24 und Markus 13, wo die gleichen Bilder verwandt werden.

Der sechste Buchstabe des hebräischen Alphabets ist das ו Waw mit der Bedeutung »Haken« oder »Schlange«, der somit in Verbindung steht zur Triebseele und dem Sexus. Die Schlange als Symbol der Weisheit gab auch der Zahl sechs ihre Bedeutung.

Die sechste Tarotkarte heißt »Versuchung« oder »Entscheidung« und stellt einen Jüngling zwischen einer bekleideten und einer nackten Frau dar. Mit diesem Bild begann der ägyptische Einweihungspfad der Adepten in den Mysterien im Sinne der Läuterung des Geistes.

Das sechste Kapitel der Apokalypse gibt mit der Lösung der ersten sechs Siegel den Weg zu erkennen, der zur Läuterung erforderlich ist: der geistige Einweihungspfad wird beschritten.

DAS SIEBTE KAPITEL DER APOKALYPSE

7, 1–8 DIE KENNZEICHNUNG DER KNECHTE GOTTES

Danach sah ich: vier Engel standen an den vier Ecken der Erde. Sie hielten die vier Winde der Erde fest, damit der Wind weder über das Land noch über das Meer weht, noch gegen irgendeinen Baum. Dann sah ich von Sonnenaufgang her einen anderen Engel aufsteigen; er hatte das Siegel des lebendigen Gottes und schrie den vier Engeln, denen die Macht gegeben war, das Land und das Meer zu schädigen, mit lauter Stimme zu: Fügt dem Land, dem Meer und den Bäumen keinen Schaden zu, bis wir die Knechte unseres Gottes mit dem Siegel auf ihren Stirnen gekennzeichnet haben! Und ich hörte die Zahl aller, die mit dem Siegel gekennzeichnet waren: es waren 144 000 aus allen Stämmen der Söhne Israels, aus dem Stamm Juda 12 000, aus dem Stamm Ruben 12 000, aus dem Stamm Gad 12 000, aus dem Stamm Ascher 12 000, aus dem Stamm Naftali 12 000, aus dem Stamm Manasse 12 000, aus dem Stamm Simeon 12 000, aus dem Stamm Levi 12 000, aus dem Stamm Issachar 12 000, aus dem Stamm Sebulon 12 000, aus dem Stamm Josef 12 000, aus dem Stamm Benjamin 12 000, die mit dem Siegel gekennzeichnet waren.

7, 9–17 DIE GROSSE SCHAR VOR GOTTES THRON

Dann sah ich eine große Schar aus allen Nationen und Stämmen, Völkern und Sprachen; niemand konnte sie zählen. Sie standen in weißen Gewändern vor dem Thron und vor dem Lamm und trugen Palmzweige in ihren Händen. Sie riefen mit lauter Stimme: Die Rettung kommt von unserem Gott, der auf dem Thron sitzt, und von dem Lamm! Und alle Engel standen rings um den Thron, um die Ältesten und die vier Wesen. Sie fielen vor dem Thron auf ihr Angesicht nieder, beteten Gott an und sprachen: Amen, Lobpreis und Herrlichkeit, Weisheit und Dank, Ehre und Macht und Stärke unserem Gott in Ewigkeit, Amen. Da sprach einer von den Ältesten zu mir und fragte mich: Wer sind denn diese, die weiße Gewänder tragen, und woher sind sie gekommen? Ich erwiderte ihm: Du, mein Herr, weißt es. Und er sprach zu mir: Das sind jene, die aus der großen Drangsal kommen; sie haben ihre Kleider gewaschen und im Blut des Lamms weiß gemacht. Deshalb stehen sie vor dem Thron Gottes und dienen ihm Tag und Nacht in seinem Tempel; und er, der auf dem Thron sitzt, wird sein Zelt aufschlagen über ihnen. Sie werden nicht mehr hungern und nicht mehr dürsten, und keine Sonnenhitze noch irgendeine Glut wird auf ihnen lasten. Denn das Lamm in ihrer Mitte vor dem Thron wird sie weiden und zu den Quellwassern des Lebens führen, und Gott wird jede Träne aus ihren Augen wischen.

Zum zweitenmal erscheint der Engel mit der lauten Stimme, der Sonnenengel Michael, der das Siegelzeichen denen aufdrücken läßt, die überwunden haben. Die vier Winde werden festgehalten – es sind die vier Hauptplaneten Jupiter, Mars, Saturn und Merkur, die jetzt in die Elementarregion projiziert sind (wie sie in der Fixsternregion des vierten Kapitels als die himmlischen Wesenheiten in Gestalt von Stier, Löwe, Adler-Skorpion und Wassermann-Engelmensch auftraten). Diesen vier Winden und ihren Engeln wird eine Ruhepause in ihrer Arbeit befohlen, da der siebente Tag der Ruhetag ist. Und wie es am Sonntag sein sollte, steht im siebenten Kapitel die Anpreisung Gottes im Mittelpunkt.

Im Fortgang der Siegelzeit war die Entwicklung in immer tiefere Gottferne gegangen (entsprechend den Erfahrungen des »leidenden Gottes« bei der Theogonie nach dem vierten Sendschreiben). Der erste Reiter ist noch geistig gewandet, ist durch die weiße Farbe des Sonnenlichts geprägt; der zweite wird vom dunkleren Rot, dem unruhigen, seelischen Element hin- und hergetrieben; der dritte gar geht noch mehr in die Finsternis und zur schwarzen Totenstarre hinab, während im vierten Reiter mit der fahlen Leichenfarbe sowohl Schwarz als auch Weiß sich mischen. So trug der babylonisch-ägyptische Totenrichter diese beiden Farben als Symbol der geistigen Scheidung der Geister in helle und dunkle, in erlöste und verdammte. Der Umschwung dieser Abwärtsentwicklung, die bis zur elementarsten Stufe des menschlichen Seins führt, erfolgt im Übergang von der vierten zur fünften Siegelzeit, wo den aus dem Altar auferstandenen Märtyrern weiße Kleider angetan werden und baldige Erlösung – bis die Zahl voll sei – verheißen wird. Das sechste Siegel bringt schließlich die völlige Zerstörung aller irdischen Maßstäbe. Vielleicht spielt das Bild von Genesis 1, 2 hier mit herein, wenn jetzt im siebenten Kapitel auf der zerstörten Erde den Windengeln Einhalt befohlen wird. Denn auch über der wüsten und leeren Erde des Schöpfungsbeginns schwebte der רוח אלהים *(ruach elohim)*, der Geist Gottes. Anfang und Ende gehören zusammen.

Die irdische Siebenheit (sieben Schöpfungstage der Genesis, 7 theogonische Weltentage oder 7 Gemeinden der Sendbriefe) führt hin zur Zwölfheit der höheren Welt: zu den zwölf Sternbildern, in denen zugleich die zwölf Stämme des »Volkes Gottes« (12x12 000), befreit von der Materie, Gott in Lobgesängen Ehre erweisen.

12x12 oder 144 ist das Mauermaß im himmlischen Jerusalem (Offb. 21, 17): zugleich ist es das Maß der Engel und der Menschen. Auch hierin liegt die Erkenntnis, daß Gott das Maß aller Dinge ist, und sich in jedem Mikrokosmos (Mensch) der Makrokosmos (Gott) zeigt.

Das siebente Kapitel schließt mit der wundervollen Verheißung, daß die, die die Materie überwunden haben, nie mehr dürsten noch hungern werden, ja daß – wieviel

Liebe spricht aus diesem Bild! – Gott ihnen jede Träne aus den Augen wischen wird. (Offb. 21, 4).

Der siebente Buchstabe des hebräischen Alphabets ist das ז Zajin. Es bedeutet »Pfeil«, den Pfeil als die Flamme des Geistes.

Die siebente Tarotkarte heißt »Der Wagen des Osiris« und zeigt einen Triumpfwagen, der von einer weißen und einer schwarzen Sphinx gezogen wird. Weiter sieht man vier Säulen (Elemente des Kosmos) und drei Sterne (Geistlenkung), was wiederum zur Siebenzahl hinführt. Die Fülle der göttlichen Macht wird in der Überwindung erfahren und führt zum Triumpf.

Das siebente Kapitel der Apokalypse zeigt, wie der Pfeil, die Flamme des Geistes, alles Irdische durchbohrt, durchleuchtet und wandelt: bis der Sieg Gottes in seinen Triumph mündet und alles in seinen Lobpreis einstimmt.

DAS ACHTE KAPITEL DER APOKALYPSE

8, 1–5 DAS SIEBTE SIEGEL UND DIE SIEBEN ENGEL

Als das Lamm das siebte Siegel öffnete, trat im Himmel Stille ein, die der Dauer einer halben Stunde entsprach. Und ich sah: Sieben Engel standen vor Gott; ihnen werden sieben Posaunen gegeben. Und ein anderer Engel kam und trat mit einer goldenen Räucherpfanne an den Altar; man gab ihm viel Weihrauch – das sind die Gebete aller Heiligen –, damit er ihn auf dem goldenen Altar vor dem Thron darbringe. Aus der Hand des Engels stieg der Weihrauch vor Gott empor; das sind die Gebete der Heiligen. Dann nahm der Engel die Räucherpfanne, füllte sie mit Feuer, das er vom Altar nahm, und warf es auf die Erde; da folgten Donner und Dröhnen, Blitze und Beben.

8, 6–13 DIE ERSTEN VIER POSAUNEN UND DER WEHRUF DES ADLERS

Und die sieben Engel machten sich bereit, die sieben Posaunen zu blasen. Der erste Engel stieß in die Posaune. Da fielen Hagel und Feuer, die mit Blut vermischt waren, auf das Land. Es verbrannte ein Drittel des Landes, es verbrannte ein Drittel der Bäume, es verbrannte alles grüne Gras.

Der zweite Engel stieß in die Posaune: Und etwas, das einem großen feuerglühenden Berg glich, wurde ins Meer geworfen. Da wurde ein Drittel des Meeres zu Blut.

Und ein Drittel der Geschöpfe, die im Meer leben, kam um, und ein Drittel der Schiffe wurde vernichtet.

Der dritte Engel stieß in die Posaune. Da fiel vom Himmel ein großer Stern, der wie eine Fackel brannte; er fiel auf ein Drittel der Flüsse und auf die Wasserquellen. Der Name des Sterns heißt »der Wermut«. Da wurde ein Drittel des Wassers zu Wermut, und viele Menschen starben durch das Wasser, weil es bitter geworden war.

Der vierte Engel stieß in die Posaune. Da wurden ein Drittel der Sonne und ein Drittel des Mondes und ein Drittel der Sterne getroffen, so daß ein Drittel von ihnen verfinstert wurde und der Tag um ein Drittel weniger leuchtete und ebenso die Nacht.

Und ich sah und hörte: Ein Adler flog hoch im Zenit und schrie mit lauter Stimme: Wehe! Wehe! Wehe den Bewohnern der Erde!! Noch drei Engel werden die Posaune blasen.

Bevor das Lamm das entscheidende siebente Siegel des geheimnisvollen Buches löst, »trat im Himmel Stille ein«.

Innere Sammlung, Reinigung von Schlacken der Vergangenheit, ebenso wie ein sehnendes Sich-Öffnen für eine bessere Zukunft: das ist es, was an jeder wichtigen Schwelle erfolgen sollte. Die sieben Sakramente der alten Kirche begleiteten den Menschen durch Jahrhunderte zu solchen wichtigen Punkten menschlicher Entwicklung und forderten zur Stille und inneren Einkehr auf. Der siebente Tag der Woche war nach dem mosaischen Gesetz ein Tag der Ruhe. Doch nicht die äußere, sondern die innere Sammlung ist entscheidend. Die unruhigen vom Sturm hin- und hergetriebenen Wellen des Wassers werden erst in der Windstille zu einer glatten, den Himmel spiegelnden Fläche, und nur einem stillen, einem stehenden Gewässer lassen sich Geheimnisse der Tiefe entlocken: beide Aspekte sind auch hier erkennbar.

Beim Eintritt in den Tempel – in jedes Gotteshaus, gleich welcher konfessionellen Prägung – ist diese Stille, ist die innere Sammlung erstes Gebot. Sie ist Voraussetzung dafür, daß die zu vollziehende kultische Handlung überhaupt sinnvoll wird. Die irdischen Verhaftungen sollen zurückgelassen werden. Nicht das Gestern und Heute, sondern die Frage nach dem Morgen und damit nach dem tieferen Sinn des Gestern und Heute soll den Beter mit »Herz und Sinnen« beschäftigen.

Eine Botschaft für das Morgen übermittelt uns Johannes in seiner Apokalypse. Unser Anfang und Ende stehen in Gottes Hand. Durch Christus, das unschuldig und in Liebe zu den Menschen geschlachtete Lamm, wurde der Menschheit – damals wie heute hoffnungslos mehr und mehr in alles Materielle verstrickt – die Erlösung zuteil. Christus ist es, der den Weg freimacht zur Rückkehr zum thronenden und liebenden Vatergott, dem Gottmenschen, der alles in allem ist. Die sieben Aspekte der Beratung und Führung durch den Heiligen Geist zeigen die göttliche Trinität in ihrer Weite.

Die Apokalypse ist ein prophetisches Buch, weil sie Dimensionen erschließt, die dem irdischen Menschen verschlossen sind. Die hier genannten Zahlen, die Abläufe in ihrer chronologischen Folge haben oft und immer wieder dazu verführt, Weltuntergangsdaten herauszulesen. Oft wurden so ängstlich-unsichere Menschen in Schrecken versetzt, oder, noch schlimmer, damit drangsaliert und beherrscht. Die Frage endzeitlicher Predigt der Apokalypse wurde so oft mißverstanden und zum »Stein des Anstoßes«. Doch nicht das Wann des Endgerichts ist entscheidend, sondern die gewisse Botschaft, *daß* dieses Ende einmal kommen wird. Die Botschaft vom Ende ist immer *dringend,* ist stets vom »ich komme bald« bestimmt, denn jedes irdische Leben gewinnt im Hinblick auf den Tod seinen besonderen Wert. Was wir aber aus dem Geschenk des Lebens machen – und zwar jeder einzelne ebenso wie Familie, Volk, ja alle Menschen der Erde – das ist jeweils in die Selbstentscheidung gestellt. Wir können uns in unserem Handeln zu Kindern des Lichts oder der Finsternis entwickeln und werden das erhalten – diesseits wie jenseits –, was wir in Freiheit gewollt haben.

Wann der im sechsten Kapitel der Apokalypse geschilderte Weltuntergang stattfindet, konnte auch Johannes nicht in irdischen Meßziffern mitteilen. Wie oft schon haben »Endzeiten« die Menschheit heimgesucht, wo für den einzelnen, der in die Katastrophe gerät, der letzte Tag dann schon gekommen ist.

Eine Flut von Literatur[45] zu diesem Thema überschwemmt unseren Büchermarkt und eröffnet zum Teil ganz neue Perspektiven der Betrachtung unserer sich im Dunkel verlierenden irdischen Vergangenheit. Nach all den vielen »Endzeiten«, zu denen auch die über die ganze Erde hin bezeugten Sintfluten zählen, geriet unser Planet aber immer wieder in einen Zustand der Harmonie: die Sterne zogen ihre Bahn, die Sonnenstrahlen weckten neues Leben und es hörte nicht auf »Saat und Ernte, Frost und Hitze, Sommer und Winter, Tag und Nacht«.[46]

Der erste apokalyptische Reiter auf dem weißen Pferd zeigt, daß der Mensch dank seines Verstandes, seiner von Gott erleuchteten Erkenntnis, siegreich gegen die tierisch-irdischen Dämonen der Furchtwelt ankämpfen kann. Der erste Reiter war Gott (Symbol des weißen Lichts) noch am nächsten, während die ihm folgenden schon viel von ihrem Urwissen verloren hatten.

Unsere elementare irdische Welt, auf die die Planeten und Fixsterne als Wesenstriebkräfte einwirken; die vom Mond, dem seelischen Element, getönt wird als dem Gestirn des Empfangens, Wachsens, Absterbens und ständiger Erneuerung; diese unsere irdische Welt, auf der Stein, Pflanze und Tier ohne Sünde, ohne Erkenntnis des Todes und ohne Freiheit zur Eigenentscheidung als determinierte Schöpfung leben: sie trägt im Menschen einen »Außenseiter«, einen »Schwellenübertreter« aus eigener Sehnsucht, der einem inneren geistigen Licht folgend nach der verlorenen Seligkeit sucht. Zwar ist die körperliche Form aus dem Stoff dieser Erde und jeder Mensch ist ein

[45] Jürgen Spanuth, Atlantis, Tübingen 1965; Robert Charroux, Phantastische Vergangenheit, Paris 1969; Robert Charroux, Vergessene Welten, Düsseldorf 1974; Karl E. Kohlenberg, Enträtselte Vorzeit, München 1970

[46] Gen. 8, 22

Stück Natur[47] – weshalb die Gesetze der Natur vom Menschen geachtet und beachtet werden sollten. Doch sein geistiger Ursprung ist nicht von dieser Welt. Mit dem Verlassen der grünenden Erde, die von ihrem Sternenhimmel überwölbt wird, also nach der »Mondenrunde« mit ihren theogonischen Tagen, taucht der Mensch ein in das strahlende Licht Gottes. Die »Sonnenrunde« mit ihrem zweiten Himmel, dem Kristallhimmel, liegt nun vor dem »Wanderer zwischen den Welten«. Der Läuterungsweg des Denkens, die Klärung der Gedanken beginnt: Der erste apokalyptische Reiter kämpft gegen die Dämonenfurcht, die Tiere; der zweite geht gegen die Herrschgelüste und gegen Kampf- und Streitlust an; der dritte verwirft alles »Berechnen- und Verurteilen-Wollen« und der vierte weiß um die Macht tötender Gedanken. Klar kommt zum Ausdruck, daß jeweils die Menschen sich selbst all diese Nöte bereiten und verursachen: »Die Menschen sollten *einander* hinschlachten«.

Als Vergegenwärtigung im Gedanken, so müssen wir die weiteren Bilder der Strafen verstehen: Bilder aus dem Anschauungsbereich des Irdischen, die projiziert sind auf die ganz andere Zeit »danach«. Denn mit welchen Mitteln sonst sollten himmlische Dinge für irdiche Sinne faßbar gemacht werden?

Ein prophetisches Gesicht ist die Brechung der Ewigkeit in die Zeit. Wenn wir einen geraden Stock ins Wasser tauchen, sieht er gebrochen aus: er befindet sich in zwei Elementen von verschiedener optischer Brechung. Auch jede prophetische Offenbarung ist voll von solchen Brechungserscheinungen. Die Apokalypse erklärt und beschreibt nichts, sie gibt keine irdichen Daten – sie deutet stets nur an. Und was sichtbar wird, wird sichtbar wie die Konturen einer vom Blitz nachts erhellten Landschaft. In

---

[47] Desmond Morris, Der nackte Affe, München 1967; Konrad Lorenz, Die Rückseite des Spiegels, München 1973; Oscar Kiss Maerth, Der Anfang war das Ende, Düsseldorf 1971; Robert Ardrey, Adam kam aus Afrika, München 1971; Tiger/Fox, Das Herrentier, München 1973

diesem letzten Buch der Bibel wird eine Weltübersicht geschichtlich nicht vergleichbarer und über unendliche Zeiten verstreuter Tatsachen in Zusammenfassung vor Augen gestellt.

Nachdem die eigentliche Apokalypse mit den vier Reitern der Siegelzeit begann, steigern sich die Bilder.

Mit dem *siebenten* Siegel haben wir im Bild des salomonischen Tempels die hinter dem Brandopferaltar befindliche zwölfstufige Treppe unter uns gelassen, sind durch das Tor zum »Heiligen« hindurchgegangen, vor dem aus rotem Marmor die Säulen Jachin und Boas[48] standen, haben den Vorhang beiseitegeschoben und sehen nun die Halle, das »Heilige«[49] vor uns. Im Süden steht als Symbol der sieben planetarischen Sphären der siebenarmige Leuchter und im Norden der Tisch mit den zwölf Schaubroten, die den zwölf Sternbildern gleichzusetzen sind. Dazwischen aber – und zwar vor dem Vorhang zum Allerheiligsten – steht der Rauchopferaltar. Hier, in dieser Halle von der Form eines Würfels mit 20 m Seitenlänge, preist in der prohetischen Vision des Johannes die unzählige Schar aller Nationen, Stämme, Völker und Sprachen, preisen alle »Menschen des Lichts«, die ihre irdische Existenz siegreich überwunden haben, ihren Gott (7,9–17). Es ist der Gott, der seinen Kindern liebevoll jede Träne aus den Augen wischt und sein »Zelt über ihnen aufschlagen wird« – das himmlische Jerusalem.

Nach diesem Bild andächtiger Stille erblickt Johannes sieben vor Gott stehende Engel, die als die sieben Elohim gedeutet und auch »Sonnenengel« genannt werden. Diesen werden Posaunen gegeben. Der »andere Engel«, der mit einer goldenen Räucherpfanne an den Altar tritt, ist wiederum der Erzengel Michael (er erscheint in der Apokalypse stets an wichtigen Stellen). Michael wurde als Schirmherr der Priester und der Kirche verehrt. Die Gebete aller Heiligen bringt er auf dem goldenen Rauchopferaltar dar, und wirft das Feuer danach auf die Erde herab: ein Sym-

---

48 1. Kön. 7, 21

49 Hebr. 9

bol für den nächsten Läuterungsweg, der im Heiligtum zu durchschreiten ist.

Auf dieser Stufe muß die Vorstellungswelt der Seele und des Fühlens gereinigt werden, mehr noch: sie muß sonnenhaft durchgeistigt, durch die reinigende Flamme des Altars von letzten irdischen Schlacken freigebrannt werden. Die Gebete der Heiligen, die Bitte der Mitmenschen vor Gott als Hilfe zur Wegfindung, klingen hier in Bildform an. Die Zeit der sieben Posaunen bezeichnet man als die »Sonnenrunde«, während die der Siegel als »Mondenrunde« charakterisiert wurde.

Beim Klang der ersten Posaune wird – in Entsprechung zum Auftrag des ersten Reiters – die Erde, das heißt der Bereich des Körperlichen, in der Gefühlswelt gerichtet und durchglüht. Feuer und Blut deuten auf Leidenschaften hin.

Die zweite Posaune nimmt das Strafgericht auf der gleichen Ebene vor wie der zweite Reiter: am Meer, das das von Gefühlen bewegte Element der Weite symbolisiert. Die Läuterung geschieht ebenfalls durch Feuer.

Beim Ton der dritten Posaune fällt der Stern Wermut vom Himmel herab und bringt Gift in Flüsse und Wasserquellen. Ähnlich folgten Erstarrung und Hinneigung zum Tode dem mit der Waage ausgerüsteten schwarzen apokalyptischen Reiter. Wermut, *Artemisia absinthium*, galt bereits im Altertum als Totenpflanze. Auf dem Scheiterhaufen umkränzte man die Leiche mit diesem Bitterkraut, und noch im Mittelalter wurde es auf die Gräber als »Totenkraut« gepflanzt.

Die vierte Posaune bringt – wie der vierte apokalyptische Reiter – das gewaltigste irdische Untergangsbild: Tod und Dunkelheit gehen Hand in Hand. So wie in der Siegelzeit die Reinigung der Gedanken bis zur äußersten Grenze der Vorstellungskraft durchstoßen mußte, so muß hier das im Fühlen und Wollen sich äußernde Ichbewußtsein geläutert werden.

Die Steigerung der Schau – im Fortschreiten von der physischen Ebene auf die geistige – erfolgt auch hier erst in den drei letzten Bildern, vor denen das aufrüttelnde »Wehe!« des Adlers ertönt. Der Adler ist als Symbol des

Geistes dem Apostel Johannes zugeordnet. Er erscheint vor dem Klang der fünften Posaune und fordert zum Aufmerken, zum Wachsein auf, weil erst die Überwindung des Todes auf allen Ebenen erfolgt sein muß, ehe eine »neue Kreatur« entstehen kann. Das Sinnbild des Adlers war den Christen vertraut aus vielen Stellen des Alten Testaments.[50]

Der achte Buchstabe des hebräischen Alphabets ist das ח Chet, das »Gitter« oder »Trennung« bedeutet: es beginnt ein neuer Abschnitt, eine neue Oktave, die vom achten bis zum vierzehnten Buchstaben reicht.

Die Zahl Acht ist doppeldeutig. In Babylon und Persien galt sie als Glückszahl. Die Zaubertrommel der Schamanen war achteckig und das mittelalterliche Glücksrad zeigte acht Speichen. Doch ist die Acht auch ein Symbol für die Wiedergeburt, für das Leben nach dem Tode, dazu ein Zeichen für die Unendlichkeit. In der Mathematik bedeutet die liegende acht »unendlich«.

Die achte Tarotkarte heißt »Gerechtigkeit« und zeigt eine Frau mit verbundenen Augen, die eine Waage und ein Schwert in Händen hält.

Im achten Kapitel der Apokalypse beginnt mit der Posaunenzeit ein neuer Abschnitt, und all das, was in der Seele, in Herz und Willen noch irdische Schlacken aufweist, muß abgetrennt und ausgeschieden werden. Das neue Ziel ist die Wiedergeburt (Zahl 8), die wiederum erst nach dem Gericht (8. Tarotkarte) möglich ist, wo die Trennung (8. Buchstabe) des niederen Ichs vom höheren Gottes-Ich erfolgt.

[50] Ps. 103, 5; Spr. 22, 5; Jes. 40, 31; Ex. 19, 4; Jer. 48, 40

DAS NEUNTE KAPITEL DER APOKALYPSE

9, 1–12 DIE FÜNFTE POSAUNE

Der fünfte Engel stieß in die Posaune. Da sah ich einen Stern, der vom Himmel auf die Erde gefallen war; ihm wurde der Schlüssel zu dem Schacht gegeben, der in den Abgrund führt. Und er öffnete den Schacht des Abgrundes. Da stieg Rauch aus dem Schacht, wie Rauch aus einem gewaltigen Ofen, und Sonne und Luft wurde verfinstert durch den Rauch aus dem Schacht.

Aus dem Rauch kamen Heuschrecken über die Erde, und ihnen wurde Macht gegeben, wie sie Skorpione auf der Erde haben. Es wurde ihnen gesagt: Dem Gras der Erde, der jungen Saat und den Bäumen fügt keinen Schaden zu, sondern allein den Menschen, die das Siegel Gottes nicht auf der Stirn haben. Es wurde ihnen aufgetragen, die Menschen nicht zu töten, sondern nur zu quälen, fünf Monate lang. Und sie werden quälen, wie ein Skorpion quält, wenn er einen Menschen sticht. In diesen Tagen werden die Menschen den Tod suchen, ihn aber nicht finden; sie werden sterben wollen, aber der Tod flieht vor ihnen. Und die Heuschrecken gleichen in ihrer Gestalt Pferden, die geschirrt sind zur Schlacht; auf ihren Köpfen tragen sie etwas, das goldschimmernden Kränzen gleicht, und ihre Gesichter sind wie Gesichter von Menschen, ihre Haare wie Weiberhaare, ihr Gebiß ist wie ein Löwengebiß, ihre Brust wie ein Panzer; und das Rauschen ihrer Flügel ist wie das Dröhnen von Wagen und von vielen Pferden, die in die Schlacht rennen. Sie haben Schwänze und Stacheln wie Skorpione, und in ihren Schwänzen ist ihre Kraft, mit der sie den Menschen schaden, fünf Monate lang. Als König haben sie über sich den Engel des Abgrundes, er heißt auf hebräisch Abaddon, auf griechisch Apollyon. Das erste »Wehe« ist vorüber. Noch zweimal wird das »Wehe« kommen.

Die fünfte Posaune bewirkt die Öffnung der Tiefen der Hölle, denn der Abgrund, der Abyssos, ist das unterste Höllenreich. Aus diesem steigen Höllenrauch und Skorpion-Wesen empor. Im Skorpion sah der Alte Orient das materiell-dämonische Gegenbild zum geistig-göttlichen Adler. Skorpion-Zentauren galten im Altertum als Schwellenhüter der Hölle[51] und im Gilgamesch-Epos erscheinen sie als Wächter vor dem Eingang ins Jenseits.

Symbolisch lassen sich diese gepanzerten Höllenwesen, die nur quälen, aber nicht töten, die tierische und menschliche Attribute tragen und jedem Schönheitssinn spotten, als innerseelische Vorgänge der Erstarrung, der Hartherzigkeit verstehen. Das Dasein ist in mechanischen Abläufen und unfruchtbarer Verstandesarbeit steckengeblieben, das Denken ist in festen Gleisen verhärtet und eingefahren, jede Regung des Herzens wird argwöhnisch und voller Furcht unterdrückt und mit diabolischer Freude werden Andersdenkende und Andersfühlende gequält. In der Umgebung solcher gepanzerter, hektisch wimmelnder Wesen, die immer »viel Wind machen«, kann nur Dunkelheit, Neid, Haß, Krankheit, Trübsal und Leid, ja Verzweiflung bis zum Tode herrschen. Denn jeder Zugang zu Licht, Geist und Leben ist in ängstlich bemühter Akribie verstellt.

Heuschrecken fressen alles kahl: ein Schreckensbild aus alten Menschheitstagen und zugleich ein Bild größter seelischer Not. Nur wer den Tod der untersten Hölle, wer die hoffnungsloseste Verzweiflung, das Gefühl der völligen Wertlosigkeit und Lebensmüdigkeit als Reinigungsprozeß erfahren hat, kann nach der Überwindung wieder jubelnd aufsteigen wie eine Lerche in den Himmel. Nur wer nicht mehr zurückblickt (und schon gar nicht im Zorn, denn das wäre nur Selbstanklage und Schuldbe-

---

[51] Vergil, Aeneis VI. Buch, Vers 286

wußtsein), kann diese Schreckenstiere, die in der Seele eines jeden Menschen lauern, überwinden. So sagt Nietzsche:[52]

»Habt ihr Mut, o meine Brüder? Nicht Mut vor Zeugen, sondern Einsiedler- und Adler-Mut, dem auch kein Gott mehr zusieht?

Herz hat, wer Furcht kennt, aber Furcht zwingt. Wer den Abgrund *sieht*, aber mit Adlers-Augen, wer mit Adlers-Krallen den Abgrund *faßt*, der hat Mut.«

Wie beim Apokalyptiker schwebt bei Nietzsche über dieser Szene des Abgrundes der Adler des Geistes, der zum Wachsein aufruft. Nur der Geist ist es, der alles Dunkel durchdringen kann, der hinabsteigen kann und hinabsteigen muß bis in die schwärzeste Tiefe, ja, der sich aus dieser Tiefe inneren Gewinn heraufholt, um dankbarer dann aufzusteigen zum Licht.

Paul Tillich[53] schließt sein Werk »Der Mut zum Sein« mit folgenden Worten ab:

»Der Mut, die Angst der Sinnlosigkeit auf sich zu nehmen, ist die Grenzlinie, bis zu der der Mut zum Sein gehen kann. Jenseits dieser Linie ist reines Nichtsein. In ihm werden alle Formen des Mutes wiedergeboren aus der Macht des Gottes über dem Gott des Theismus. Der Mut zum Sein wurzelt in dem Gott, der erscheint, wenn Gott in der Angst des Zweifels verschwunden ist.«

9, 13–21 DIE SECHSTE POSAUNE

Der sechste Engel stieß in die Posaune. Da hörte ich eine Stimme, die von den vier Hörnern des goldenen Altars her kam, der vor Gott steht. Die Stimme sagte zu dem sechsten Engel, der die Posaune hält: Binde die vier Engel los, die am großen Strom Eufrat gefesselt sind! Da wurden die vier Engel losgebunden, die bereitstanden und auf Stunde und Tag, Monat und Jahr warteten, um ein Drit-

---

[52] Nietzsche, Zarathustra Teil IV, Vom höheren Menschen
[53] Paul Tillich, Der Mut zum Sein, Stuttgart 1968

tel der Menschen zu töten. Und die Zahl der Reiterheere war tausend und abertausend: ich hörte ihre Zahl.

Und so sah ich in der Vision die Pferde und die Reiter: sie tragen feuerrote, rauchblaue und schwefelgelbe Panzer. Die Köpfe der Pferde gleichen Löwenköpfen, und aus ihrem Maul schlägt Feuer, Rauch und Schwefel. Ein Drittel der Menschen wurde durch diese drei Plagen getötet, durch Feuer, Rauch und Schwefel, die aus ihrem Maul hervorkamen. Denn die Kraft der Pferde ist in ihrem Maul und in ihren Schwänzen. Ihre Schwänze gleichen Schlangen; sie haben Köpfe, mit denen sie schaden können.

Aber die übrigen Menschen, die nicht durch diese Plagen umgekommen waren, wandten sich nicht ab vom Tun ihrer Hände, sie hörten nicht auf, sich niederzuwerfen vor ihren Dämonen, vor ihren Bildern, die weder sehen noch hören noch gehen können. Sie ließen nicht ab von Mord und Magie, von Unzucht und Diebstahl.

Mit dem Klang der sechsten Posaune steigern sich die Schreckensbilder des Infernos und der Vernichtung. Die luziferischen Engel der vier Weltecken – denn hier handelt es sich um gefallene und gebundene Engel als die dämonischen Repräsentanten der vier Hauptsternbilder – werden zum gemeinsamen Vernichtungswerk freigelassen. Sie erscheinen also nicht mehr einzeln und hintereinander wie in der Siegelzeit die vier Reiter. Die Furien des Denkens, des Verstandes, sind leichter unter Kontrolle zu bekommen als die aus größerer Tiefe aufsteigenden seelischen – hier ichsüchtigen und negativen – Kräfte von Herz und Willen. Die Zahl der Flammenreiter ist riesig, das farbige Bild grandios.

Die Rot-Töne überwiegen. Denn Rot ist die Farbe des Blutes, der Kraft des Herzens, des Fühlens. Wie Weiß die Farbe der Siegelzeit darstellt, der Läuterung des Denkens, so ist Rot die Farbe der Posaunenzeit, der Reinigung der Seele, des Fühlens und des Willens. Wie das Herz als das wichtigste Organ des Menschen in der Mitte liegt, so bilden auch diese Posaunenbilder das Herzstück der Apokalypse: die siebente Posaune ertönt genau in der Mitte dieses letzten Buches der Bibel.

Die Schreckensgestalten der Tierwesen sind altes Menschheitsgut, erscheinen bereits im Alten Testament.[54] Auch sie verkörpern das Ungebändigte, Wilde des Gefühls.

Der neunte Buchstabe des hebräischen Alphabets ist das ט Thet, welches »inneres Licht« bedeutet. Der Strahl dieses Buchstaben weist nach innen – genauso wie beim großen griechischen Θ Theta.

Die Zahl *neun* spielt nicht nur in schottischen, irischen, germanischen und deutschen Sagen und Märchen eine große Rolle; auch der Templerorden benannte neun Gründer. In Griechenland urteilten neun Kampfrichter bei den olympischen Spielen und alle neun Jahre wurde das Hauptfest des Apollon in Delphi gefeiert. Neun Monate lang wird ein Kind ausgetragen und neun Monate währt die blühende und früchtetragende Zeit des Jahres. Die Neun enthält die Drei in höherer Potenz und ist eine Vollendungszahl in geistiger und spiritueller Hinsicht. So heißt die neunte Tarotkarte »Weisheit« und zeigt einen Pilger mit einer Lampe. Und das neunte Kapitel der Apokalypse fordert zur Reinigung der Herzkräfte, zur Weisheit und Vollendung auf unter dem Zeichen des Adlers, der den Geist verkörpert.

[54] Ijob 41, 10—12; Daniel 7

10. 1–11 DIE ENGEL UND DAS GEÖFFNETE BUCH

Und ich sah: Ein anderer mächtiger Engel kam aus dem Himmel herab; er war von einer Wolke umhüllt, und der Regenbogen war über seinem Haupt. Sein Gesicht glich der Sonne, und seine Füße glichen Feuersäulen. In seiner Hand hielt er ein kleines Buch, das aufgeschlagen war. Er setzte seinen rechten Fuß auf das Meer, den linken auf das Land und schrie mit lauter Stimme, wie ein Löwe brüllt. Als er geschrien hatte, sprachen die sieben Donner. Als die sieben Donner gesprochen hatten, wollte ich schreiben. Da hörte ich eine Stimme aus dem Himmel: Schreib nicht auf, sondern versiegle, was die sieben Donner gesprochen haben! Und der Engel, den ich auf dem Meer und auf dem Land stehen sah, erhob seine Rechte zum Himmel; er schwor bei ihm, der in alle Ewigkeit lebt, der den Himmel geschaffen hat und was in ihm ist, der die Erde geschaffen hat und was auf ihr ist, und der das Meer geschaffen hat und was in ihm ist: Es wird keine Zeit mehr sein, sondern in den Tagen, wenn der siebente Engel seine Stimme erhebt und in die Posaune stößt, ist auch das Geheimnis Gottes vollendet; so hatte er es seinen Knechten, den Propheten, verkündet. Und die Stimme aus dem Himmel, die ich gehört hatte, sprach wieder zu mir: Geh, nimmt das aufgeschlagene Buch, das der Engel in der Hand hält, der auf dem Meer und auf dem Land steht! und ich ging zu dem Engel und bat ihn, mir das kleine Buch zu geben; er sagte zu mir: Nimm und verschling es! In deinem Bauch wird es bitter sein, in deinem Mund aber süß wie Honig. Da nahm ich das kleine Buch aus der Hand des Engels und verschlang es. In meinem Mund war es süß wie Honig. Als ich es aber verschlungen hatte, wurde mein Inneres bitter. Und man sagte zu mir: Du mußt noch einmal weissagen über Völker und Nationen, über Sprachen und viele Könige.

Wiederum glaubt man, in dem »anderen mächtigen Engel« den Erzengel Michael zu erkennen, der auch als »Antlitzengel Gottes« bezeichnet wird. Ihn zieren auch ins Auge fallende, fast göttliche Attribute, wie sie zu Beginn der Apokalypse dem Gottmenschen zugeteilt wurden. Die Vision des Regenbogens klingt an das Christusbild im vierten Kapitel an – gleichfalls der Bezug auf den Löwen (aus dem Stamme Davids). Dieser Engel steht »mit Feuersäulen« auf dem Meer und auf dem Land, steht über allem Geschaffenen. Alles ist ihm untertan und hört auf seine Donnerstimme. Johanes wird es verwehrt, aufzuschreiben und der Menschheit zu übermitteln, was er vernahm. Er soll es versiegelt, als priesterliches Geheimnis, verwahren.

Anders aber das offene kleine Buch in der Hand des Engels: er soll es verschlingen.

Nach Durchschreiten des Läuterungsweges ist die mit sieben Siegeln versiegelte Buchrolle ein kleines geöffnetes Buch geworden, das die letzten Geheimnisse des Daseins enthält. Der Zeitpunkt nähert sich, da Gott vollendet, was er seinen Propheten durch die Jahrhunderte verheißen hat. Es wird keine Zeit mehr sein – wie unvorstellbar für uns gehetzte Menschen – und alles, was auf der Erde, im Meer und im Himmel ist, wird heimkehren zu dem, der in Ewgikeit lebt und von dem alles seinen Ursprung nahm.

Über das kleine Buch des Engels ist viel nachgedacht worden. Anfang dieses Jahrhunderts neigte man dazu,[55] diese Stelle dahin auszulegen, daß Johannes selbst eingestehe, im folgenden Text eine ältere Darstellung (ein altes Weisheitsbuch) in sein Werk aufgenommen zu haben, um alte Visionen zu wiederholen. Johannes übe somit vom

[55] so: Die Schriften des Neuen Testaments, Vandenhoeck & Ruprecht, Göttingen 1908

zehnten Kapitel an nur die Funktion eines Herausgebers älterer Schriften aus.

Es trifft zu, daß die jetzt folgenden Bilder in ihrer bunten, sich drängenden Fülle aus uralten Tagen stammen und Vorgänge schildern, die kosmische Maße haben, also weit über unserem menschlichen Wissen oder gar Verstehen liegen.

Johannes selbst hat sich als Sprachrohr, als Knecht Gottes bezeichnet; er fühlt sich dem Willen seines Herrn ganz unterworfen.

Nach Lösung der Siegel durch das Lamm konnte die innere Reinigung der Menschheit erfolgen. Jetzt ist das »irdene Gefäß« so sauber geworden, daß es die einfache, klare Wahrheit in sich aufnehmen kann, ohne diese zu verfälschen und zu trüben. Johannes soll dieses Wort Gottes »verschlingen«, sich einverleiben. Dies wird in derselben dichterischen Form dargestellt wie im Alten Testament bei Hesekiel.[56]

Zugleich wird in diesem Bild die Erkenntnis ausgesprochen, daß jeder Mensch ist, was er ißt. Das, was der Mensch seinem Körper zuführt, wird Bestandteil seines Leibes, wird er selbst. Die Einheit des Menschen als Körper, Seele und Geist erlaubt es nicht, gleichgültig davon abzusehen, was dem einen Teil Gutes oder Böses widerfährt. Wenn der Körper leidet, das »Fahrzeug« von Seele und Geist, leidet der ganze Mensch. Im Grunde sind alle diese Wahrheiten einfach. Sie gehen – wie die letzten göttlichen Weisheiten des gereinigten Evangeliums, der frohen Botschaft – in ein »kleines Buch«. Johannes erhält es als »göttliches Manna«.

Dieses Stadium ist nicht ohne Schmerzen. Das Wissen um die vielen, im Materiellen verstrickten, verlorenen Mitmenschen tut weh. Und diese versuchen den »Außenseiter« zu quälen, wo sie nur können. Aber der »süße Geschmack«, die Heilsgewißheit und die dankbare Freude seiner Würdigung zu diesem schweren Prophetenamt wiegen alles andere auf.

---

[56] Ez. 3, 1—3

Der zehnte Buchstabe des hebräischen Alphabets ist das ' Jod, das »Finger«, »Hand«, »Wegweiser« bedeutet. Das Jod ist als Weg zur Vollendung ausgelegt worden, denn dieser Buchstabe findet sich wieder bei Jehova oder Jachwe, Jesus und dem Ich. Und die Zahl *zehn* ist die Wiederholung der göttlichen Eins, der Zahl Gottes.

Die zehnte Tarotkarte trägt den Namen »Lebensrad« und zeigt eine Sphinx mit Stierhinterleib, Löwenpranken, Adlerflügeln und Menschengesicht. Sie ist Sinnbild dafür, daß der Mensch in seinem Leben all diese Phasen durchlaufen muß. Der Mensch wird sich selbst dabei oft zur »Sphinx«. Wie Augustin formulierte: Quaestio mihi factus sum (ich bin mir selbst zur Frage geworden).

Im zehnten Kapitel der Apokalypse wird Johannes nach Vollendung des Lebensrades eine göttliche Speisung geboten, ein Wegweiser zu noch höheren Erkenntnissen.

DAS ELFTE KAPITEL DER APOKALYPSE

11, 1–2 DIE VERMESSUNG DES TEMPELS

Dann gab man mir ein Rohr, das einem Meßstab glich, und man sagte zu mir: Geh, miß den Tempel Gottes und den Altar und alle, die dort anbeten! Den Hof, der außerhalb des Tempels liegt, laß aus und miß ihn nicht; denn er ist den Heiden preisgegeben. Sie werden die heilige Stadt zertreten zweiundvierzig Monate lang.

Ähnlich wie vorher die Gläubigen mit einem Siegel gezeichnet wurden, soll jetzt der heilige Bezirk durch Johannes, den Priester Gottes, ausgemessen werden. Das heißt, daß in diesem Tempel all die, die überwunden haben, frei von Nöten und Sorgen sein werden – so sehr auch »draußen« oder »unten« das »Tier« noch wüten wird.

Der Heidenvorhof aber und die ganze heilige Stadt selbst, werden für dreieinhalb Jahre den Heiden preisgegeben. Jerusalem, die Stadt des Tempels, liegt da, wo Asien, Afrika und Europa zusammenstoßen. Juden, Christen und Mohammedaner sehen Jerusalem als ihre heilige Stadt an, ja, man gab ihr den Namen: »Nabel der Welt«.

11, 3–14 DAS ZEUGNIS DER BEIDEN PROPHETEN

Und ich will meine zwei Zeugen beauftragen, und sie werden im Bußgewand auftreten und prophetisch reden 1260 Tage lang. Sie sind die zwei Ölbäume und die zwei Leuchter, die vor dem Herrn der Erde stehen. Wenn jemand ihnen Schaden zufügen will, fährt Feuer aus ihrem Mund und frißt ihre Feinde; jeder, der ihnen schaden will, muß so sterben. Sie haben Macht, den Himmel zu verschließen, damit kein Regen fällt in den Tagen ihres prophetischen Wirkens; sie haben Macht, das Wasser in Blut zu verwandeln und die Erde zu schlagen mit jeder Plage, so oft sie wollen. Wenn sie ihr Zeugnis abgelegt und ihr Werk vollbracht haben, wird das Tier, das aus dem Abgrund steigt, mit ihnen Krieg führen und sie besiegen und töten. Und ihre Leichen bleiben auf der Straße der großen Stadt liegen. Diese Stadt heißt prophetisch gedeutet Sodom und Ägypten; dort wurde auch ihr Herr gekreuzigt. Menschen aus allen Völkern und Geschlechtern, Sprachen und Nationen werden ihre Leichen dort sehen, drei Tage und einen halben Tag lang; sie lassen nicht zu, daß die Leichen begraben werden. Und die Bewohner der Erde freuen sich darüber, sie sind fröhlich und schicken sich gegenseitig Geschenke; denn die beiden Propheten hatten die Bewohner der Erde gequält. Aber nach 3½ Tagen schickte Gott wieder den Lebensgeist in sie, und sie stellten sich auf ihre Füße; da kam Entsetzen über alle, die sie sahen. Und sie hörten eine laute Stimme vom Himmel her rufen: Steigt herauf und kommt hierher! Vor den Augen der Feinde stiegen sie in der Wolke zum Himmel hinauf. Zu dieser Stunde entstand ein großes Beben. Der zehnte Teil der Stadt stürzte ein, und siebentausend Menschen kamen durch das Beben um. Die übrigen aber waren entsetzt und gaben dem Gott des Himmels die Ehre. Das zweite Wehe ist vorüber, das dritte »Wehe« kommt bald.

Es ist viel gerätselt worden, wer mit diesen Zeugen beschrieben sei. Man hat sie als Mose und Elia gedeutet, auch als Petrus und Paulus. Wer letzteres annahm, glaubte in der »großen Stadt« Rom wiederzuerkennen, das wegen seiner Sittenlosigkeit und der Christenverfolgungen Sodom oder Ägypten glich. Doch der einzige Hinweis auf den historischen Jesus in der Apokalypse erfolgt gerade hier in Verbindung mit dieser Stadt – und das spricht für Jerusalem.

Die Zeitangabe nennt 3½ Jahre: so lange ist die heilige Stadt den Heiden preisgegeben, so lange sollen die Zeugen Gottes im Bußgewand zur Umkehr mahnen. Die

Dreieinhalb bezeichnete in der Apokalypse schon mehrfach einen Schwellenübergang. Im Alten Testament begegnet uns dieses Zeitmaß bei Daniel 7, 25, im Neuen Testament bei Lukas 4, 25 wie bei Jak. 5, 17 – und immer im Zusammenhang mit Verfolgungen.

In den zwei Ölbäumen, die vor dem Herrn stehen, sieht man eine Parallele zu Sacharja 4, 2 f, 10–14, aber auch zu Esr. 3, 2, wo von Jeshua und Serubbabel als den Erneuerern des Kultes und Wiedererbauern des Jerusalemer Tempels nach dem Exil die Rede ist. Vergangenheit, Gegenwart und Zukunft schieben sich ineinander.

Die dreieinhalb Tage bis zur Auferstehung sind ferner vorgegeben durch Christus; sodann auch durch Lazarus, der ebenfalls 3½ Tage im Grabe zu Bethanien lag.

Der Prophet, der es nicht regnen ließ, war Elia[57] und der, mit dem eine Wandlung von Wasser zu Blut in Verbindung gebracht wurde, war Mose.[58] So könnte man Mose, den Geber der Gebote, als Prophet der Vergangenheit sehen, Elia mit seinem charismatischen Prinzip als den der Zukunft. Christus aber, als der Hauptzeuge, um den die ganze Apokalypse kreist, und der überhaupt erst das Lesen dieses geheimnisvollen Buches ermöglicht, wäre dann der Prophet der ewig drängenden Gegenwart.

Vielleicht will dieses Bild der Zeugen nur das zum Ausdruck bringen: Zu allen Zeiten hat Gott Propheten, Zeugen seiner Herrschaft in die Welt gesandt, die – wenn auch oft äußerlich schwach – mit geistiger Macht von ihm beliehen waren. Stets erfuhren alle Propheten ihre irdisch-physische Vernichtung durch das »Tier, das aus dem Abgrund steigt«, und immer haben die durch die Bußpredigt im leichten Lebensgenuß gestörten Weltkinder dieses Ende bejubelt. Aber Gott zeigt nach 3½ Tagen der Todesfinsternis, der schwärzesten Verzweiflung, daß *er* der Herr ist über Leben und Tod. Er holt seine treuen Zeugen zu sich und erschüttert damit die Welt in einem Beben, das die Gewissen weckt.

---

[57] 1 Kön. 17, 1
[58] Ex. 7, 14 ff.

Von einer »Himmelfahrt des Elia« wird in 2 Kön. 2, 11 berichtet, und in der Apokryphe *Assumptio Mosis* (im Judasbrief, Vers 9, zitiert) wird ein solches Ereignis auch für Mose geschildert. Über die Bedeutung dieser »Himmelfahrten« gibt es allerdings sehr viele und unterschiedliche Meinungen.

11, 15–19 DIE SIEBENTE POSAUNE

Der siebente Engel stieß in die Posaune. Da ertönten laute Stimmen im Himmel, die riefen: Die Herrschaft über die Welt hat unser Herr und sein Gesalbter; und er wird herrschen in alle Ewigkeit. Und die vierundzwanzig Ältesten, die vor Gott auf ihren Thronen sitzen, fielen auf ihr Angesicht nieder; sie beteten Gott an und sprachen: Wir danken dir, Herr und Gott und Herrscher des Alls, der ist und der war; denn du hast deine große Macht empfangen und deine Herrschaft ergriffen. Die Völker gerieten in Zorn; da kam dein Zorn und die Zeit, die Toten zu richten: die Zeit, deine Knechte zu belohnen, die Propheten und Heiligen und alle, die deinen Namen fürchten, die Kleinen und die Großen, die Zeit, alle zu verderben, welche die Erde verderben. Und der Tempel Gottes im Himmel wurde geöffnet, und in seinem Tempel wurde die Lade seines Bundes sichtbar: Blitze, Stimmen und Donner entstanden, Beben und gewaltiger Hagel.

Mit dem Klang der siebenten Posaune, der Mitte und dem Herzstück der Apokalypse, tritt Christus die Herrschaft an über den ganzen Kosmos: Zeit ist nicht mehr.

Beim Dankeshymnus der Ältesten fällt auf, daß sie ihn preisen als den »der ist und der war«. Jenes »der da kommt« aus 4, 8 ertönt nicht mehr. Christus ist gegenwärtig und richtet mit seiner Wiederkehr sein Gottesreich auf. Er richtet die Toten, belohnt die Seinen und öffnet den Tempel Gottes im Himmel.

Nach der in 2 Makk. 2, 7–8 berichteten Weissagung des Jeremia wird die Bundeslade seinem Volk erst im himmlischen Jerusalem wieder erscheinen als Zeichen eines neuen

Bundes zwischen Gott und Israel. Diese Verheißung erfüllt sich beim Schall der siebenten Posaune. Der Vorhang hebt sich vor dem Allerheiligsten des Tempels, und die Bundeslade taucht vor den Augen der anbetenden Gläubigen auf.

Gott offenbart sich – wie am Sinai dem Mose – in Blitzen, Stimmen, Donnern, Beben und gewaltigem Hagel (Ps 29).

Der elfte Buchstabe des hebräischen Alphabets ist das
כ Kaph, und es bedeutet »Hohlhand« oder »Schale«. Die Höhlung des Buchstabens wies ursprünglich nach oben hin. Diese Schale gibt das Bild des »irdenen Gefäßes«, in das Gottes Geist von oben einfließt.

Die elfte Tarotkarte heißt »magische Kraft« und zeigt eine Frau, umwunden von einem Rosenkranz, die einen Löwen bändigt. Ein Bild, das vom Frieden aus innerer Kraft spricht.

Im elften Kapitel der Apokalypse mißt Johannes für die Gläubigen die unzerstörbare, innere Kirche aus, in die alle kommen, in die Gottes Geist eingeflossen ist und die nun in Frieden und Anbetung die Wiederkehr Christi erleben.

DAS ZWÖLFTE KAPITEL DER APOKALYPSE
DER KAMPF DES SATANS GEGEN DIE HERRSCHAFT GOTTES 12, 1 – 14, 5

12, 1–6 DIE FRAU UND DER DRACHE

Da erschien ein großes Zeichen am Himmel: eine Frau, umgeben von der Sonne, den Mond unter ihren Füßen und einen Kranz von zwölf Sternen auf ihrem Haupt. Sie war schwanger und schrie in ihren Wehen und in der Qual des Gebärens. Ein anderes Zeichen erschien am Himmel: ein Drache, groß und feuerrot, mit sieben Köpfen und zehn Hörnern und mit sieben Diademen auf seinen Köpfen. Sein Schweif fegte ein Drittel der Sterne vom Himmel und warf sie auf die Erde. Der Drache stand vor der Frau, die gebären sollte, um ihr Kind nach der Geburt zu verschlingen. Und sie gebar ein Kind, einen Sohn, der über alle Völker herrschen soll mit eisernem Zepter. Und ihr Kind wurde zu Gott und zu seinem Thron entrückt. Die Frau aber floh in die Wüste, wo Gott ihr einen Zufluchtsort geschaffen hatte; dort wird er sie 1260 Tage mit Nahrung versorgen.

Ein Bild aus uralten Tagen, aus den Tagen des Matriarchats, taucht auf. In Griechenland feierte man die Eleusinien zu Ehren der Demeter, der Erdenmutter, und ihr verglich man die ägyptische Isis, wie Eratosthenes[59] berichtet. Isis trägt auf den meisten Darstellungen den Mond über dem Haupt, ist eingehüllt in einen Sternenmantel. Zu deuten wäre, daß bei ihr die Mondensphäre des irdischen Wachsens und Fühlens an der Spitze steht, und sie eingebettet ist in die Gesetze des Sternenhimmels.

Hier beim Bild des Apokalyptikers aber, liegt der Mond unter den Füßen der Frau, umrahmen die Sterne ihren

[59] Eratosthenes, Kataterismen, Kap. 9

Kopf (die geistigen Wesenskräfte erleuchten sie). Und all das wiederum wird umgeben und durchleuchtet durch die Sonne.

Man darf wohl in dieser »aus dem Dunkel mütterlichen Ursprungs« emportauchenden Gestalt eine bildliche Zusammenfassung für den Inhalt der Apokalypse sehen: Die Mondensphäre ist vergangen, liegt wie Irdisches unter den Füßen. Der Körper, der vor der Geburt, vor der Schwelle der Erlösung aus größter Qual steht, muß erst alle Planeten-Formkräfte vergeistigen, muß sie reinigen (wie in den sieben Siegeln gefordert), bis der Geist ganz klar wird. Was aber als warmes Licht hinter und über allem steht, ist hervorgegangen aus dem Läuterungsweg der Posaunenzeit, und in der Liebe Gottes erreicht es die höchste mystische Stufe: das Einswerden mit, das Verschmelzen in Gott. Erst die Beherrschung des Körpers, des Denkens, Fühlens und Wollens macht den Menschen offen für die Liebe, die ein Geschenk Gottes ist. Diese Phase versucht Johannes in der Mitte seiner Apokalypse aufzuzeigen.

Nicht nur vom Alten Testament her war das Gleichnisbild der Frau bekannt;[60] es findet sich auch im Neuen Testament.[61] Hier hat der Apokalyptiker wohl die Frau als Gebärende im Auge, die das »Volk Gottes«, die »Tochter Zion« der Juden verkörperte.[62] Man könnte auch von der Kirche Gottes sprechen, die über allen Konfessionen steht und die durch Leid zur Überwindung kommt, stets unter dem Schutz und in der Liebe Gottes.

Die Macht des Bösen, die alte Schlange, der rote Drachen: er wütet verzweifelt gegen die göttliche Sophia, die in dieser Frauengestalt erkannt worden ist. Die Sophia aber trägt die Geistigkeit der Zukunft in ihren zwölf Sternbildern – dagegen der Drache die Vergangenheit in seinen zehn dämonischen Hörnern.

Gott, der alles in allem ist, entrückt das Kind, die Verkörperung des zukünftigen Gottesreiches, zu sich in

---

[60] Gen. 3, 15; Jes. 9, 5; 53, 3
[61] Joh. 16, 21—22; Gal. 4, 19
[62] Jes. 26, 17; 66, 8; Mich. 4, 9—10

den Himmel und verhilft der Sophia, der Kirche, zu einer Zeit der Stille in der Wüste. Hier erscheint wieder die Zahl 3½, als die Zeit, die erst überwunden werden muß, ehe die Wandlung vollkommen ist.

Diese »Mitte der Sieben« läßt sich auch im Aufbau der Apokalypse und in der Gestalt der mit Sternen bekränzten Frau sehen. Am Ende der Apokalypse – bildlich nach den dreieinhalb Jahren in der Wüste – erscheint die Sophia wieder, jetzt aber gewandelt zur himmlichen Braut des zum weißen Reiter gewordenen Kindes: welche grandiosen Bilder!

12, 7–12 MICHAEL STÜRZT DEN DRACHEN

Da entstand ein Kampf im Himmel; Michael und seine Engel erhoben sich, um mit dem Drachen zu kämpfen. Der Drache und seine Engel kämpften, aber sie konnten nicht standhalten, und es gab keinen Ort mehr für sie im Himmel.

Und gestürzt wurde der große Drache, die alte Schlange, die Teufel und Satan heißt und die den ganzen Erdkreis verführt; der Drache wurde auf die Erde gestürzt, und mit ihm wurden seine Engel hinabgeworfen. Da hörte ich eine laute Stimme im Himmel rufen:

Jetzt ist gekommen die Rettung und die Macht und die Herrschaft unseres Gottes und die Vollmacht seines Gesalbten; denn gestürzt wurde der Ankläger unserer Brüder, der sie Tag und Nacht vor unserem Gott verklagt. Und sie haben ihn besiegt durch das Blut des Lammes und durch das Wort ihres Zeugnisses; sie hielten ihr Leben nicht fest, sondern gaben es in den Tod. Darum jubelt, ihr Himmel und alle, die in ihm wohnen! Wehe aber euch, Land und Meer! Denn der Teufel ist zu euch hinabgestiegen; seine Wut ist groß, denn er weiß: seine Frist ist kurz.

Dieses Weltschauspiel des Kampfes zwischen dem Erzengel Michael und dem großen Drachen, der alten Schlange, die Teufel und Satan heißt, benötigt kein auslegendes Wort. Es spricht für sich in seiner Siegesgewißheit.

So will das dritte »Wehe!« sagen, daß jetzt der Satan mit allen gefallenen Engen auf die Erde gestürzt wird, wo er gegen alles Irdische wütet im Wissen seiner kurz bemessenen Frist. Denn im geistigen Reich hat Gott bereits den Sieg davongetragen, die Himmel können jubeln und frohlocken.

12, 13–17 DER DRACHE VERFOLGT DIE FRAU

Als der Drache erkannte, daß er auf die Erde geworfen war, verfolgte er die Frau, die den Sohn geboren hatte. Aber der Frau wurden die zwei Flügel des großen Adlers gegeben, damit sie in die Wüste an ihren Ort fliegen konnte. Dort ist sie vor der Schlange sicher und wird eine Zeit und zwei Zeiten und eine halbe Zeit lang ernährt. Die Schlange spie Wasser wie einen Strom aus ihrem Maul hinter der Frau her, das sie fortreißen wollte. Aber die Erde kam der Frau zu Hilfe: sie öffnete ihren Mund und verschlang den Strom, den der Drache aus seinem Maul gespien hatte. Da geriet der Drache in Zorn über die Frau, und er ging fort, um Krieg zu führen mit ihren übrigen Nachkommen, die den Geboten Gottes gehorchen und an dem Zeugnis Jesu festhalten.

Im ersten Bild nach dem entscheidenden Kampf im Himmel, wo Gott durch Michael (mi-ka-el heißt »wer-wie-Gott«) siegte, versucht der Drache im Zorn sich an der Frau zu rächen. Diese aber wird von den »zwei Flügeln des Adlers« – als dem geistigen Element – in Sicherheit gebracht. Ja, sogar die Erde, das mütterliche Sinnbild des Ursprungs, kommt ihr zu Hilfe. Gegen die Liebe kann der Drache nichts ausrichten. Zornig verläßt er den Ort, um Krieg zu führen. Das alte Gegensatzpaar der Liebe (Venus) und des Krieges (Mars) ist hier zu sehen.

Der zwölfte Buchstabe des hebräischen Alphabets ist das ל Lamed. Es zeigt die Koppelung des »La«, eines uralten Lichtlautes mit dem »Mem« (Materie) und dem »Daleth« (der Schwelle zur Verwirklichung). Es liegt darin das Bild des Abstiegs des Lichts in die Materie, das auch als Opfer und Selbsthingabe gedacht werden kann.

Die zwölfte Tarotkarte heißt »Prüfung«, »Opfer« oder der »Gehenkte«. Sie zeigt einen mit dem Kopf nach unten hängenden, gefesselten Mann.

Das 12. Kapitel der Apokalypse beschreibt, wie die himmlische Sternenfrau herunter in die Wüste flieht, wo sie eine Prüfungs- und Wartezeit über sich ergehen lassen muß. Der Satan und seine gefallenen Engel werden aus dem Himmel verbannt und auf die Erde gestürzt.

DAS DREIZEHNTE KAPITEL DER APOKALYPSE

12, 18–13, 18 DIE BEIDEN TIERE

Und der Drache trat an den Strand des Meeres. Und ich sah: Ein Tier stieg aus dem Meer auf mit zehn Hörnern und sieben Köpfen. Auf seinen Hörnern trug es zehn Diademe und auf seinen Köpfen gotteslästerliche Namen. Das Tier, das ich sah, gleicht einem Panther; seine Füße waren wie die Tatzen eines Bären und sein Maul wie das Maul eines Löwen. Und der Drache hatte ihm seine Gewalt übertragen, seinen Thron und seine große Macht. Einer seiner Köpfe glich einem Kopf, der zu Tode getroffen war; aber seine Todeswunde wurde geheilt. Und die ganze Erde sah dem Tier staunend nach. Die Menschen warfen sich vor dem Drachen nieder, weil er seine Macht dem Tier gegeben hatte; und sie beteten das Tier an und sprachen: Wer ist dem Tier gleich und wer kann den Kampf mit ihm aufnehmen? Und es wurde ihm ein Maul gegeben und Macht, große Worte zu sprechen und Lästerungen zu reden; es wurde ihm Macht gegeben, dies 42 Monate zu tun. Das Tier tat sein Maul auf, um Gott und seinen Namen zu lästern, seine Wohnung und alle, die im Himmel wohnen. Und es wurde ihm erlaubt, Krieg zu führen mit den Heiligen und sie zu besiegen. Es wurde ihm auch Macht gegeben über alle Stämme, Völker, Sprachen und Nationen. Alle Bewohner der Erde fallen nieder vor ihm: alle, deren Name nicht seit Schöpfung der Welt eingetragen sind im Lebensbuch des Lammes, das geschlachtet wurde. Wer Ohren hat, der höre! Wenn einer zur Gefangenschaft bestimmt ist, geht er in die Gefangenschaft. Wenn einer mit dem Schwert getötet werden soll, wird er mit dem Schwert getötet. Dann bringt nur die Standhaftigkeit und Glaubenstreue der Heiligen Rettung.

Und ich sah: Ein anderes Tier stieg aus der Erde auf. Es hatte zwei Hörner wie ein Lamm, aber es redete wie ein Drache. Die ganze Macht des ersten Tieres übt es in seinem Auftrag aus. Es verleitet die Erde und ihre Bewohner, das erste Tier anzubeten, dessen Todeswunde geheilt ist. Es kann große Zeichen tun, sogar Feuer läßt es vom Himmel auf die Erde herabfallen vor den Augen der Menschen. Es verwirrt die Bewohner der Erde durch die Wunderzeichen, die es im Auftrag des Tieres tun darf; und es sagt den Bewohnern der Erde, sie sollen ein Standbild errichten zu Ehren des Tieres, das vom Schwert getroffen war, aber wieder lebendig wurde. Es wurde ihm Macht gegeben, alle zu töten, die das Bild des Tieres nicht anbeten wollten. Die Kleinen und die Großen, die Reichen und die Armen, die Freien und die Sklaven, alle zwingt es, auf ihre rechte Hand oder ihre Stirn einen Stempel drücken zu lassen. Es soll nur kaufen und verkaufen können, wer den Stempel trägt: den Namen des Tieres oder die Zahl seines Namens. Hier ist Weisheit: Wer verstehen kann, berechne die Zahl des Tieres! Denn es ist die Zahl eines Menschen; seine Zahl ist 666.

Nach der Reinigung des Himmels von allen irdisch-egozentrischen Gedanken, die das von Gott geschenkte Licht verschatten, läßt der Apokalyptiker die von allem Negativen erlösten Überwinder in der Harmonie ihrer Himmel zurück und richtet den Blick nach unten in die irdische Sphäre, in der der Endkampf sich abzeichnet. Das letzte Wüten des teuflischen Elements – eines Wesenszugs und Produkts der Freiheit des gottebenbildlichen Menschen – steht bevor. Die Sternenfrau, die göttliche Sophia, die Geistkirche ist in Sicherheit. Doch die labilen Menschenkinder müssen sich endgültig freikämpfen aus der Verstrickung und Verhärtung in Materie, Sinneslust und negative Gedanken, die ihre eigene Wirklichkeit erzeugen.

Ins »Heilige« durften im Tempel nur die Priester, während das völlig leere »Allerheiligste« nur einmal im

Jahr durch einen Priester betreten wurde. Doch jetzt sah Johannes visionär alle Gläubigen dort anbeten und will, im Wissen um die jenseitige Erlösung, seine christlichen Mitstreiter auf Erden zum Ausharren ermutigen. Die damalige Christenheit war davon überzeugt, in der Endphase des Weltgerichts zu stehen.

Das erste Ungeheuer, das aus dem Meer aufsteigt, ist das Chaos-Tier selbst, der vom Himmel gestürzte Drache als der Anti-Schöpfergott, der dämonische Herrscher. Dieser ist in genauer Anlehnung an Daniel, Kapitel 7, der Gemeinde bekannt als die Verkörperung der irdischen Macht des Satans. In seinem Bild erkannte man auch das römische Weltreich mit den lästernden zehn Namen seiner Häupter,[63] der Kaiser, die sich mit göttlichen Attributen schmückten und sich anbeten ließen. Die Macht Roms wird als satanisch gezeichnet, Rom als der Thron des Satans. Doch nur die Frist der »halben Sieben« wird diesem Untier noch zugestanden.

Bedrohlicher noch ist die zweite Anti-Gestalt, der eigentliche Anti-Christ, weil dieser Usurpator auf geistig-religiösem Gebiet ist und den Namen Gottes oder Christi für irdische Machtgelüste mißbraucht. Denn zur absoluten Hingabe, die den Willen des Menschen völlig bindet, bewegt ihn letztlich nur die Religion (diese im Sinne einer vertieften »Weltanschauung« – auch der Anarchisten und Terroristen heute!), also Religion ganz gleich, ob sie falsch oder wahr ist.

Man hat in diesem Tier, das innere Verknechtung bringt, den wieder auferstandenen zweiten Nero, den die Gemeinden Asiens mit Tod und Vernichtung bedrohenden Domitian wiedererkannt, und aus den Zahlen, die zugleich Buchstaben des hebräischen Alphabets sind, den Namen »Neron Cäsar« entziffert.[64] Eine schlichtere Deutung aber wäre, daß vor der im Alten Testament und in der Apokalypse wichtigsten Zahl sieben, der Ewigkeitszahl, die sechs liegt – daß also die »letzte Stunde«, das »letzte

---

[63] die zehn wird aus Dan. 7, 7 genommen

[64] aus Erläuterungen zum NT, D.A. Schlatter, Stuttgart 1921

Aufbäumen« gegen das gewaltige Neue hier seinen Ausdruck findet. Die Christen werden aufgefordert, diesem Antichrist standzuhalten, der einen entstellten Gott verkündet, der den Begierden der Menschen dient; einem Gott, der den Willen nicht reinigt, sondern die Selbstsucht stärkt. Solche Strömungen gab es auch innerhalb der Kirche, und Johannes brandmarkte sie deutlich.[65]

Es ist in unserem Leben ja auch so, daß Kinder, wenn die Schlafenszeit naht, am intensivsten spielen, am wenigsten gehorchen wollen, daß die letzten Strahlen der Abendsonne oft ein unwahrscheinlich starkes – fast fremdartiges – Licht über die Landschaft breiten, und daß kurz vor dem Tod eines Menschen häufig eine Phase der Euphorie mit betonter Lebensbejahung zu beobachten ist.

Der dreizehnte Buchstabe des hebräischen Alphabets ist das מ Mem, das »Urstoff«, »Materie« bedeutet. Es findet sich wieder im hebräischen *»ma im«*, dem Meer als dem Urwasser, und in den lateinischen Wörtern *»mare«*, *»mater«* und *»mors«*, die Meer, Mutter und Tod bezeichnen.

Die Zahl *dreizehn* ist »aus alten Tagen« im Volksglauben als Unheilszahl verschrien. Die dreizehnte Tarotkarte stellt den »Tod« dar. Das dreizehnte Kapitel der Apokalypse schildert die todbringenden dämonischen Untiere, die aus dem Urmeer auf die Erde aufsteigen, die verhärtete Materie ist.

---

[65] Joh. 2, 18; Offb. 2, 6. 14. 15. 20—25

14, 1–5 DAS LAMM UND SEIN GEFOLGE

Und ich sah: Das Lamm stand auf dem Berg Zion, und bei ihm waren 144 000; auf ihrer Stirn stand sein Name und der Name seines Vaters geschrieben. Da hörte ich eine Stimme vom Himmel her, die dem Rauschen von vielen Wasserströmen und dem Rollen eines gewaltigen Donners glich. Die Stimme, die ich hörte, klang wie der Ton der Harfe, die ein Harfenspieler schlägt. Und sie singen ein neues Lied vor dem Thron und vor den vier Lebewesen und den Ältesten. Aber niemand konnte das Lied verstehen außer den 144 000, die von der Erde losgekauft sind. Sie sind es, die sich mit Weibern nicht befleckt haben; denn sie sind jungfräulich. Sie folgen dem Lamm nach, wohin es geht. Sie allein von allen Menschen sind losgekauft als Weihgabe für Gott und das Lamm. Denn in ihrem Mund war keine Lüge. Sie sind ohne Makel.

Nach dem Klang der siebenten Posaune und nach dem Sieg des Erzengels Michael folgten bis jetzt drei Schaubilder: das erste zeigte den Kampf des Drachens gegen die Sophia auf Erden, das zweite ließ das Chaos-Tier aus dem Meer aufsteigen und das dritte kennzeichnete den Antichrist der damaligen Zeit. Mit dem 14. Kapitel kommt das vierte Schaubild der siebenten Posaune, mit dem wiederum, wie oft mit der Zahl vier, etwas besonderes ausgesagt werden soll. Nach dem »Donnerrollen« des Schöpfergottes kam das »Wasserrauschen«, das die seelische Ebene des Gefühls geöffnet hat, und jetzt ertönt das »neue Lied« wie ein sanfter Harfenton: das innere Wort; das, was auf alles Äußere verzichten kann, ist geboren. Um zum Verständnis dieses inneren Wortes zu kommen, ist der Läuterungsweg Voraussetzung. Das neue Lied erklingt auf dem Berg Zion, dem Ort des himmlischen Jerusalems. Ein Bild der Verheißung, des Trostes und Ansporns für die in Anfechtung stehenden Christengemeinden.

DAS GERICHT: 14, 6 – 20, 15

14, 6–13 DIE ANKÜNDIGUNG DES GERICHTS

Dann sah ich: Ein anderer Engel flog im Zenit. Er hatte eine ewige Botschaft den Bewohnern der Erde zu verkündigen, allen Nationen, Stämmen, Sprachen und Völkern. Er rief mit lauter Stimme: Fürchtet Gott und gebt ihm die Ehre! Denn die Stunde seines Gerichts ist gekommen. Betet ihn an, der den Himmel und die Erde, das Meer und die Wasserquellen geschaffen hat! Ein anderer, ein zweiter Engel folgte und rief: Gefallen ist Babylon, gefallen ist sie, die Große. Alle Völker hat sie betrunken gemacht mit dem Zornwein ihrer Unzucht. Ein anderer, ein dritter Engel folgte ihnen und rief mit lauter Stimme: Wer das Tier und sein Standbild anbetet und wer das Zeichen des Stempels auf seine Stirn oder Hand annimmt, der trinkt vom Zornwein Gottes, der unverdünnt in seinem Zornesbecher gemischt ist. Und er wird mit Feuer und Schwefel gequält vor den heiligen Engeln und vor dem Lamm. Der Qualm ihrer Pein steigt auf in alle Ewigkeit, und alle, die das Tier und sein Standbild anbeten und die das Zeichen seines Namens annehmen, haben keine Ruhe bei Tag und Nacht. Jetzt muß sich die Standhaftigkeit der Heiligen bewähren, die an den Geboten und an der Treue zu Jesu festhalten. Und ich hörte eine Stimme vom Himmel her rufen: Schreibe! Selig sind die Toten, die im Herrn sterben, von jetzt an; ja, spricht der Geist, sie sollen ausruhen von ihren Mühen; denn ihre Taten gehen mit ihnen.

Der feierliche Aufruf des ersten Engels ist eine letzte, weltweite Mahnung zur Umkehr zum ewigen Evangelium, bevor der zweite Engel den Fall von Babylon verkündet. Babylon, die lasterhafte Stadt, beschreiben schon Jesaja

(21, 9; 51, 17) und Jeremia (25, 15) als die Stadt des »Zornweins«, aber zur Zeit des Apokalyptikers verstand jeder, daß hier Rom gemeint war, zumal der dritte Engel das aktuelle Thema der Standbildverehrung aufgriff, die vom römischen Kaiser gefordert wurde.

Nach dem Trost, der schöpferischen Pause, die das vierte Schaubild mit den in Christo auferstandenen Menschen gab, die das neue Lied zu singen vermögen, folgt im fünften Schaubild mit den drei Engeln wiederum eine Warnung vor den Gefahren des Diesseits mit der wunderbaren abschließenden Seligpreisung der Standhaften.

14, 14–20 DIE STUNDE DER ERNTE

Dann sah ich eine weiße Wolke. Auf der Wolke thronte einer, der einem Menschen gleicht. Er trägt einen goldenen Kranz auf seinem Haupt und eine scharfe Sichel in seiner Hand. Und ein anderer Engel kam aus dem Tempel und rief ihm, der auf der Wolke saß, mit lauter Stimme zu: Schick deine Sichel aus und ernte! Denn die Zeit zu ernten ist gekommen: die Ernte der Erde ist überreif geworden. Und er, der auf der Wolke saß, warf seine Sichel auf die Erde, und die Erde wurde abgeerntet. Und ein anderer Engel trat aus dem Tempel des Himmels. Auch er hatte eine scharfe Sichel. Ein anderer Engel kam vom Altar her, der Macht über das Feuer hatte. Ihm, der die scharfe Sichel trug, rief er mit lauter Stimme zu: Schick deine scharfe Sichel aus und ernte die Trauben vom Weinstock der Erde! Seine Beeren sind reif geworden. Da warf der Engel seine Sichel auf die Erde, erntete den Weinstock der Erde ab und warf die Trauben in die große Kelter des Zornes Gottes. Die Kelter wurde draußen vor der Stadt getreten, und Blut floß aus der Kelter; es stieg bis an die Zügel der Pferde, über 1600 Stadien hin.

Im sechsten Schaubild der siebenten Posaune wird Christus zur Ernte aufgerufen. Wie er in der Berufungsvision des Johannes 1, 12 in der Mitte zwischen den Leuchtern wandelt und wie bei den Sendschreiben auch die vierte

Gemeinde als die unscheinbarste (2, 18–29) die Wandlung, die Hinwendung zum neuen Bund am stärksten charakterisiert, so gehen ihm hier drei warnende Engel voraus, die von drei erntenden abgelöst werden. Christus selbst steht an vierter Stelle und in der Mitte der Zeiten: er ist es, um den die Apokalypse kreist.

Das Bild der Ernte als Gericht ist mehrfach im Alten Testament zu finden.[66] Hier sichelt der erste Ernteengel das reife Getreide ab: das Brot, das den Leib erhält, wird daraus gewonnen. Der zweite Ernteengel kommt vom Altar und hat Macht über das Feuer: Feuer vom Altar wird in Verbindung zum Heiligen Geist gebracht. Schließlich spricht die Ernte des dritten Engels vom Blut, das aus den Weinkeltern strömt: das seelsiche Element wird dargestellt und zugleich das Opfer des liebenden Lammes. So tauchen die Begriffe von Körper, Seele und Geist oder Vater, Sohn und Heiliger Geist in der Dreiheit der Engel auf.

Dagegen zeigt sich in der Zahl der 1600 Stadien die vier als 4 x 400 oder 4 x 4 x 100 – die Vier in Potenz. Osten, Westen, Norden und Süden oder Stein, Pflanze, Tier und Mensch: all diese Vierheiten geben das Bild der ganzen Erde, des großen Kosmos, der nun in das Gericht des Sohnes kommt.

Der vierzehnte Buchstabe des hebräischen Alphabets ist das] Nun. Es bedeutet »Schlange« oder »Fisch« und ist ein Sinnbild des Bindegliedes zwischen Geist und Materie und als solches Symbol ewiger Fortdauer. Die vierzehnte Tarotkarte heißt »Erneuerung«, »Auferstehung«, »Wiederverkörperung«. Das vierzehnte Kapitel der Apokalypse setzt ein mit dem Bild der auferstandenen Gemeinde, die auf dem Berg Zion das neue, das innere Lied zu Ehren Gottes anstimmt, bevor Christus seine Ernte beginnt.

---

[66] Jes. 18, 5; Jer. 51, 33; Joel 4, 13

DAS FÜNFZEHNTE KAPITEL DER APOKALYPSE

15,1–8 DIE ANKÜNDIGUNG DER SIEBEN PLAGEN

Dann sah ich ein anderes Zeichen am Himmel, groß und wunderbar. Ich sah sieben Engel mit sieben Plagen, den sieben letzten Plagen, denn mit ihnen vollendet sich Gottes Zorn. Dann sah ich etwas, das einem gläsernen Meer glich und mit Feuer gemischt war. Alle, die über das Tier gesiegt hatten, über sein Bild und über die Zahl seines Namens, standen auf dem gläsernen Meer und trugen die Harfen Gottes. Sie sangen das Lied Moses, des Knechtes Gottes, und das Lied zu Ehren des Lammes: Groß und wunderbar sind deine Werke, Herr, Gott und Herrscher des Alls! Deine Wege sind gerecht und wahr, König aller Zeiten! Wer wird dich nicht fürchten, Herr, wer wird deinen Namen nicht preisen? Denn du allein bist heilig; alle Völker werden kommen und niederfallen vor dir, denn deine gerechten Taten sind offenbar geworden.

Dann sah ich: Es öffnete sich der Tempel, das Zelt des Zeugnisses im Himmel. Und die sieben Engel mit den sieben Plagen traten heraus; sie waren mit reinem, glänzenden Leinen bekleidet, und ihre Brust war umgürtet mit einem goldenen Gürtel. Und eines von den vier Wesen reichte den sieben Engeln sieben goldene Schalen; sie waren gefüllt mit dem Zorn des Gottes, der in alle Ewigkeit lebt. Da füllte sich der Tempel mit dem Rauch der Herrlichkeit und der Macht Gottes. Niemand konnte den Tempel betreten, bis die sieben Plagen der sieben Engel beendet waren.

Das siebente Schaubild der siebenten Posaune bringt den Übergang zu den letzten sieben Prüfungen der Menschheit, die symbolisch von sieben Engeln in sieben goldenen Schalen aus dem Tempel herausgetragen werden. Das Ziel dieses abschließenden Läuterungsweges ist die völlige Unterwerfung unter den göttlichen Willen, die Formung und Neuschaffung eines geistigen Menschen in dem Licht, Liebe und Leben ebenso wie Denken, Fühlen und Wollen eins sind.

Im Kristallhimmel stimmen die Erlösten zum Harfenklang ihr Loblied Gottes an, und aus dem Allerheiligsten treten die festlich gegürteten Engel. Eines der Eckwesen überreicht die von Gottes Zorn rauchenden Schalen – und die ganze Szene wird vom Rauch verhüllt, wird verdunkelt.

So, wie wir uns in dieser Exegese vor dem Übergang von der Siegel- zur Posaunenzeit eine Einkehr in die Stille gönnten, soll es an dieser Parallelstelle des Übergangs von der Posaunen- zur Schalenzeit wiederum geschehen.

Nach der in der Siegelzeit unter der weißen Farbe des Lichts erfolgten Läuterung des Denkens kam in der Posaunenzeit unter der roten Farbe des Herzens und der Leidenschaften die Abklärung des seelischen Fühlens und Wollens.

Jede Zeit in sich war darüber hinaus in sieben gut überschaubare Abschnitte dieses Läuterungsweges eingeteilt, so vielseitig und verwirrend die einzelnen Bilder auch manchmal erscheinen. In jeder Epoche stand die schwerste Aufgabe am Ende des Weges: die Loslösung, die Reinigung des Menschen von seinen materiellen, erdhaften Momenten im Denken und Fühlen.

Jeder Mensch kann die Unterschiede erfühlen, erahnen, wenn auch nur schwer artikulieren oder formulieren, die zwischen dem Willen des Denkens, dem des Fühlens oder dem des Körpers bestehen. Alle drei Bereiche haben ihren notwendigen Platz im Leben. Das entscheidendste aber ist die Mitte, das Herz, welches das reine Wollen der inneren Stimme symbolisiert, das »neue Lied«.

Am zähesten im Widerstand und am schwersten »in den Griff zu bekommen« aber ist das dem Körperlichen verhaftete Wollen. Dieses leibliche Ego gerät im Zeichen der Schalenzeit in sein Gericht. Daß der Mensch seine

Freiheit mißbrauchte, daß er sich nicht nach oben zum Licht, sondern nach unten zum Drachen, zur alten satanischen Schlange hin orientierte: diese Fehlentwicklung ruft das Gericht unweigerlich herbei. Egoistisch-tierisches Wollen ist als größte Dunkelheit, als trübste Hoffnungslosigkeit in der Farbe des Todes auszumalen. So ist die Farbe der Zeit der sieben Plagen oder der sieben Zornesschalen schwarz.

Der fünfzehnte Buchstabe des hebräischen Alphabets ist das ס Samek, das eine eingerollte Schlange darstellt und »Egoismus« zum Ausdruck bringt. Die fünfzehnte Tarotkarte heißt »Teufel«. Das fünfzehnte Kapitel der Apokalypse beginnt mit der Bekämpfung des erdgebundenen Willens, des teuflischen Egoismus unter dem Bild der schwarz rauchenden Zornesschalen Gottes.

DAS SECHZEHNTE KAPITEL DER APOKALYPSE

16, 1–21 DIE SIEBEN ENGEL MIT DEN SCHALEN DES ZORNS

Dann hörte ich eine laute Stimme, die aus dem Tempel den sieben Engeln zurief: Geht und schüttet die sieben Schalen des Zornes Gottes über die Erde aus! Der erste ging und goß die Schale über das Land. Da kam ein böses und schlimmes Geschwür über die Menschen, die den Stempel des Tieres trugen und sein Bild anbeteten. Der zweite Engel goß seine Schale über das Meer. Da wurde es zu Blut, das dem Blut eines Toten glich, und alle Lebewesen im Meer starben. Der dritte goß seine Schale über die Flüsse und Wasserquellen. Da wurden sie zu Blut. Und ich hörte den Engel, der die Macht über das Wasser hat, sagen: Gerecht bist du, der ist und der war, der Heilige: du hast dieses Gericht vollzogen. Denn sie haben das Blut von Heiligen und Propheten vergossen. Deshalb hast du ihnen Blut zu trinken gegeben, wie sie es verdient haben. Und ich hörte vom Opferaltar her sagen: Ja, Herr, Gott und Herrscher des Alls! Wahr und gerecht sind die Urteile deines Gerichtes. Der vierte Engel goß seine Schale über die Sonne. Da wurde ihr Macht gegeben, die Menschen mit Feuer zu verbrennen. Die Menschen verbrannten in der großen Hitze, aber sie verfluchten den Namen Gottes, der die Macht über diese Plagen hat. Sie bekehrten sich nicht und gaben ihm nicht die Ehre. Der fünfte Engel goß seine Schale über den Thron des Tiers. Da wurde sein Reich mit Finsternis bedeckt, und die Menschen zerbissen sich vor Schmerz die Zunge. Doch sie verfluchten nur den Gott des Himmels wegen ihrer Schmerzen und ihrer Geschwüre, und sie wandten sich nicht ab von ihrem Treiben. Der sechste Engel goß seine Schale über den großen Fluß Eufrat. Da trocknete sein Wasser aus, so daß der Weg für die Könige des Ostens bereitet war. Dann sah ich aus dem Maul des Drachen und aus dem Maul des Tieres und aus dem Maul des falschen Propheten drei unreine Geister hervorkommen, die Fröschen glichen. Es sind Geister von Dämonen, die Zeichen tun und ausziehen zu den Königen des ganzen Erdkreises, um sie zusammenzuführen zum Krieg am großen Tag Gottes, des Allherrschers. Ich komme wie ein Dieb. Selig, wer wach bleibt und sein Gewand festhält, damit er nicht nackt gehen muß und seine Blöße gesehen wird. Die unreinen Geister führten die Könige an den Ort zusammen, der hebräisch Harmagedon heißt. Und der siebente Engel goß seine Schale über den Bereich der Luft. Da kam eine laute Stimme aus dem Tempel, die vom Thron her rief: Es ist geschehen! Und es folgten Blitze, Stimmen und Donner; es entstand ein heftiges Erdbeben, wie noch kein Beben gewesen war, seitdem es Menschen auf der Erde gibt. So heftig war dieses Beben. Die große Stadt fiel in drei Teile auseinander, und die Städte der Völker stürzten ein. Und Gott erinnerte sich an Babylon, die Große, und reichte ihr den Becher mit dem Wein seines rächenden Zorns. Alle Inseln flohen, und es gab keine Berge mehr. Und gewaltiger Hagel, zentnerschwer, ging vom Himmel auf die Erde nieder. Aber die Menschen verfluchten Gott wegen der Plage des Hagels, denn die Plage war sehr groß.

Der »Zielkreis«, also der durch Läuterung oder Strafe zu treffende Teil, stimmt bei den Posaunen und bei den Zornesschalen überein.

Die erste Zornesschale trifft die Erde und bringt Geschwüre und Krankheit. Die zweite ergießt sich über das Meer, das gefühlsbetonte, fließende Element. Die dritte aber ertötet das Netzwerk der Flüsse und Wasserquellen in genauer Parallele zum Wirken des Sternes Wermut.

Wieder nimmt das vierte Bild eine Sonderstellung ein, und die Sonne tritt sowohl bei den Posaunen als auch bei den Zornesschalen in Erscheinung. Zugleich auch trennt dieses Sonnenbild die ersten drei Schalen, die allgemeine Naturkatastrophen mit sich bringen, von den drei letzten Schalen, die gezielte Strafgerichte über die Menschen herbeiführen: über die Ungläubigen, ihre Könige und die Hauptstädte.

Der Zorn der fünften Schale trifft den Thron des Tieres. Der Zorn der sechsten Schale läßt den Eufrat austrocknen, den Paradiesesstrom, an dem sich nun die dämonische Trinität von Drache, Tier und falschen Propheten zum Endkampf versammeln. Nach Ausschütten der siebenten Schale in die Luft zerfällt die große Stadt in drei Teile: Rom wurde darin erkannt.

Die sieben Plagen gleichen zum Teil den durch Mose überlieferten ägyptischen Plagen. So waren die Plagen der ersten Schale durch Ex. 9, 9. 10, der zweiten durch Ex. 7, 17–21, der dritten durch Ex. 7, 19, 24, der fünften durch Ex. 10, 21, der sechsten durch Ex. 8, 3 und der letzten durch Ex. 9, 2. 3 im Umriß vorgegeben.

Der sechzehnte Buchstabe des hebräischen Alphabets ist das ע Ajin mit der Bedeutung »Auge« oder »Geistauge«. Sein Zahlenwert ist die Vollendungszahl 70. Die sechzehnte Tarotkarte zeigt einen vom Blitz getroffenen Turm, von dem sein Erbauer herabstürzt. Das sechzehnte Kapitel der Apokalypse läßt bei Gottes Zorn trotz Blitz, Donner und Beben erkennen, daß er ein waches Auge über seiner Schöpfung hat: wer sich einen Turm aus Egoismus oder zum Eigenlob erbaut, erntet, was er verdient: den Fall in die Tiefe zusammen mit seinem materiellen Werk.

DAS SIEBZEHNTE KAPITEL DER APOKALYPSE

17, 1–18 DIE GROSSE HURE BABYLON

Da kam einer von den sieben Engeln, welche die sieben Schalen hatten, und sprach zu mir: Komm, ich zeige dir das Strafgericht über die große Hure, die an den vielen Wasserströmen sitzt. Denn mit ihr haben die Könige der Erde gebuhlt, und vom Wein ihrer Unzucht wurden die Könige der Erde betrunken. Er entrückte mich im Geist und führte mich fort in eine Wüste. Dort sah ich ein Weib auf einem scharlachroten Tier sitzen, das mit Lästernamen bedeckt war und sieben Köpfe und zehn Hörner hatte. Das Weib war mit Purpur und Scharlach bekleidet und mit Gold, Edelsteinen und Perlen geschmückt. Es hielt einen goldenen Becher in der Hand, der mit dem Greuel und Schmutz seiner Unzucht gefüllt war. Auf seiner Stirn war ein Name geschrieben, ein geheimer Name, Babylon, die Große, die Mutter der Huren und aller Greuel der Erde. Und ich sah das Weib betrunken vom Blut der Heiligen und vom Blut der Zeugen Jesu. Beim Anblick des Weibes ergriff mich großes Erstaunen. Der Engel aber sprach zu mir: Warum wunderst du dich? Ich will dir das Geheimnis des Weibes sagen und das Geheimnis des Tieres, welches das Weib trägt und sieben Köpfe und zehn Hörner hat. Das Tier, das du gesehen hast, war und ist nicht; es wird aus dem Abgrund heraufsteigen und ins Verderben gehen. Es werden staunen die Bewohner der Erde, deren Namen im Buch des Lebens nicht eingetragen sind, seitdem die Welt erschaffen ist; sie werden bei dem Anblick des Tieres staunen: Denn es war und ist nicht und wird da sein. Dies fordert Verstand und Weisheit. Die sieben Köpfe bedeuten die sieben Berge, auf denen das

Weib sitzt. Sie bedeuten auch sieben Könige. Fünf sind bereits gefallen. Der eine ist schon da, der andere ist noch nicht gekommen, und wenn er kommt, darf er nur kurze Zeit bleiben. Das Tier, das war und nicht ist, es ist selbst der achte König und doch einer von den sieben, und es wird ins Verderben gehen. Die zehn Hörner, die du gesehen hast, bedeuten zehn Könige, die noch nicht zur Herrschaft gekommen sind; sie erhalten aber Macht wie Könige für eine einzige Stunde, zusammen mit dem Tier. Sie haben den gleichen Sinn und übertragen ihre Macht und Gewalt dem Tier. Sie werden mit dem Lamm Krieg führen, aber das Lamm wird sie besiegen. Denn es ist der Herr der Herren und der König der Könige. Sein Gefolge sind alle, die berufen, auserwählt und treu sind. Und er sagte zu mir: Du hast die Wasserströme gesehen, an denen die Hure sitzt; sie bedeuten Völker und Menschenmassen, Nationen und Sprachen. Du hast die zehn Hörner und das Tier gesehen: sie werden die Hure hassen, so daß sie allein und nackt sein wird; sie werden ihr Fleisch fressen und sie im Feuer verbrennen. Denn Gott gab ihnen den Willen, seinen Plan auszuführen und nach diesem einen Plan zu handeln. Sie sollen ihre Herrschaft dem Tier übertragen, bis die Worte Gottes vollendet sind. Das Weib aber, das du gesehen hast, ist die große Stadt, welche die Herrschaft hat über die Könige der Erde.

Es folgen jetzt – wie im Anschluß an die siebente Posaune – wieder sieben gewaltige Schaubilder, die ergänzen oder verdeutlichen, was durch das Bild vom Ausgießen der Schalen des göttlichen Zorns gesagt werden soll.

Die Bedeutung des Geschilderten wird dadurch hervorgehoben, daß Johannes wie nach dem Sendschreiben (Offb. 4, 1) von einem Engel aufgefordert wird, mit ihm zu gehen, weil er ihm etwas zeigen wolle. Dort hatte Johannes gesagt: »Sofort wurde ich vom Geist ergriffen«, während er hier den Vorgang mit den Worten schildert: »Er entrückte mich im Geist«. So bekundet der Apokalyptiker, daß es sich um prophetische Schau handelt. Diese blendet – wie stets, so auch hier – Vergangenheit, Gegenwart und Zukunft durcheinander; ja, häufig reiht sie die Abläufe in chronologisch umgekehrter, rückläufiger Folge. Dieses Phänomen ist von der Parapsychologie eingehend untersucht und systematisch erfaßt worden.[67] Dem aufmerksamen Leser – oder besser noch Hörer – der Apokalypse wird es nicht entgangen sein, daß die als Sinnbild benutzte Stadt Babylon in einem Bild bereits vernichtet ist, im anderen aber erst vor ihrem Untergang steht.

Unter dem Bild der Hure Babylon sollte man zunächst sicher Rom, darüber hinaus aber wohl jede Stätte verstehen, wo dieses Gegen-Bild der göttlichen Sophia, der Tochter Zion, das Zepter schwingt und die Menschen verführt. Die Vorstellung einer schönen Frau als Verkörperung der Sünde war geläufig. Sowohl Jerusalem[68] als auch Tyrus[69] als auch Ninive[70] sind in prophetischer Schau ähnlich gesehen und gewarnt worden. Jeremia hat das am Eufrat liegende Babylon unter dem Bild der Hure verdammt.

So wie einst Babylon, sieht Johannes nun Rom untergehen. Die Vasallenfürsten – die zehn Hörner des Tieres nach Dan. 7, 24 – werden sich gegen das Reich wenden und das Schicksal der Hure wird sein wie Hesekiel (16, 39; 23, 25–29) es für Jerusalem prophezeite.

Die sieben Köpfe haben Anlaß zu viel historischer Rechenarbeit gegeben, weil man Roms sieben Kaiser damit umschrieben sehen wollte: Die ersten fünf könnten Augustus (27 v. Chr. – 14. n. Chr.), Tiberius (14–37), Caligula (37 – 41), Claudius (41 – 54) und Nero (54 – 68) sein. Neros Nachfolger Galba, Otho und Vitelius (68 – 69) werden als Usurpatoren von der Zählung ausgenommen. Vespasian (69 – 79) wird als der sechste gedeutet, denn der siebente, Titus (79–81), regierte nur kurz und wurde von dem »achten, doch einer von den sieben«, dem gefürchteten Domitian, abgelöst. Von diesem sagt Plinius,

[67] Fanny Moser, Das große Buch des Okkultismus, München 1935; hier wurde die Neuauflage, Olten 1974, benutzt, auf deren Vorwort von Hans Bender verwiesen sei.

[68] Ez. 16; 23

[69] Jes. 23, 16—17

[70] Nah. 3, 4—5

daß er ein zweiter Nero und Tertullian, daß er an Grausamkeit Nero fast gleich gewesen sei.

Der siebzehnte Buchstabe des hebräischen Alphabets zeigt keine Entsprechung zum siebzehnten Kapitel. Während hier also die Apokalypse der Buchstabendeutung n i c h t folgt, hat weiteres Forschen ergeben, daß der siebzehnte und der achtzehnte Buchstabe ausgetauscht wurden. Dadurch ergeben sich erstaunliche Übereinstimmungen zwischen der Auslegung des Buchstabensinnes und dem Inhalt der Apokalypse im entsprechenden Kapitel.

Der achtzehnte Buchstabe des hebräischen Alhabets ist das צ Sade. Es bedeutet »Widerhaken« und erinnert an den »Satan«. Die achtzehnte Tarotkarte heißt »Mond«, »Leidenschaft« oder »Chaos«. Das siebzehnte Kapitel der Apokalypse spricht von der satanischen Macht, die die Hure Babylon durch ihre Leidenschaft unter den Wirkungskräften des Mondes ausübt.

18, 1–8 DIE ANKÜNDIGUNG VON BABYLONS STURZ

Danach sah ich einen anderen Engel aus dem Himmel herabsteigen mit großer Macht; und die Erde wurde hell vor seinem Lichtglanz. Und er schrie mit starker Stimme: Gefallen, gefallen ist Babylon, die Große! Zur Wohnung von Dämonen ist sie geworden, zur Behausung aller unreinen Geister und zum Schlupfwinkel aller unreinen und häßlichen Vögel. Denn vom Wein ihrer gierigen Unzucht haben alle Völker getrunken, und die Könige der Erde hurten mit ihr. Durch ihre Pracht und ihren Luxus sind die Kaufleute der Erde reich geworden. Da hörte ich eine andere Stimme aus dem Himmel rufen: Verlaß die Stadt, mein Volk, damit du nicht teilhast an ihren Sünden und nicht von ihren Plagen getroffen wirst! Denn ihre Sünden reichten bis zum Himmel, und Gott hatte ihre Frevel nicht vergessen. Vergeltet ihr, wie sie selbst vergolten hat, und zahlt ihr doppelt heim nach ihren Taten! Mischt den Becher, den sie gemischt hat, für sie mit doppeltem Maß. In gleichem Maß, wie sie in Prunk und Luxus lebte, laßt sie Qual und Jammer erfahren! Sie sprach in ihrem Herzen: Ich throne als Königin, ich bin nicht Witwe, und Trauer werde ich nicht kennen. Deshalb kommen an einem einzigen Tag ihre Plagen: Tod, Leid und Hunger. Und sie wird im Feuer verbrennen; denn stark ist der Herr, der Gott, der sie gerichtet hat.

Das zweite Schaubild nach der siebenten Zornesschale beginnt mit dem Frohlocken des Engels über den Fall Babylons, der dann weiter ausgemalt wird. Die Landschaft der Öde und Verlassenheit wirkt wie ein Echo der Prophetenrufe des Jesaja (13, 21–22; 34, 11–16) und Jeremia (50, 39).

Über die Deutung der Forderung »Verlaß die Stadt, mein Volk . . .« ist viel nachgedacht worden. Sicher soll hier nicht einem bequemen Ausweichen das Wort geredet werden, keinem Rückzug aus der Verantwortlichkeit in dieser Welt. Ein Verhalten, das letztlich die Grenzen zwischen den Menschen verhärtet, statt sie in Liebe zu öffnen, ist nicht im Sinne des Evangeliums. Dazu Augustin:

»Receptum propheticum, ita spiritualiter intellegitur, ut e huius saeculi civitate fidei passibus in deum coeamus«:[71] Dies prophetische Gesicht muß geistlich verstanden werden, und zwar so, daß wir aus dem Reich dieser Welt mit Schritten des Glaubens zu Gott hin fliehen sollen. Unser Ziel und unsere Kraftquelle ist geistiger Art, doch unsere Aufgabe liegt hier auf der Erde.

18, 9–20 DIE DREI WEHERUFE

Weinen und wehklagen werden über sie die Könige der Erde, die mit ihr hurten und in Luxus lebten, wenn sie den Rauch ihres Brandes sehen. Sie bleiben in der Ferne stehen aus Angst vor ihrer Qual und sagen: Wehe! Wehe! Du große Stadt Babylon, du mächtige Stadt! In einer einzigen Stunde ist das Gericht über dich gekommen!

Dann weinen die Kaufleute der Erde und klagen um sie, weil niemand mehr ihre Ware kauft: Ware von Gold und Silber, von Edelstein und Perlen, Ware von feinem Leinen, Purpur, Seide und Scharlach, Thujaholz und Geräte aller Art aus Elfenbein, Edelholz, Erz, Eisen und Marmor; auch Zimt und Balsam, Parfüm, Salböl und Räucherwerk, Wein und Öl, feinstes Mehl und Weizen, Rinder und Schafe, Pferde und Wagen, Sklaven und Leibeigene. Auch die Früchte, nach denen dein Herz begehrt,

[71] Augustin, De civitate Dei, 18, 18 zu Apok. 18, 4, geschrieben 413 — 426

sind dir genommen. Und alles, was prächtig und glänzend war, ging dir verloren; nie mehr wird man es finden. Die Kaufleute, die an der Stadt reich geworden sind, werden aus Schrecken über ihre Qual in der Ferne stehen, und sie werden weinen und klagen Wehe! Wehe! Du große Stadt, bekleidet mit feinem Linnen, mit Purpur und Scharlach, geschmückt mit Gold, Edelsteinen und Perlen! In einer einzigen Stunde war dieser Reichtum dahin! Jeder Steuermann und Schiffsreisende, die Seeleute und alle, die auf See arbeiten, hielten in der Ferne an; als sie den Rauch des Brandes sahen, schrien sie: Wer konnte sich mit der großen Stadt messen? Und sie streuten Staub auf ihr Haupt, sie schrien, weinten und klagten: Wehe! Wehe! Du große Stadt, die mit ihren Schätzen alle, die Schiffe auf dem Meer haben, reich gemacht hat! In einer einzigen Stunde wurde sie verwüstet! Frohlocke über sie, Himmel! Frohlockt, ihr Heiligen und Apostel und Propheten! Denn Gott hat euch an ihr gerächt!

Das dreifach Wehe mit der dreifachen Warnung, daß der Fall der Stadt sich innerhalb einer einzigen Stunde ereignen werde, spricht für sich. Deutlich läßt sich die Anlehnung an die Drohworte und die Totenklage Hesekiels über Tyrus erkennen (Ez. 26–27).

Es klagen die Könige (Sonne) in ihrem Machtstreben und die Kaufleute (Merkur) mit ihrer profitsüchtigen Gier. Es klagen die Seeleute (Mond), die hier auf dem Wasser ausschweifend-genußsüchtigen Fühlens ihren Abenteuern nachgehen. Wieder sind Dreiheiten zu erkennen: Himmel, Erde und Hölle, aber auch Körper, Seele und Geist, müssen mit der Hure Babylon in das Gericht.

18, 21–24 DER ENGEL MIT DEM MÜHLSTEIN

Da hob ein starker Engel einen Stein auf, der so groß war wie ein Mühlstein; er warf ihn ins Meer und rief: So wird Babylon, die große Stadt, mit Wucht geworfen werden, und man wird sie nicht mehr finden. Den Ton von Harfenspielern und von Flötenspielern und Trompeten hört man nicht mehr in dir; einen, der sich auf ein Handwerk versteht, gibt es nicht mehr in dir; die Stimme des Mühlsteins hört man nicht mehr in dir; das Licht der Lampe scheint nicht mehr in dir. Deine Kaufleute waren die Großen der Erde, deine Zauberei verführte alle Völker. Aber das Blut von Propheten war in ihr, von Heiligen und von allen, die auf der Erde hingeschlachtet wurden.

Ein dritter Engel wirft einen Mühlstein ins Meer. Eine ähnliche symbolische Handlung befahl schon Jeremia (51, 63–64) seinem Jünger Seraja, der das Buch der Weissagungen über Bayblons Fall in den Eufrat warf; nur daß hier das Buch zu einem gewaltigen Mühlstein geworden ist.

Das anschließende und zugleich das Kapitel abschließende wundervolle Trauerlied ist im gleichen Ton gehalten, wie in der Exilandrohung bei Jeremia (25, 10).

Der siebzehnte Buchstabe des hebräischen Alphabets ist das פ Phe mit der Bedeutung »Mond«, »geoffenbartes Wort«. Die siebzehnte Tarotkarte heißt »Stern« oder »Erlösung«. Das achtzehnte Kapitel der Apokalypse beginnt mit dem Triumph, daß Gott sein Strafgericht über Babylon vollendet hat: das geoffenbarte Wort hat sich bewahrheitet, die Erlösung der Standhaften ist eingetreten.

19, 1–10 JUBEL IM HIMMEL

Danach hörte ich etwas wie den lauten Ruf einer großen Schar im Himmel: Halleluja! Das Heil und die Herrlichkeit und die Macht ist bei unserem Gott! Die Urteile seines Gerichts sind wahr und gerecht! Er hat die große Hure gerichtet, die mit ihrer Unzucht die Erde verdorben hat. Er hat das Blut seiner Knechte gerächt. Ein zweites Mal riefen sie: Halleluja! Der Rauch der Stadt steigt auf in alle Ewigkeit. Und die vierundzwanzig Ältesten und die vier Wesen fielen nieder vor Gott, der auf dem Thron sitzt und riefen: Amen, Halleluja! Und eine Stimme kam vom Thron her: Preist unsern Gott, all seine Knechte und alle, die ihn fürchten, klein und groß! Da hörte ich etwas wie den Ruf einer großen Schar und wie das Rauschen vieler Wasser und wie das Rollen gewaltiger Donner: Halleluja! Der Herr ist König geworden, Gott, der Herrscher des Alls! Wir wollen uns freuen und jubeln und ihm allein die Ehre erweisen! Denn gekommen ist die Hochzeit des Lamms, und seine Frau hat sich schön gemacht. Ihr wurde verliehen, sich in strahlend reines Leinen zu kleiden. Das Leinen bedeutet die rechten Taten der Heiligen.

Und er sprach zu mir: Schreib auf: Selig, wer zum Hochzeitsmahl des Lammes gerufen ist! Dann sprach er zu mir: Das sind Gottes zuverlässige Worte. Und ich fiel vor seine Füße nieder, um ihn anzubeten. Er aber sprach zu mir: Laß davon ab, ich bin ein Knecht wie du und deine Brüder, die das Zeugnis Jesu haben. Bete Gott an! Denn das Zeugnis Jesu ist der Geist der Prophetie.

Das erste Schaubild der siebenten Zornesschale zeigte

die Anti-Sophia, die Hure Babylons im Medium des Bildhaften. Das zweite Schaubild ging darüber hinaus in die Sphäre des tönenden Wortes mit Urteilsruf und Totenlied der Engel und mit den Weherufen jener, die durch den Fall von Babylon materiellen Verlust erlitten. Im dritten Schaubild aber sind es gewaltige, himmlische Chöre, die der Situation das Gepräge geben.

Der erste Chor ist der der Engel, der zweite der der vierundzwanzig Ältesten zusammen mit den vier Eckwesen. Der Schlußchor aber eröffnet neue Klangdimensionen: der Ruf einer großen Schar, das Rauschen vieler Wasser und das Rollen gewaltiger Donner klingen ineinander in der Harmonie einer Hymne, die nicht von unserer Welt ist. Denn hier singt der Chor der großen Gelischen Heerscharen.
meinde aller Auferstandenen im Verein mit den himm-

Die Hochzeitsvorbereitungen beginnen. Sophia, die Tochter Zion, erhält als Braut ein strahlendes Leinenkleid. Die Farbe der »Heiligen« wird ihr zuerkannt. Johannes soll die Seligpreisungen aufschreiben und wird anschließend von dem ihn führenden Engel belehrt, daß Engel und Menschen Brüder vor Gott sind, und es für alle nur das eine Zeugnis gibt: das Zeugnis von Jesus Christus, dem Logos des ewigen Gottes.

19, 11–18 AUFBRUCH ZUM ENDKAMPF

Dann sah ich den Himmel offen, und ich sah ein weißes Pferd. Der Reiter heißt »Treu« und »Wahrhaftig«; gerecht richtet er und führt Krieg. Seine Augen sind flammendes Feuer, und auf seinem Haupt sind viele Diademe; er trägt einen Namen, der geschrieben ist und den er allein kennt. Er ist bekleidet mit einem blutgetränkten Gewand; und sein Name heißt »Das Wort Gottes«. Die Heere im Himmel folgen ihm auf weißen Pferden; sie sind mit weißem, reinen Leinen bekleidet. Aus seinem Mund kommt ein scharfes Schwert; mit ihm wird er die Völker schlagen. Und er herrscht über sie mit einem eisernen Zepter, und er tritt die Kelter des Weines des rächenden Zornes Gottes, des Herrschers des Alls. Auf seinem Gewand und auf seinem Schenkel trägt er einen Namen geschrieben »König der Könige und Herr der Herren«.

Dann sah ich einen Engel in der Sonne stehen. Er rief mit lauter Stimme allen Vögeln zu, die im Zenit fliegen: Kommt hierher! Versammelt euch zum großen Mahl Gottes! Freßt das Fleisch von Königen, das Fleisch von Heerführern, das Fleisch von Starken, das Fleisch von Pferden und ihren Reitern, das Fleisch von allen, von Freien und Sklaven, von Kleinen und Großen!

Auf einem weißen Pferd reitet er, der treu und gerecht ist, zum entscheidenden Kampf. Er trägt das in Blut getränkte Kleid als der, der unverletzt und siegreich aus der großen Schlacht heimkehren wird. (Dieses Motiv findet sich bereits in der Zukunftsvision des Mose in Gen. 49, 8–11.) Doch ein kriegerisches Bild bieten die ihm folgenden Heere mit den weißen Pferden und den in weißes Leinen gekleideten Kämpfern nicht.

»Wort Gottes« wird dieser Reiter genannt. Nicht mit einem materiellen Schwert, sondern mit dem Schwert aus seinem Munde, dem Wort, zieht er in die Schlacht. Der Anklang zum Johannes-Evangelium (3, 18–20) ist offenkundig. Kriegertum und Gewalt sind überflüssig, wo der Logos richtet. Er ist der einzige Richter, der Gerechtigkeit mit Liebe vereinen kann, auch wenn das alte Bild aus Psalm 2, 9 zitiert wird, daß er »über sie herrscht mit eisernem Zepter« – eine Wiederholung von Genesis 49, 11. Ähnlich herkömmlich wirkt hier das Bild der Weinkelter im Gericht.

Es ist das vierte Bild, das als Vision der Mitte nach der siebenten Schale des göttlichen Zorns wieder auf den Wesenskern hinweist: das Herz. Es weist hin auf Christus als den weißen Reiter, dessen Augen warm wie Feuer leuchten und der die vielen Diademe trägt als Zeichen seiner Würde und Macht.

Dann sah ich: Das Tier war mit den Königen der Erde und mit ihren Heeren versammelt, um Krieg zu führen mit dem Reiter auf dem Pferd und mit seinem Heer. Aber das Tier wurde ergriffen und mit ihm der falsche Prophet; er hatte vor seinen Augen Zeichen getan und damit alle verführt, die den Stempel des Tieres empfangen und sein Bild angebetet hatten. Lebendig wurden beide in den Feuersee geworfen, in dem Schwefel brennt. Die übrigen wurden getötet mit dem Schwert, das aus dem Mund des Reiters kam; und alle Vögel fraßen sich satt an ihrem Fleisch.

Keine große Schlachten-Szene, keine turbulente Schilderung des Grauens schließt dieses Bild des siegreichen Reiters ab. Nicht Heldenmut oder Mannesstärke sind da glorifiziert. Das Tier und der falsche Prophet werden vor dem Endkampf in den Feuersee, in die Tiefe geworfen, und der Rest der Arbeit ist leicht, fast lautlos getan: Gottes Natur in Gestalt der Vögel läßt verschwinden, was gegen Gottes Gesetz aufgestanden war.

Die vierte, die zentrale Vision der sieben prophetischen Endbilder, zu denen Johannes durch den letzten Engel der Schalenzeit geführt wurde, ist damit vor seinem inneren Auge abgelaufen. Die Steigerung der Eindrücke war unverkennbar.

Das erste Bild brachte eine luziferisch rot leuchtende, dem Materiellen und Irdischen verhaftete Sicht. Das zweite schlug bereits Töne an: Wie im gregorianischen Kirchenlied entfalteten sich schreitende Einzelstimmen oder psalmodierende Vorsänger, und vergleichbar einem Choreten-Sprechgesang gab es neben dem festen Bild mehr Imaginäres und erleichterte das Verstehen und Erfassen der Situation über den Klang. Die beherrschenden Farben dieses zweiten Schaubildes bewegen sich von Grün bis in die tonalen Tiefen von Braun und Schwarz. Um so leuchtender hebt sich dagegen das mit Gold aus dem Allerheiligsten durchsetzte Weiß des himmlischen Raums der jubelnden Engelchöre ab. Nicht nur die Farben, auch die

Gesänge strahlen auf in unfaßbarer Macht und Herrlichkeit.

Trotz des kriegerischen Aufzugs wirkt dann das vierte Schaubild, die Vision des in den Endkampf ziehenden, weißen Reiters, wie von großer Ruhe umgeben. Die Entscheidung ist ja längst gefallen, Emotionen kämen zu spät. Das Wort, der unbestechliche Logos, spricht in Gelassenheit sein Urteil. Wie Thyatira die unscheinbarste Stadt unter den Empfängern der Sendschreiben war, so enthält sich diese vierte Vision aller lauten Wirkung in Farbe und Klang. Weiß verkörpert Reinheit, Abgeklärtheit und ist – wie der Gegenpol Schwarz – ein Endpunkt, bedeutet ein »in-sich-Ruhen«, ist Stille vor dem Sturm – oder danach.

Der neunzehnte Buchstabe des hebräischen Alphabets ist das ק Quof (oder Kof), das Symbol des Herzens, der Sonne. Die neunzehnte Tarotkarte heißt »Sonne des Osiris«, »Geistige Sonne«, »Volles Leben«. Das neunzehnte Kapitel der Apokalypse bringt in der Verkörperung des weißen Reiters die geistige Sonne zum Durchbruch, die in hymnischen Chören begrüßt wird.

DAS ZWANZIGSTE KAPITEL DER APOKALYPSE

20, 1–6 DIE FESSELUNG DES SATANS

Dann sah ich: Ein Engel stieg aus dem Himmel herab; er hatte die Schlüssel zum Abgrund und eine große Kette in seiner Hand. Er überwältigte den Drachen, die alte Schlange – das ist der Teufel und der Satan – und fesselte ihn für tausend Jahre. Er warf ihn in den Abgrund, verschloß und versiegelte ihn, damit er die Völker nicht mehr verführe, bis die tausend Jahre vollendet sind. Danach muß er für kurze Zeit losgelassen werden.

Dann sah ich Throne; darauf setzten sich jene, denen das Gericht übertragen wurde. Ich sah die Seelen von allen, die enthauptet worden waren, weil sie an dem Zeugnis Jesu und an seinem Wort festhielten. Sie hatten das Tier und sein Bild nicht angebetet, und sie hatten den Stempel nicht auf ihre Stirn und ihre Hand genommen. Sie kamen zum Leben und zur Herrschaft mit Christus tausend Jahre. Die übrigen Toten kamen nicht zum Leben, bis die tausend Jahre vollendet waren. Dies ist die erste Auferstehung. Selig und heilig, wer teilhat an der ersten Auferstehung! Über sie hat der zweite Tod keine Gewalt. Sie werden Priester Gottes und des Christus sein und tausend Jahre mit ihm herrschen.

Mit der Fesselung des Satans, der ohne seine Werkzeuge auf Erden – das Tier und den falschen Propheten – entmachtet ist, beginnt der letzte feierliche Sabbat, der große, der Vollendung gewidmete siebente Tag, bei dem Gott im Mittelpunkt allen Denkens und Tuns steht. Jetzt wird die abschließende Reifezeit kommen, denn die Zahl tausend ist eine Umschreibung der Vollkommenheit: Vollkommenheit, die zu der Eins des Anfangs zurückfindet.

Das Geheimnis der Zahl spiegelt sich auch darin, daß die vier letzten Buchstaben – vom vierten bis zum siebenten Schaubild, also die Kapitel neunzehn (Quof), zwanzig (Resch), einundzwanzig (Schin) und zweiundzwanzig (Taw) die Zahlenwerte 100, 200, 300 und 400, zusammen also den Zahlenwert 1000 haben. Da Hebräisch eine »Konsonantensprache« ist, läßt sich aus der Konsonantenverbindung Kh - R - S - T das Wort Khrist lesen. Entsprechendes sagen die Bilder der Tarotkarten und ihre textlichen Sinnauslegungen. So läßt sich die Tausend als ein vorletztes Stadium des Weltprozesses deuten – als die Vorbereitungszeit zum Überschreiten der letzten Schwelle, als Millennium.

Die alten Iraner beriefen sich im Avesta (wie auch die Stoa in ihrer Weltalter-Lehre) auf das Geheimwissen um diesen Weltensabbat als ein Zwischenstadium zwischen Zeit und Ewigkeit. Dieser Durchbruch der Ewigkeit in die Zeit ist an kein irdisches Zeitmaß gebunden. In den Anfängen des Christentums wollten Gläubige – wie sektiererische Strömungen durch die Jahrhunderte bis heute – auch in der Apokalypse derartiges erkennen. Die Lehre des »Millenarismus«, noch von Augustin gestützt, wurde aber bereits im fünften Jahrhundert von der Kirche verworfen.

In der jüdischen Tradition (Ps. 90, 15) sollten diese tausend Jahre ein Ersatz sein für die Zeit, die das jüdische Volk unterjocht war. Man zählte dabei 400 Jahre unter äpyptischer Herrschaft, 110 unter dem Joch der Richterzeit und 490 Jahre vom Exil bis zur Zerstörung des Tempels durch Titus.

Johannes hat also mit der Zahl Tausend eine jüdische Tradition aufgegriffen, die allen geläufig war.

Wenn Johannes bei der Gerichtsszene vor den Thronen die Märtyrer der Kirche besonders hervorhebt, so verstieße die Deutung, daß nur diese der »ersten Auferstehung« würdig seien, gegen andere Aussagen des Neuen Testaments.[72] Alle, die den Läuterungsprozeß durchlitten,

[72] für viele: 1 Kor. 15, 22 ff.

die ihre Kleider weiß gewaschen haben mit der Hilfe des Lamms, sind bereits geistig Auferstandene, über die kein Tod noch Teufel mehr Gewalt haben kann. Ihnen werden als Priester Gottes in der Geistkirche andere Aufgaben zuteil, bis die letzten ihrer irdischen Mitbrüder den Weg zur »Apokatastasis«, der Wiederbringung aller Dinge, wo Gott alles in allem ist, gefunden haben.

20, 7–15 DER ENDGÜLTIGE STURZ SATANS – DAS WELTGERICHT

Wenn die tausend Jahre vollendet sind, wird der Satan aus seinem Gefängnis losgelassen werden. Er wird ausziehen, um die Völker an den vier Ecken der Erde, den Gog und den Magog zu verführen und sie zum Krieg zu versammeln; sie sind zahlreich wie der Sand am Meer. Sie stiegen hinauf auf das breite Land und umzingelten das Lager der Heiligen und die geliebte Stadt. Aber Feuer fiel von Gott her aus dem Himmel und verzehrte sie. Und der Teufel, ihr Verführer, wurde in den See von Feuer und Schwefel geworfen, wo auch das Tier und der falsche Prophet sind. Sie werden gequält bei Tag und Nacht in alle Ewigkeit.

Dann sah ich einen großen weißen Thron und ihn, der darauf saß; vor seinem Antlitz flohen Erde und Himmel, und es gab keinen Ort mehr für sie. Ich sah die Toten vor dem Thron stehen, die Großen und die Kleinen. Bücher wurden aufgeschlagen; auch ein anderes Buch, das Buch des Lebens wurde aufgeschlagen. Die Toten wurden nach ihren Taten gerichtet, nach dem, was in den Büchern geschrieben stand. Und das Meer gab die Toten heraus, die in ihm waren; auch der Tod und die Welt des Todes gaben die Toten heraus, die in ihnen waren; sie wurden gerichtet, jeder nach seinen Taten. Der Tod und die Welt des Todes aber wurden in den Feuersee geworfen. Dies ist der zweite Tod: der Feuersee. Wer nicht im Buch des Lebens geschrieben stand, wurde in den Feuersee geworfen.

Nur kurz ist noch das letzte Aufflackern der satanischen Macht. »Gog und Magog« waren Horden wilder Völkerschaften, die Alexander nach der Alexandersage durch Felstore einschließt. Um 1500 v. Chr. wird ein nördliches Barbarenland in den Briefen von El-Amarna Goga oder Gog benannt, und bei Hesekiel (38 – 39) erscheint König Gog aus dem Lande Magog als unerwarteter Feind.

Unter den Völkern an den vier Ecken der Erde sind jene beschrieben, die nicht durch Propheten oder Menschheitslehrer anderer Geistprägung zu einer Wahrheit des Geistes geführt worden sind. Nur »Gog und Magog« konnten noch dem teuflischen Wirken anheimfallen. Die Zahl der Unwissenden, vom Geist nicht erleuchteten Menschen, ist bis zum Weltensabbat, bis zum letzten Tag und seinem Endgericht unzählbar groß.

Doch auch wenn die Feinde so zahlreich sind wie der Sand – ihre Menge ist noch lange kein Garant für Erfolg oder gar Wahrheit. Gottes Maße sind andere als die der Menschen. Das Gericht kommt durch das Feuer, welches den Bösen zur Strafe wird, den Erleuchteten aber zur Erlösung.

Auch der Satan verfällt dem Feuermeer: Himmel und Erde sind dann endgültig befreit von den diabolischen Mächten. Kein Ankläger verklagt die Menschen mehr Tag und Nacht vor Gott im Himmel, und kein Prophet, kein Tier und auch nicht die alte Schlange selbst kann noch jemals eine irdische Welt aus Lug und Trug aufbauen.

In gereinigter Atmosphäre werden die so oft erwähnten Bücher[73] aufgeschlagen, und ein jeder erhält, was er gesät hat. Schon ist keine Zeit mehr, kein Ort – »vor seinem Antlitz flohen Erde und Himmel!« – und jetzt wird noch der Tod in den Feuersee geworfen, wohin er all denen folgt, die nicht im Buch des Lebens standen.

[73] In Entsprechung zu diesem Verzeichnis von guten und bösen Taten kannte Indien die Akasha-Chronik

Der zwanzigste Buchstabe des hebräischen Alphabets ist das ר Resch mit der Bedeutung »Haupt« oder »Schädelstätte« im Sinn der Vergeistigung der Materie. Die zwanzigste Tarotkarte heißt »Auferstehung aus dem Grabe«, »Jüngster Tag«. Das zwanzigste Kapitel der Apokalypse weist mit seinem Welten-Sabbat auf die Vergeistigung der Materie hin. Johannes sieht visionär die Auferstehung der Toten, die nach Maßgabe ihrer Taten ihrem Gericht entgegengehen.

DAS EINUNDZWANZIGSTE KAPITEL DER APOKALYPSE
DER NEUE HIMMEL UND DIE NEUE ERDE
21, 1–22,5

21, 1–4 GOTTES GEGENWART IM NEUEN JERUSALEM

Dann sah ich einen neuen Himmel und eine neue Erde; denn der erste Himmel und die erste Erde sind vergangen, und das Meer ist nicht mehr. Ich sah die heilige Stadt, das neue Jerusalem, von Gott her aus dem Himmel herabkommen; sie war bereit wie eine Braut, die sich für ihren Mann geschmückt hat. Da hörte ich eine laute Stimme vom Thron her rufen: Seht das Zelt Gottes unter den Menschen! Er wird in ihrer Mitte wohnen, und sie werden sein Volk sein, und Gott selbst wird mit ihnen sein. Er wird jede Träne aus ihren Augen wischen; der Tod wird nicht mehr sein, nicht Trauer noch Klage, noch Mühsal. Denn die alte Welt ist vergangen.

Nachdem mit dem tausendjährigen Reich die fünfte Vision des siebenten Schalenengels vor Johannes Augen vorübergezogen war, gerät er jetzt in einen unermeßlich weiten Raum. Er sieht den neuen Himmel und die neue Erde, die festlich geschmückte Braut, das neue Jerusalem. Die Poesie dieses Bildes muß unmittelbar empfunden werden und ist durch Kommentierung nicht reicher zu machen. Zeit und Raum, Krankheit und Tod sind nicht mehr. Gott wird unter seinen Kindern, den Menschen, wohnen und voll Liebe jede Träne aus ihren Augen wischen (Parallele zu 7, 17).

21, 5–8

Er, der auf dem Thron saß, sprach: Neu mache ich alles. Und er sagte. Schreib: Diese Worte sind zuverlässig und wahr, Er sprach zu mir: Es ist geschehen. Ich bin das Alpha und das Omega, der Anfang und das Ende. Ich werde jedem, der dürstet, Quellwasser des Lebens als Geschenk geben. Wer siegt, wird dieses als Erbe erhalten: Ich werde ihm Gott sein und er wird mir Sohn sein.

Aber das Los der Feigen und Treulosen, der Frevler und Mörder, der Unzüchtigen und Zauberer, der Götzendiener und aller Lügner wird der See sein, in dem Feuer und Schwefel brennen; dies ist der zweite Tod.

Allen Standhaften wird die Verheißung der Gotteskindschaft als Erbe zugesprochen von dem, der auf dem Thron sitzt. Doch allen Unverbesserlichen wird der zweite Tod angedroht.

21, 9 – 22, 5 DAS NEUE JERUSALEM

Und es kam einer von den sieben Engeln, welche die sieben Schalen mit den sieben letzten Plagen trugen. Er sprach zu mir: Komm! Ich will dir die Braut zeigen, die Frau des Lamms. Da entrückte er mich im Geist auf einen großen, hohen Berg und zeigte mir die heilige Stadt Jerusalem, die von Gott her aus dem Himmel herabsteigt in der Herrlichkeit Gottes. Ihr Glanz gleicht dem Glanz eines kostbaren Edelsteins, eines kristallklaren Jaspis. Die Stadt hat eine große und hohe Mauer mit zwölf Toren und zwölf Engeln auf den Toren; darauf sind Namen geschrieben: die Namen der zwölf Stämme der Söhne Israels. Im Osten hat die Stadt drei Tore und im Norden drei Tore und im Süden drei Tore und im Westen drei Tore. Die Mauer der Stadt hat zwölf Grundsteine; auf ihnen stehen die zwölf Namen der zwölf Apostel des Lammes.

Und der Engel, der mit mir sprach, hatte einen Meßstab, ein goldenes Rohr, mit dem die Stadt, ihre Tore und ihre Mauer gemessen wurden. Die Stadt war viereckig angelegt und ebenso lang wie breit. Er maß die Stadt mit dem Rohr; ihre Länge und Breite und Höhe sind gleich 12 000 Stadien. Und er maß ihre Mauer; sie ist 144 Ellen lang nach Menschenmaß, das heißt nach Engelmaß.

Ihre Mauer ist aus Jaspis gebaut, und die Stadt ist aus reinem Gold, wie aus reinem Glas. Die Grundsteine der Mauern der Stadt sind geschmückt mit edlen Steinen aller Art; der erste Grundstein ist ein Jaspis, der zweite Grundstein ein Saphir, der dritte ein Chalzedon, der vierte ein Smaragd, der fünfte ein Sardonyx, der sechste ein Sardion, der siebente ein Chrysolith, der achte ein Beryll, der neunte ein Topas, der zehnte ein Chrysopras, der elfte ein Hyazinth, der zwölfte ein Amethyst. Die zwölf Tore sind zwölf Perlen. Die Straße der Stadt ist aus reinem Gold, wie aus klarem Glas. Einen Tempel sah ich nicht in ihr. Denn der Herr, ihr Gott, der Herrscher des Alls, ist ihr Tempel und das Lamm. Die Stadt braucht weder Sonne noch Mond, die ihr Licht spenden. Denn die Herrlichkeit Gottes erleuchtet sie, und ihre Leuchte ist das Lamm. Die Völker werden in ihrem Licht einhergehen, und die Könige der Erde bringen ihre Fracht in die Stadt. Ihre Tore werden den ganzen Tag offenstehen; denn Nacht wird es dort nicht mehr geben. Die Pracht und die Kostbarkeiten der Völker wird man in die Stadt bringen. Nichts Unreines aber wird Einlaß finden, keiner, der Frevel verübt und lügt; nur sie, die im Lebensbuch des Lamms geschrieben stehen, werden eingelassen.

22, 1–5

Und er zeigte mir einen Strom, das Wasser des Lebens, klar wie Kristall; er fließt vom Throne Gottes und des Lammes her. In der Mitte des Platzes der Stadt und in der Mitte des Stromes zu seinen beiden Seiten steht der Baum des Lebens. Er trägt zwölfmal Früchte: jeden Monat bringt er seine Frucht, und die Blätter des Baumes heilen die Völker. Nicht Verfluchtes wird es mehr geben. Der Thron Gottes und des Lammes wird in der Stadt stehen, und seine Knechte werden vor ihm dienen. Sie werden sein Angesicht schauen, und sein Name steht auf ihrer Stirn geschrieben. Nacht wird es nicht mehr geben, und sie brauchen nicht das Licht einer Lampe noch das Licht der Sonne. Denn der Herr, ihr Gott, wird leuchten über ihnen, und sie werden herrschen in alle Ewigkeit.

Das als Braut geschmückte neue Jerusalem hatte Johannes nur von weitem sehen können. Jetzt führt ihn der Engel in diesem letzten, dem siebenten Schaubild, auf einen hohen Berg, von dem er alle Herrlichkeit fast greifbar nahe erkennen kann.

Das Bild der heiligen Stadt (Esr. 6, 3–5) war fest in der jüdischen Tradition verwurzelt. Jesaja (54 u. 60) rühmt ihren Glanz und Hesekiel (48, 30–35) schildert die Stadtmauer mit den zwölf Toren für die zwölf Stämme Israels. Die quadratische Grundform entspricht dem Allerheiligsten des Tempels (1 Kön. 6, 20).

Die apokryphen Schriften berichten, Gott habe diese Stadt, die schon vor Erschaffung der Welt bestanden habe, seinen Propheten als Verheißung gezeigt, vor allem Abraham, Mose und Esra. Im Talmud heißt es, daß das neue Jerusalem im vierten Himmel aufbewahrt bleibe, bis es sich aus seiner Höhe auf die Gläubigen niedersenkt.

Die heilige Stadt öffnet sich nach allen Himmelsrichtungen sternförmig, und jeder, der hinein will, muß erst eines der Perlentore durchschreiten. Erst nach Leidüberwindung – eine Perle entsteht durch Verletzung der Muschel – ist der Schwellenübergang möglich. Zur Stadtmitte folgt er einer Straße, deren Gold durchsichtig ist wie Glas. Einen sichtbaren Tempel hat die Stadt nicht, denn jeder trägt dort seinen Himmel in sich, wie auch das innere göttliche Licht alles überstrahlt. Im Herzen der Stadt befindet sich ein ewiger Paradiesgarten, bewässert vom Strom des Lebens. Dies Bild erinnert an den Garten Eden (Gen. 2, 9–10) und läßt die Prophezeiung Hesekiels (47, 1–12) vor Augen treten. Vom Wasser des Lebens spricht auch Jesaja (55, 1) und fordert zur Stillung des Durstes auf.

Die Vision des Johannes wächst also aus älteren Visionen wie das Reis auf dem Stamm und bringt dabei doch in die überlieferten jüdischen Bezeugungen das christologische Element als neue Perspektive ein. Wiederholung von Visionen zur Bekräftigung und Bestätigung dürfen nicht als »Eklektizismus« mißverstanden werden. Alte

Wahrheiten, die immer wieder aus der Tiefe ans Licht drängen, stehen hinter diesen Bildern. Johannes fühlt sich als Sprachrohr Gottes, der seinen Kindern den Weg zurück zum Anfang weisen will.

Vom Leben ohne Not und Tod herkommend – wie es im Garten des Paradieses poetisch ausgemalt wird – haben sich die Menschen zu Jägern, Hirten, Bauern und Kleinbürgern, zu Großstädtern, ja schließlich zu Weltbürgern entwickelt, die in den Weltraum vorzustoßen beginnen. Immer vielseitiger, farbiger und prächtiger wird das Bild des Lebens. Doch ist es nicht dies, was durch Jahrhunderte Propheten zum Bußruf weckte. Jeder der vielen »Rufer in der Wüste« – gleich welcher Zeit dieser Erde – hat vor der Überbewertung des materiellen – auch materiell-geistigen! – und des emotional-luziferischen Elements gewarnt. Die Wachheit des von Gott stammenden Geistes, die Reinigung der Seele und des Körpers werden gefordert. Der Mensch als offenes, nicht determiniertes Wesen steht in ständiger Gefahr, seine Freiheit zu mißbrauchen, und der Hybris zu verfallen, er könnte sich selbst Gott sein.

Doch die eine große Offenbarung der Menschheit, die vor fast zweitausend Jahren in einer Provinzecke des mächtigen römischen Reiches erfolgte, hat immer weitere Kreise gezogen: wie ein Stein, der in die Tiefe fällt und an der Oberfläche des Wassers in sich weitenden Kreisen zeigt, daß keine Kraft verloren geht, nur umgewandelt wird.

Viele Propheten haben geweissagt und zur Buße gerufen, aber nur einer, Jesus Christus, war der Sohn Gottes, der durch seine Fleischwerdung und seine freiwillig und in Liebe durchlittene Passion zum Erstling der Auferstehung, zum Garant der Gotteskindschaft für seine irdischen Mitstreiter wurde.

Der einfache, dringliche Ruf zu Buße und Umkehr, zum Zurückfinden zur Liebe zu Gott und zum Nächsten, ist seitdem nie ganz verhallt. Trotz allen Waffengeklirrs, trotz Industrielärm, trotz Mond- und anderer Raketen Getöse und trotz einschmeichlerisch sanfter Töne vieler falscher Propheten, ist der von Christus gezeigte Weg offen und erkennbar geblieben für jeden Suchenden. Wer Ohren hat, der höre: das Lauschenkönnen auf die innere Stimme ist es, was uns der Bibeltext erschließen soll.

Was ist es denn, was in uns heute – 1900 Jahre danach – auf dies Bild des himmlischen Jerusalems antwortet?

Die schöne, hell erstrahlende Stadt, die nicht Zeit noch Raum, nicht Schuld, Krankheit oder Tod kennt, sie öffnet ohne Wächter ihre zwölf Tore. Je drei gehen in jede Richtung des unermeßlich weiten Kosmos: alles von Gott Geschaffene einladend zur Heimkehr. Die Engel auf den Türmen leuchten den vom Anstieg Ermüdeten hilfreich entgegen. Wenn das Perlentor – der matte Silberglanz des Mondlichts bricht sich darin, denn unter »dem wechselnden Mond« muß der Mensch zu sich selbst und zu Gott finden –, wenn dies Tor also durchschritten ist, führt die goldene Straße, durchsichtig wie Glas, in die Mitte der Stadt. Christus ist dieser Weg, die goldschimmernde, reine, einzige Straße des Lebens.

Wir sollen uns an der Pracht der Edelsteine erfreuen, aus denen die Grundmauern der Stadt bestehen. Alles Schöne ist rein und kommt aus Gott, ist ohne Trübung, hat keine Schlacken. Nicht blind, sondern offenen Auges für alle Schönheiten, die sich unseren fünf Sinnen bieten, sollen wir sein. Alles was gut, wahr und schön ist, bringt uns näher zu Gott, öffnet uns vor Gott.

Christus ist der Weg: das hat Johannes in seiner Vision empfangen. Dieser Weg führt vor den »Thron«, vor das leuchtende Angesicht Gottes, der uns wie ein Vater verzeihend und liebend empfangen will.

So wie es der Paradiesgarten war, aus dem die Menschheit ihren Ursprung nahm, so ist es wiederum das Bild des von reinem Wasser umgebenen Lebensbaumes, zu dem die Heimkehr erfolgen darf. Dort trägt alles seine Frucht, vielfältige Frucht; nichts ist sinnlos, denn jedes Blatt hat seinen Wert, seine Heilkraft.

Diese himmlische Stadt des neuen Jerusalem wird regiert durch die lebenspendende, quellhafte und baumgleiche Liebe Gottes, in welcher Christus als goldene Straße ins Zentrum führt, während der Heilige Geist im inneren Tempel eines jeden Stadtbewohners gegenwärtig ist. Alle trinken vom Wasser des Lebens, das Licht der göttlichen Einsicht überstrahlt alles. In gold-weißes Licht getaucht erhebt sich diese aus geläutertem Gold erbaute Stadt: ein Bild, das weit über jede menschliche Vorstellungskraft hinausgeht – und doch in ihr seinen Ort hat.

Die Ecksteine, diese irdisch anmutenden Materialien der Stadtmauer aber, sind die Apostel. Jedem Apostel wird ein Edelstein zugeordnet – wie auch ein Sternbild. Die Apostel sind die Bürgen, die menschlichen Zeugen der von Christus erhellten, wohlgegründeten Lehre; sie sind die tragenden Elemente, auf denen die Zukunft vertrauend aufgebaut werden kann.

Johannes übermittelt die Worte Gottes, daß Gott das Alpha und das Omega, der Anfang und das Ende ist und daß diese Worte zuverlässig und wahr sind. Warum sind wir so ungläubig, worauf warten wir noch?

Der einundzwanzigste Buchstabe des hebräischen Alphabets ist das ש Schin, das »Sieg des göttlichen Bewußtsein« bedeutet. Die einundzwanzigste Tarotkarte heißt »fliehender Narr« und bedeutet das Hintersichlassen der irdischen Trugwelt, der Scheinwelt der Maya. Das einundzwanzigste Kapitel der Apokalypse schildert unter Zurücklassung aller irdischen Maßstäbe das neue Jerusalem als die Stätte des Sieges Gottes.

DAS ZWEIUNDZWANZIGSTE KAPITEL DER APOKALYPSE

22, 6–21 ZEUGNIS UND ABSCHLIESSENDE MAHNUNG DES SEHERS

Und der Engel sprach zu mir: Diese Worte sind zuverlässig und wahr. Der Herr, der Gott der Geister der Propheten, hat seinen Engel gesandt, um seinen Knechten zu zeigen, was bald geschehen wird. Ich komme bald! Selig, wer an den Worten der Prophetie dieses Buches festhält!

Ich, Johannes, habe dies gehört und gesehen. Und als ich es hörte und sah, fiel ich vor die Füße des Engels, der mir dies zeigte, nieder, um ihn anzubeten. Da sprach er zu mir: Laß davon ab! Ich bin nur ein Knecht wie du und deine Brüder, die Propheten, und alle, die an den Worten dieses Buches festhalten. Bete Gott an! Und er sprach zu mir: Versiegle nicht die Worte der Prophetie dieses Buches! Denn die Zeit ist nahe. Der Frevler frevle weiter, der Befleckte beflecke sich weiter, der Gerechte handle weiter gerecht und der Heilige heilige sich weiter! Siehe, ich komme bald, und mit mir kommt mein Lohn, und ich werde jedem nach seinem Tun vergelten. Ich bin das Alpha und das Omega, der Erste und der Letzte, der Anfang und das Ende. Selig, wer sein Gewand wäscht! Er hat Anrecht am Baum des Lebens, und er wird durch die Tore in die Stadt eintreten. Hinaus mit den Hunden und den Zauberern, den Unzüchtigen und den Mördern, den Götzendienern und allen, welche die Lüge lieben und sie tun!

Ich, Jesus, habe meinen Engel gesandt, um euch das, was die Kirchen betrifft, zu bezeugen. Ich bin die Wurzel und das Geschlecht Davids, der leuchtende Stern, der Morgenstern. Der Geist und die Braut aber sagen: Komm! Wer hört, der rufe: Komm! Wer dürstet, der komme! Wer Verlangen hat, empfange Wasser des Lebens als Geschenk.

Ich bezeuge jedem, der die prophetischen Worte dieses Buches hört: Wer etwas hinzufügt, dem wird Gott die Plagen zufügen, von denen in diesem Buch geschrieben ist. Und wer etwas wegnimmt von den Worten des Buches dieser Prophetie, dem wird Gott seinen Anteil wegnehmen am Baum des Lebens und an der heiligen Stadt, von denen in diesem Buch geschrieben ist. Er, der dies bezeugt, spricht: Ja, ich komme bald! Amen! Komm, Herr Jesus!

Die Gnade des Herrn Jesus sei mit allen!

In diesem Epilog werden nur noch Stimmen laut. Die Folge der Visionen ist zu Ende, der Kreis schließt sich. In liturgischer Feierlichkeit werden die Inhalte der letzten Kapitel wiederholt, und Johannes droht den Verfälschern dieser ihm durch Gott geschenkten Botschaft harte Strafen an.

Die Seligpreisung des Anfangs »Selig, wer die Worte der Propheten vorliest, und selig, wer sie hört und an dem festhält, was in ihr geschrieben steht, denn die Zeit ist nahe«, ertönt erneut und wird ergänzt durch ein Bild: »Selig, wer sein Gewand wäscht! Er hat Anrecht am Baum des Lebens, und er wird durch die Tore in die Stadt eintreten«.

Die Sehnsucht nach dieser Stadt – der inneren, höheren Heimat – ist den Menschen ins Herz gegeben, seit sie auf dieser Erde sich um eine Sinndeutung bemühen. Dazu sagt Augustin:[74]

»Das, was wir heute die christliche Religion nennen, bestand schon vom Ursprung des menschlichen Geschlechts an. Als dann Christus im Fleisch erschien, wurde es die christliche Religion genannt. Sie bestand aber schon vorher.« Diese Denkweise Augustins sollte auch uns nachdenklich stimmen. Wir sollten seine Art der Betrachtung

[74] Augustin, Retractationes 1, 12

wieder etwas mehr in unsere Zeit hereinholen. Karl Jaspers sagte dazu:[75]

»Augustins Denkweise hat einen in seiner Fruchtbarkeit unabsehbaren Grundzug: er vergegenwärtigt ursprüngliche Erfahrungen der Seele. Er reflektiert auf die Wunder der Gegenwärtigkeit unseres Daseins. Was immer in der Welt ihm vorkommt, die Dinge haben für ihn kein selbständiges Interesse: Sein einziger, alles in sich hineinziehender Wille ist: Gott und die Seele begehre ich zu wissen (deum et animam scire cupio), Dich möchte ich kennen, mich möchte ich kennen (noverim te, noverim me). Augustin schreitet an alle Grenzen, um im Rückgeworfensein auf sich selbst im Innern ein Anderes zu hören. ›Gehe nicht nach draußen, kehre in dich selbst ein; im inneren Menschen wohnt die Wahrheit; und wenn du deine Natur in ihre Wandelbarkeit erkannt hast, überschreite auch dich selbst‹. Augustins Seelenergründung ist Gottesergründung, seine Gottergründung ist Seelenergründung. Er sieht Gott im Grund der Seele, die Seele in Beziehung zu Gott. Dieses Band wird nicht zerrissen zugunsten einer bloßen Psychologie. Man hat Augustin den ersten modernen Psychologen genannt, doch es handelt sich in dieser Psychologie, trotz aller Beschreibung wirklicher Erscheinungen, nicht um eine Wisenschaft erforschbarer empirischer Realitäten, sondern um die Durchhellung inneren Handelns, um die Gegenwärtigkeit in der Seele als dem Ausgangspunkt unseres Wissens.

Das Band der Seele zu Gott wird auch nicht zerrissen zugunsten einer bloßen Theologie. Man hat Augustins spekulative Begabung gerühmt, doch alle metaphysischen transzendierenden Gedankenbewegungen sind bei ihm weniger Einsichten in ein Anderes als Erfüllungen des Aufschwunges seiner selbst. Man hat in ihm den großen Dogmatiker gesehen, der in der Dogmengeschichte einen hervorragenden Platz einnimmt. Aber seine Dogmen sind noch nicht Sätze der späteren Theologie, sondern ursprüngliche Ergriffenheiten, die nur rational zur Sprache kom-

[75] Karl Jaspers, Die großen Philosophen, Band I, München 1957

men. Diese Denkweise wird zu Recht ›Metaphysik der inneren Erfahrung‹ genannt, weil es sich bei Augustin um die Erhellung der übersinnlichen Motive im Menschen handelt.«

Ursprüngliche Ergriffenheit, die rational zur Sprache kommt, das ist es, was die Apokalypse des Johannes geformt hat. So ertönt zum Schluß in Anlehnung an den aramäischen Gebetsruf der palästinensischen Urgemeinde, dem »Maram atha« das sehnsüchtige »Komm, Herr Jesus« mit dem abschließenden Segenswunsch von Johannes an die Christengemeinden Asiens.

Der zweiundzwanzigste Buchstabe des hebräischen Alphabets ist das ת Taw, das ursprünglich in Form eines Kreuzes geschrieben wurde. Der waagerechte Balken symbolisierte das Erdhafte, Materielle; das Geistige und Göttliche wurde durch die Senkrechte ausgedrückt. Taw hat die Bedeutung: Harmonie zwischen Gott und Materie. Die zweiundzwanzigste Tarotkarte heißt »Gott alles in allem«. Das zweiundzwanzigste Kapitel der Apokalypse gibt das Bild des Paradiesgartens im neuen Jerusalem, wo reine Harmonie herrscht und Gott alles in allem ist. Da reicht keine Sprache mehr hin. Nur Annäherung ist möglich. Herder, der sprachgewaltige Prediger und Autor, hat das gewußt und zum Schluß seiner Auslegung der visionären Bilder der Apokalypse zweifelnd einbekannt:

»Das Bild steht da und lebt und atmet,
die Worte müssen es zerteilen . . .
Ich eilte, drängte . . . habe ich vermocht,
Ein Bild zu geben, wie es dasteht?
Ein Bild zu deuten, wie es schwebt
zwischen Himmel und Erde?«

DRITTER TEIL
A DIE BESTÄTIGUNG DER APOKALYPSE DURCH DIE JAHRHUNDERTE

Bevor die Bestätigung der Apokalypse im einzelnen betrachtet wird, verweise ich auf ein ausgezeichnetes Werk des Marburger Professors für Dogmen- und Kirchengeschichte Ernst Benz: »Die Vision, Erfahrungsformen und Bilderwelt«.[76] Aus diesem zitiere ich zur Einleitung:

»Ohne die Vorgegebenheit einer überlieferten, religiösen Bilderwelt gäbe es überhaupt keine Visionen. Aus diesem Grunde sieht ein in dem Bilddenken des Buddhismus erzogener Buddhist, wenn er einer Vision teilhaftig wird, Buddha, und ein Christ sieht Christus.« »Auch hier muß mit allem Nachdruck wiederholt werden, daß das Auftauchen und Vorherrschen traditioneller Bildelemente in einer Vision in keiner Weise ein Argument gegen die Echtheit und Spontaneität darstellt. Ein visionäres Erlebnis wird vom Visionär als originales, höchst persönliches Erlebnis erfahren, der darin ein besonderes Gnadengeschenk, eine einzigartige Auszeichnung erblickt. Dies schließt in keiner Weise aus, daß die Bildelemente, die in dieser Vision auftreten, traditionelle Bildüberlieferungen der Kirchenlehre, der Liturgie, der heiligen Schriften, des Katechismus, des Breviers enthalten. Der Visionär ist auch über das Auftreten solcher traditioneller Bildelemente in seinen Visionen gar nicht erstaunt oder irritiert, sondern sieht sich durch sie bestätigt: er erkennt sie wieder. Außerdem gibt es gar nicht so viele Bilder, daß jeder Visionär in seinen Visionen ganz neue Bilder sehen und erleben könnte. Es gibt einen gemeinsamen Bildschatz der christlichen Glaubensüberlieferung, der eine lebendige, geistige Tradition darstellt und dessen Bildelemente dank der

[76] Ernst Benz, Die Vision, Stuttgart 1969

kirchlichen Lehrüberlieferung, der liturgischen Wiederholung, der dauernden Beeinflussung des religiösen Bilddenkens durch die christliche Kunst, durch die geistliche Lektüre, durch die ständige Verlebendigung dieser Bilderwelt in Gebet und Training der Kontemplation und der Meditation nicht nur im normalen religiösen Bewußtsein und dem theologischen oder Frömmigkeitsdenken des Gläubigen auftauchen, sondern auch im Bereich des visionären Erlebens der christlichen Visionäre – nur eben dort mit dem Vorzeichen der spontanen, originalen, einzigartigen Begnadung, die diese Schau darstellt und mit dem Gefühl, mit dieser Schau in einem Akt der Wiedererkennung zu der eigentlichen Wirklichkeit, die hinter den Bildern steht, gelangt zu sein.«

Leider wissen wir von Johannes, dem Schreiber der Apokalypse, nur das mit Sicherheit, was er selbst von sich aussagt, wenig aber über sein Leben und Schicksal. Etwas besser verhält es sich mit Paulus,[77] der durch sein Damaskuserlebnis – eine Lichtvision – von einem Saulus zur »neuen Kreatur« wurde, der sich »Christus anzog« und die Erinnerung an den historischen Jesus wandelte zu dem im Geist stets gegenwärtigen Herrn.

Was für Menschen sind es, denen solche Meta- oder Para-Erlebnisse wie Audition, Vision, Entrückung in eine andere Dimension zuteil werden? Sind es kranke, schwächliche, »nur-fromme« Menschen, also Außenseiter des Lebens?

Ernst Benz[78] geht diesen Fragen ausführlich nach und kommt zu dem Ergebnis, daß nicht nur psychisch labile oder kranke, übermäßig fromme oder kluge, insgesamt weltfremde Menschen mit Erlebnissen dieser Art konfrontiert werden, sondern daß alle möglichen Charakteren vertreten sind. Sicher trägt das »Kila« eines Klosters mit seiner besonderen Form geistlicher Aufmerksamkeit innerlich und äußerlich dazu bei, Visionen hervorzurufen und diese

---

[77] Claude Tresmontant, Paulus in Selbstzeugnissen und Bilddokumenten, ro-ro-ro Monographie 1959

[78] Ernst Benz, a.a.O.

durch Aufzeichnungen der Nachwelt zu erhalten. Der Geist Gottes aber weht, wo er will.

Zur Einblicknahme in die äußerlich-menschliche Situation gebe ich jeweils einen kurzen Lebenslauf des Betroffenen, soweit er überliefert und mir zugänglich wurde.

A 1. AUDITION

a) *äußere Stimme*

Das berühmteste Beispiel dafür, wie eine äußere Stimme, eine normale Sinneswahrnehmung, umgedeutet werden kann zu einer drängenden, göttlichen Botschaft, die dann im Leben des Betroffenen eine entscheidende innere Wandlung bewirkt, gibt wiederum Augustin, mit dessen Sicht der Apokalypse der zweite Teil dieser Exegese abschloß.

Augustinus Aurelius (354 – 430) wurde in Thagata in Nordafrika als Sohn eines heidnischen Beamten und einer christlichen Mutter geboren und erhielt eine gute antike Bildung. Er lebte sehr weltoffen und wurde 372 Vater eines unehelichen Sohnes Adeodatus. Seit 373 beschäftigte er sich mit Philosophie und schloß sich bis 382 den Manichäern an. Er wirkte als Lehrer der Rhetorik (Redekunst) erfolgreich in Karthago, Rom (382) und Mailand (385). Unter Bischof Ambrosius näherte er sich dem Christentum und gab 386 sein Lehramt auf. 387 wurde er getauft und kehrte 388 nach Afrika zurück, wo er 391 »wider seinen Willen« zum Priester geweiht und dann 395 Bischof in Hippo wurde. Dort starb er 430 während der Belagerung durch Geiserichs Vandalen. Viele seiner Werke sind überliefert.

Augustin schildert selbst sein Bekehrungserlebnis.[79] Er hatte mit seinem Freund Alypius die Bibel gelesen, doch keinen Trost gefunden in seiner inneren Zerrissenheit. Er läuft in den Garten und weint unter einem Baum, indem er ruft: »Herr, wie lange noch? Wie lange noch? Warum

---

[79] Augustin, Confessiones, B 8 a 12

soll diese Stunde nicht das Ende meiner Schande bedeuten?« »So sprach ich und weinte in der größten Bitterkeit meines Herzens. Und siehe, ich hörte aus dem benachbarten Hause die Stimme eines Knaben oder eines Mädchens in singendem Ton sagen und öfters wiederholen: ›Nimm und lies, nimm und lies!‹ Sogleich veränderte sich mein Gesichtsausdruck, und aufs angestrengteste begann ich nachzudenken, ob etwa die Kinder bei irgendeinem Spiel etwas Derartiges zu singen pflegten, aber ich entsann mich nicht, jemals solches gehört zu haben. Da hemmte ich den Strom meiner Tränen und stand auf, konnte mir jedoch keine andere Erklärung geben, als daß eine göttliche Stimme mir befehle, die Schrift zu öffnen und das erste Kapitel, auf das ich stieß, zu lesen . . .« »Denn ich hatte von Antonius[80] gehört, daß für ihn eine Stelle im Evangelium bestimmend gewesen sei, auf die er zufällig gestoßen war, gleich als ob ihm die Worte galten: ›Gehe hin, verkaufe alles, was du hast, gib es den Armen und du wirst einen Schatz im Himmel haben; dann komm und folge mir nach!‹ (Mat. 19, 21). ›Daher kehrte ich eiligst auf den Platz zurück, wo Alypius saß, denn dort hatte ich die Briefe des Apostels liegen lassen, als ich aufgestanden war. Ich griff nach ihnen, öffnete sie und las für mich das Kapitel, auf das ich zuerst meine Augen richtete: ›Nicht in Schmausereien und Trinkgelagen, nicht in Schlafkammern und Unzucht, nicht in Zank und Neid, sondern ziehet den Herrn Jesum Christum an und pflegt nicht des Fleisches in Lüsten (Röm 13, 13 f).‹ Ich wollte nicht weiterlesen, es war auch nicht nötig, denn bei dem Schluß dieses Satzes strömte das Licht der Sicherheit in mein Herz, und alle Zweifel der Finsternis verschwanden.«

Dieses »zufällige «Aufschlagen eines Bibeltextes – volkstümlich »Däumeln« genannt – wird heute noch geübt und als Antwort Gottes auf persönliche Lebensfragen verstanden. Äußere Erscheinungen werden übersinnlich empfun-

---

[80] die Bekehrungsgeschichte des Antonius hatte der alexandrinische Bischof Athanasius aufgeschrieben und Augustin kannte sie.

den und der Erlebende erhält blitzartig einen inneren Sinn, die Öffnung eines inneren Ohres oder Auges, also eine ganz persönliche Erfahrung.

b) *innere Stimme*

Teresa von Ávila (1515 – 1582) genoß die freie Klostererziehung eines reichen, adeligen, spanischen Mädchens dieser Zeit. Da sie eine Schönheit war, war sie von Freunden umschwärmt und Putz- und Vergnügungssucht wurden ihr nachgesagt. Ritter- und Heldengeschichten waren ihre liebste Lektüre. Nach inneren Kämpfen trat sie, noch nicht zwanzigjährig, gegen den Willen ihres Vaters in das Karmeliterinnen-Kloster ihrer Heimatstadt ein. Dieses Kloster hatte keine Clausur, und so empfing Teresa viel weltlichen Besuch. Ausführlich und ehrlich schildert sie in ihrer Lebensbeschreibung ihre verzweifelten Kämpfe, zu Gott vorzustoßen.

Teresa war eine energische, aktive und kluge Frau mit starker Vitalität, zielbewußtem Willen und mitunter gefürchtetem Temperament. Sie gründete das Kloster St. Joseph in Ávila und wurde dessen Priorin, eine Aufgabe, die Tatkraft und Umsicht erforderte in einer Zeit, in der manche Unsitten in den Klöstern eingerissen waren. Ihre reformerische Aktivität wurde häufig durch die Kirchenleitung erschwert, doch erhielt sie Hilfe vom spanischen König.

Teresa war eine Dichterin von hoher Begabung[81]. In ihrer Lyrik finden sich folgende Verse, die an den geläuterten Gläubigen im weißen Kleid der Apokalypse erinnern:

»Ich lebe, doch nicht mehr in mir,
Ein heilig Sehnen lebt in mir,
So daß ich sterb', weil ich nicht sterbe.
Seitdem ich aus Liebe sterbe,
Leb' nicht ich, Er lebt in mir,
Der für sich mich auserwählte.«

---

[81] Teresa von Ávila, Schriften, VI

Wir besitzen auch ihre Lebensbeschreibung und den von ihr verfaßten Bußruf »Weg der Vollkommenheit«. Als ihr Meisterwerk aber gilt die »Seelenburg« (das neue Jerusalem der Offenbarung), welches sie in ihrem zweiundsechzigsten Lebensjahr vollendete. Über diese spanische Heilige, die zu den großen christlichen Mystikerinnen zu zählen ist, sagt Walter Nigg:[82] »Für sie als Christin war Gott keine unpersönliche Macht, so wie der Pantheist das Göttliche auffaßt . . ., sondern eine Persönlichkeit, mit der der Mensch ins Gespräch kommen kann. Die Fähigkeit zum Beten unterscheidet den Menschen vom Tier. Teresa wollte mit Gott reden, wie es von Hiob erzählt wird. Um dieses Reden führte sie einen jahrelangen Kampf. Er enthält den eigentlichen Sinn ihres Lebens . . . Der Inhalt ihrer Gebete hat nicht nur Bitte und Dank zum Gegenstand. Ihr liegt nichts an der Erhörung persönlicher Wünsche. Die geheimnisvolle Berührung, welche im Gebet zwischen Gott und Mensch stattfindet, hat sie als das Gewaltigste empfunden, welches mit nichts anderm verglichen werden kann.«

Als kritische Beobachterin ihrer eigenen visionären Erlebnisse schildert Teresa[83] ihre innere Stimme so:

»Bisweilen knüpft sich der Verkehr der Verbundenen durch Worte, die Gott ins Innere der Seele spricht, so zwar, daß die Seele, die bei einem bloß eingebildeten Gespräch nach Willkür ihre Aufmerksamkeit abwenden kann, hier schlechterdings aufmerken muß. Diese Worte sind dann kurz, gedrängt, in engster Form den reichsten Inhalt bergend, so daß ein Wort nicht nur vieles, sondern selbst solches befaßt, was sonst mit Worten nicht ausgesprochen werden mag. Sie sind dabei höchst wirksam, indem die Tat unmittelbar der Rede folgt, so daß, wenn sie etwa lauten: ›Fürchte nicht!‹, sogleich alle Ängste, Zaghaftigkeiten. ja selbst alle Zweifel an der Wahrheit des Gesichtes weichen und die Seele sich sogleich klar und beruhigt findet und nimmermehr vergißt, was ihr wider-

---

82 Walter Nigg, Heilige, Artemis-Verlag, Zürich

83 Teresa von Ávila, Leben von ihr selbst beschrieben, Bd. I c 25, § 3

fahren; Wirkungen, welche nie bei bloßem imaginären Reden eintreten.«

Das Zwingende der inneren Stimme erfuhr auch der nächste der hier genannten Gewährsmänner.

Johann Friedrich Oberlin (1740 – 1826) wurde am 31. 8. 1740 in Straßburg geboren, wo sein Vater Professor am protestantischen Gymnasium war. Seine Mutter stammte von einem großen Gut, wodurch ihm von Jugend an landwirtschaftliche Arbeiten vertraut waren. Früh galt sein Interesse auch dem Soldatenstand. Daher bewarb er sich, nachdem er in Straßburg Philosophie, Theologie und Medizin studiert und 1763 zum Doktor der Philosophie promoviert hatte, als Militärgeistlicher bei einem französischen Regiment im Elsaß. Doch seine Pläne kamen nicht zur Ausführung, weil sein Idealismus und seine Opferbereitschaft für eine andere, schwerere Aufgabe geweckt wurden: Für ein schlecht zugängliches, armes Vogesental mit seiner durch Not abgestumpften Bevölkerung wurde ein evangelischer Pfarrer gesucht. Da niemand in dieses Tal des Elends gehen wollte, wurde Oberlin dort als Pfarrer bestätigt, ehe er ordiniert war.

Er erkannte schnell, daß ihm dort nicht nur das Seelenheil seiner Pfarrkinder, sondern auch die trostlosen äußeren Verhältnisse zur Aufgabe werden sollten. Seine erste Sorge galt der Verbesserung von Saatgut und Viehrassen im Steintal. Dann richtete er Spinnstuben ein, wo er durch Vorlesen geeigneter und nicht nur frommer Bücher die Leute vom Wirtshaus fernhielt und sie auf andere Gedanken brachte. Er ließ einen Gemeinde-Backofen bauen und zeigte, wie man sparsam und rationell heizt und die Glut noch zum Dörren von Hanf und Flachs nutzen kann. Er legte eine Baumschule an, verteilte Stecklinge und lehrte die Bauern, Wildobstbäume zu veredeln. Nach der Ausbildung in den Fertigkeiten der Landwirtschaft kümmerte er sich um die Gründung von Handwerksbetrieben, die im Steintal noch unbekannt waren. Er baute das erste richtige Schulhaus, ließ Hebammen ausbilden, leitete selbst Krankenpflegerinnen an und machte Ausstellungen von

Heilkräutern. Auch Anweisungen für die erste Hilfe bei Unglücksfällen brachte er unter die Leute. Schließlich richtete er eine Feuerwehr ein und ging selbst daran, eine Straße zur Verbindung mit der Außenwelt durchs Tal zu führen. Ohne Erlaubnis der Behörden wurde sogar eine solide Steinbrücke gebaut.

Oberlin sorgte für die Errichtung einer Leih- und Kreditkasse und gründete eine »Christliche Gesellschaft«. Am meisten aber lag ihm das Schulwesen am Herzen. Er gründete eine Kleinkinder-Arbeitsschule, eine Strickschule, eine Sonntagsschule und eine Erwachsenenschule. Da er kein Kind einsegnete, das nicht bis zu seinem 16. Lebensjahr seine Schulen besucht hatte, übte er einen gewissen moralischen Druck aus (die Schulpflicht war damals noch nicht eingeführt). Alle Schulhäuser baute er selbst, zunächst allein und aus eigenen Mitteln, aber zusehends unterstützt durch Freunde, den Grundherrn und die Gemeindeglieder, die sich von seiner Begeisterung anstecken ließen. Nur das Pfarrhaus blieb ärmlich, dunkel und eng – dafür hatte er weder Geldmittel noch Zeit.

Dieser Pfarrer war ein tätiger Christ lutherischer Prägung, ein Mann der Praxis. Und er besaß die Gabe der visionären Schau. Das Leben nach dem Tod war ihm so vertraut, daß er »Jenseitskarten« zeichnete und sie mit seinen Gemeindegliedern besprach. Die siebenstufige Tabelle, die in jedem Abschnitt wiederum in sieben Unterabschnitte eingeteilt ist – Oberlin überschrieb sie mit »Bleibstätte der Verstorbenen, Der Tempel zu Jerusalem« – hat mir wesentlich zum Verständnis des Aufbaus der Apokalypse des Johannes und dessen Ganges durch die nachirdischen Zeiten geholfen.[84] Diese Gabe der Hellsichtigkeit entfaltete sich erst nach dem Tod seiner Frau, die ihn nach 16 Ehejahren, in denen sie acht Kinder gebar, zunächst nur physisch verließ. Eine »Geistehe« von neunjähriger Dauer ist durch Tagebuchaufzeichnungen Oberlins überliefert.

---

[84] abgedruckt in: Alfons Rosenberg, J. Fr. Oberlin, Die Bleibstätten der Toten, Turm-Verlag Bietigheim, dem auch die anderen Angaben über Oberlin entnommen sind.

Oberlins Ehe kam aufgrund einer zwingenden inneren Stimme zustande. Im ersten Jahr seiner Steintaler Pfarre hatte Oberlin seine Cousine Salome Witter zu Besuch, die mit seiner Schwester, die ihm den Haushalt führte, befreundet war. Zwar suchte Oberlin in dieser Zeit eine tüchtige Pfarrfrau, doch hielt er seine Cousine, die ein schönes, verwöhntes Mädchen war, für ungeeignet zu solch einer schweren Aufgabe. Kurz vor Beendigung ihres Besuches aber hörte Oberlin im Gebet deutlich eine innere Stimme: »Heirate die Jungfer Witter!«

Das wollte er aber nun absolut nicht, und er versuchte, sich durch lange Ritte und Wanderungen oder durch anstrengende Arbeit abzulenken. Da aber immer wieder diese Stimme in ihm ertönte, gab er nach und warb am Tag von Salomes Abreise um ihre Hand. Zu seiner größten Überraschung sagte sie errötend zu. Mit ihrem Tod 1783 endete äußerlich diese erfüllte Ehe. »Papa Oberlin« – wie die Gemeinde ehrend auf sein Grabkreuz schrieb – wurde erst 1826 heimgerufen.

Zwischen tätigem Leben und mystischer Schau vollzog sich auch das Leben eines bedeutenden Inders unserer Tage. Auch er hat die überzeitliche, ja überchristliche Botschaft der Apokalypse des Johannes innerlich erfahren: das Zurückfinden des Menschen zu seinem göttlichen Ursprung, zu Gott, der da war und der da ist – das Schließen des Kreises vom Schöpfungsgarten bis hin zum ewigen Paradies, zum »Baum des Lebens«. Dieser Dichter, Kritiker, Forscher, Denker, Nationalist und Humanist wurde zum Seher und Weisen. Seine Lebensdaten und seine Gedanken sind uns noch nahe.[85]

Sri Aurobindo (1872 – 1950) wurde als drittes Kind eines befähigten Arztes in Kalkutta geboren. Sein Vater war nach längerem Englandaufenthalt fast zum Engländer geworden und sprach mit seinen Kindern nur Englisch und Hindustani, nicht die Muttersprache Bengali. Als Fünf-

---

[85] Otto Wolff, Sri Aurobindo in Selbstzeugnissen und Bilddokumenten, ro-ro-ro-Monographie 1967

jähriger wurde Aurobindo in eine Internatsschule nach Darjeeling gegeben, wo nur europäische Kinder waren. 1879 fuhr die ganze Familie nach England, denn der Vater wollte seinen Kindern die beste Ausbildung zuteil werden lassen. Doch die Ehe der Eltern zerbrach an der fortschreitenden geistigen Umnachtung der Mutter; der Vater starb verbittert 1893. Fünf Jahre war Aurobindo mit seinem Bruder Schüler der St. Pauls School in London, wo er Preise in Geschichte und Literatur gewann. Italienisch, Deutsch und Spanisch hat er damals gelernt. Auf dem King's College in Cambridge gewann er sämtliche Preise für griechische und lateinische Verse. Doch diese Schuljahre waren getrübt von bedrückender äußerer Not; der Vater schickte spärlich und unregelmäßig Geld. Schlechte Ernährung und häufiger Zimmerwechsel drückten nicht minder als ständige Verschuldung trotz größter Sparsamkeit. Der Aufforderung des Vaters, die Prüfung für die angloindische Beamtenlaufbahn abzulegen, folgte Aurobindo nur widerstrebend, und er fiel durch, weil er im Reiten versagte.

Der tiefere Grund war aber wohl ein anderer. Aurobindo hatte in Cambridge sein Herz für seine Heimat entdeckt. Dort lernte er Bengali und Sanskrit und hielt flammende, politisch revolutionierende Reden für die Befreiung Indiens – keine Empfehlung für einen künftigen englischen Beamten auf dem Subkontinent. Anfang 1893 kehrte er nach Indien zurück, an das er sich kaum noch erinnern konnte. Zunächst arbeitete er als Sekretär des Maharaja von Baroda, eine ihm nicht entsprechende Tätigkeit. Kurz danach jedoch wurde er zum Professor für Englisch und englische Literatur am Baroda-College ernannt, wo er schließlich Vice-Principal wurde und der beliebteste und gefeiertste Festredner war. Im Jahre 1901 hatte er geheiratet – er 29, seine Braut 14 Jahre alt. Eine Partnerschaft ergab sich nicht. Sie lebten die meiste Zeit getrennt.

Zwei Gebiete waren es, die ihn immer mehr in ihren Bann schlugen: Politik und Yoga. Zunächst war ihm Yoga eine Kraftquelle für politische Leistung. Er sagt, Yoga sei bei ihm »durch eine Seitentür hineingekommen«. Doch diese geistigen Erfahrungen bestimmten zusehens sein Leben. Er schreibt:[86]

»Seit diesem Augenblick wurde mein mentales Wesen eine freie Intelligenz, ein universaler Geist, nicht mehr eingeschlossen in den engen Kreis persönlichen Denkens wie ein Arbeiter in eine Gedankenfabrik, sondern nun Erkenntnis empfangend aus all den hundert Bereichen des Seins und frei, in diesem weiten Imperium des Schauens und Denkens das Gewollte zu wählen. Die Möglichkeiten des menschlichen Wesens sind nicht begrenzt, er kann ein freier Zeuge und Herr im eigenen Haus sein.«

In der Politik hatte Aurobindo in die indische Nationalbewegung stark revolutionäre Impulse hineingetragen – so betonte er das Recht auf bewaffneten Widerstand zugunsten der Freiheit der Heimat. Mit seiner Zeitschrift »Bande Mataram«, für die er Leitartikel schrieb, erreichte er eine weite Verbreitung seiner revolutionären Ideen. Doch blieb sein politischer Journalismus nicht nur auf dieses Journal beschränkt; die verschiedensten Zeitungen druckten seine Aufrufe. Die Jahre 1906–1908 in Kalkutta waren durch dieses Engagement geprägt, und er wurde Mitglied der »Geheimen Gesellschaft«. In diese Zeit fällt seine Beobachtung der inneren Stimme. Aurobindo schreibt:[87]

»Als ich mich zum Reden erhob, sprach plötzlich ›etwas‹ aus mir. Das blieb kein einmaliges Vorkommnis. Ich hielt Reden und redigierte eine Zeitung, all das aber tat sich von selbst, ohne daß überhaupt ein Gedanke in meinen Geist eintrat oder daß die Stille auch nur im geringsten gestört oder vermindert wurde. Ich ›machte‹ das alles nicht, es ›geschah‹«.

Nach einem Bombenattentat am 30. 4. 1908 löste die englische Regierung eine Verhaftungswelle aus. Aurobindo zählte zu den 36 Hauptangeklagten, und mußte ein Jahr im Gefängnis von Alipur zubringen. In dieser Zeit wandelte sich der Politiker in den Klassiker der indischen religiösen Literatur, in den Erforscher des Überbewußten

[86] Aurobindo, On Himself, 52 f
[87] Aurobindo, Purani, p. 122 f

und Supramentalen, in den Lehrer eines neuen Yoga. Nach seinem Freispruch und der Trennung von der Politik wurde für den Rest seines Lebens Pondicherry seine Heimat. Dort starb er am 5. Dezember 1950. Der Tote zeigte fünf Tage lang keine Verwesungserscheinungen, und es strahlte ein solches Licht von ihm aus, daß man dieses vom Generalarzt der französischen Kolonialregierung in Pondicherry, einem aufgeklärten Voltairianer, amtsärztlich mehrere Tage hintereinander bestätigen ließ.

Eine große Anzahl von Schriften, Werken und Briefen gibt Einblick in die Gedankenwelt Aurobindos. Vieles liegt in deutscher Übersetzung vor (beim Sri Aurobindo-Verlag, Zollikon bei Zürich). Was dieser große Inder sagt, ist stets weit weg von allen konfessionellen Streitereien, kreist um den Menschen als metaphysische Existenz. Oft begeisterten mich die Parallelen, ja, die Bestätigungen zu Gedanken des Apokalyptikers. Aurobindo sagt:[88]

»Die Seele beginnt sich selbst zu enthüllen, die psychische Persönlichkeit ersteht schließlich in ihrer vollen Gestalt. Die Seele, die psychische Entität, manifestiert sich damit als das eigentliche Zentralwesen, das Geist und Leib und Leben erhält. Eine Führung, eine Herrschaft von innen her beginnt. Jede einzelne Bewegung setzt sie dem Licht der Wahrheit aus. Sie weist zurück, was falsch, dunkel, was der Realisation Gottes feindlich ist. Jede Region des Wesens, jeder Winkel und jede Ecke, jede Bewegung, Formation, Zielung, Denkrichtung, alles: Wille, Gefühl, Wahrnehmen, Handeln, Reagieren, Motiv, Einstellung, Vorhaben, Wunsch, Gewohnheit des bewußten wie unbewußten Physischen, selbst das völlig Verborgene, Versteckte, Stumme, Abseitige wird von dem unfehlbaren psychischen Licht erhellt. Unklarheiten werden aufgeklärt, Verwirrungen werden entwirrt. Dunkelheit, Trug, Selbstbetrug wird genau bezeichnet und beseitigt. Alles wird gereinigt, auf den psychischen Ton gestimmt, in die spirituelle Ordnung gefügt«.

Das ist, was der Läuterungsweg der Offenbarung ent-

---

[88] Aurobindo, The Life Divine, p. 807

hüllt: die Forderung zur Reinigung des Menschen von irdisch-materiellen Schlacken, die Hinwendung zu Gott, die Rückkehr in die Harmonie der himmlischen Ordnung, die Wiedergeburt. Ernst Benz[89] hat Aurobindo im Licht christlicher Theologie gesehen:

»Die Lehre Aurobindos vom Übermenschen erscheint mir als ein wichtiger Beitrag der indischen Religionsphilosophie zu einer Überwindung der rein restaurativen Anthropologie, die sich innerhalb der christlichen Theologie festgesetzt hat, und zu einer Neubesinnung auf das Anliegen der urchristlichen Anthropologie mit ihrer dynamischen Auffassung von der schöpferischen Wirkung der Gnade, die neue Seinsbereiche, Wirkformen und Bewußtseinsstufen des wiedergeborenen Menschen eröffnet . . .«

Ein letztes Beispiel für die innere Stimme entnehme ich einem kleinen Buch aus dem katholischen Raum[90], dessen Autor hier vorgestellt sei:

Carlo Carretto (geboren 1910) war Präsident der katholischen Jugend Italiens, Redner zu Hunderttausenden auf dem Petersplatz in Rom. Er reiste durchs Land, predigte, begeisterte, organisierte – auch er leistete viel in dieser Welt. Heute aber lebt er betend in der Wüste.

»Der Ruf Gottes ist etwas Geheimnisvolles, denn man hört ihn in der Verborgenheit des Glaubens. Seine Stimme ist so leise und so verhalten, daß sie nur in innerer Stille gehört werden kann. Und dennoch ist für den Menschen nichts so entscheidend, nichts so umstürzend, nichts sicherer und nichts stärker. Dieser Ruf ist bleibend. Gott ruft immer! Aber es gibt bevorzugte Augenblicke, die wir in unserem Kalender ankreuzen, Augenblicke, die wir nicht vergessen. In meinem Leben gab es diesen Ruf dreimal. Beim ersten Mal war ich 18 Jahre alt. Er bestimmte meine Bekehrung. Ich war damals Dorfschullehrer. In der Fastenzeit fand eine Volksmission statt. Ich nahm daran teil und erinnere mich an altmodische, langweilige Predigten.

89 Ernst Benz, Asiatische Begegnungen, Düsseldorf 1963
90 Carlo Carretto, Wo der Dornbusch brennt, Freiburg 1973

Was ich hörte, hat bestimmt nicht dazu beigetragen, mich aus Gleichgültigkeit und Schuld herauszureißen. Aber als ich vor einem alten Pater niederkniete – seine klaren, lauteren Augen sind mir noch in Erinnerung – um zu beichten, fühlte ich in der Stille der Seele den Vorübergang Gottes. Von diesem Tag an wußte ich, daß ich Christ bin, und stellte fest, daß mein Leben verändert war. Den zweiten Ruf hörte ich im Alter von 23 Jahren. Ich hatte vor zu heiraten. Der Gedanke, daß es für mich einen anderen Weg geben könnte, lag mir völlig fern. Da traf ich einen Arzt, der mit mir über die Kirche sprach und über ein Leben, das ganz ihr dient, obwohl es in der Welt gelebt wird. Was während jener Tage geschah, wie es geschah, ich weiß es nicht. Tatsache ist dies: Während ich in einer einsamen Kirche weilte, während sich mein Herz nach Klarheit, Frieden, Befreiung sehnte, hörte ich dieselbe Stimme, die schon einmal zu mir gesprochen hatte, damals bei der Beichte vor dem Missionspater: »Du sollst nicht heiraten, du sollst mir dein Leben anbieten. Ich werde deine Liebe sein.« Es folgten Jahre der Arbeit, des Einsatzes, der Begegnung mit Menschen, Jahre großer Träume. Selbst meine Fehler – es waren viele – kamen aus dem, was mit leidenschaftlicher Gewalt in mir brannte und was noch nicht geläutert war. Es vergingen viele Jahre. Oft ertappte ich mich dabei, daß ich darum betete, wieder den Klang jener Stimme zu hören, die für mich solche Bedeutung gehabt hatte. Ich war 44 Jahre alt, als es geschah. Es war der Ruf, der am tiefsten drang: der Ruf zum kontemplativen Leben. Er ereignete sich in der tiefsten Tiefe des Glaubens, dort, wo die Nacht am dichtesten ist und wo menschliche Kräfte nicht mehr weiterhelfen. Diesmal mußte ich mein Ja sagen, ohne etwas zu verstehen: ›Laß alles hinter dir und komm mit mir in die Wüste! Ich will nicht mehr dein Handeln, ich will dein Beten, deine Liebe.‹ Manch einer, der mich nach Afrika gehen sah, dachte an eine Krise, an Enttäuschung, Entmutigung, Aufgabe. Nichts traf weniger zu als das. Ich bin von Natur aus so optimistisch, daß ich mir nicht vorstellen kann, was es heißt, verzweifelt einen Kampf aufzugeben.

›Komm mit mir in die Wüste‹. Es gibt etwas, das größer ist als dein Handeln: das Beten. Es gibt etwas, das wirksamer ist als dein Reden: das Lieben. Und ich ging in die Wüste.«[91]

c) *Stimme mit Schreibauftrag*

Hier sei hingewiesen auf die 1710 in Nürnberg erstmalig gedruckte Abhandlung von Johannes Tennhardt, »Vom inneren Wort«.[92]

Johannes Tennhardt (1661 – 1720) wurde auf einem Bauernhof in Dobergast in Sachsen geboren und lernte auf Anraten des evangelischen Pfarrers Lesen und Schreiben. Er wurde selbständiger Barbier- und Perückenmacher in Nürnberg, wo er das Bürgerrecht erwarb. Die geheimnisvolle Berührung, die im Gebet zwischen Gott und Mensch erfolgt, erfuhr Tennhardt in ausgeprägter Form. Von seinem dreiundvierzigsten Lebensjahr an hatte er Gesichte, Offenbarungen, hörte er Gottes Stimme und erhielt Aufträge und Weisungen. So schreibt dieser »Kanzlist des großen Gottes«:[93]

»Gott allein soll die Ehre sein; Welcher mir befohlen fein, zu schreiben durch seinen Geist allein; Ganze wunderlich zwei Tractätelein. An alle Menschen insgemein; Sie mögen Kayser, Könige, Fürsten, Grafen, Freyherren, Edle, Unedle, Gelehrte, Ungelehrte, Bürger, Bauern, Manner, Weiber, Jünglinge oder Jungfrauen seyn; Daß sie sollen Buße thun, und vom Sünden-Schlaff aufwachen; Dieweil Gott mit großem Donner, Blitz, Hagel und Krachen, Der bösen Welt bald, bald ja bald ein End' wird machen; Benebst meinem, Johann Tennhardts Lebens-Lauff. Aus welchem wird zu sehen seyn, wie lang mir der große Gott

[91] Carlo Corretto lebt heute als Mönch in Afrika bei den »Kleinen Brüdern« in einer Einsiedelei der Wüste Sahara (gegründet von Charles Feucauld)

[92] Johannes Tennhardt, Vom inneren Wort, Bietigheim 1961

[93] Tennhardt, Lebenslauf, S. 111

und Vater, Schöpfer Himmels und der Erden, nachgegangen, ehe ich mich von ihm habe ergreifen lassen; indem solches geschehen, so habe ich unwürdiger, armer, sündhafter Mensch nicht allein bei drey Jahren Seine angenehme Stimme unmittelbar aus seinem Göttlichen Mund gehöret, sondern hat mir auch auf meine Fragen ganz freundlich geantwortet. Ja endlich mich gar aus dem Schlaf erwecket, befohlen aufzustehen und in seinem Namen dasjenige zu schreiben, was er mir durch seinen Geist oder Ewige Weisheit dictieret. Wie in diesem Wercklein allen Menschen, als Juden, Christen, Türcken und Heyden, nützlich und auch höchst nötig zu lesen fürgelegt wird. Alles in und durch die Liebe geschrieben in Nürnberg. Gedruckt im Jahre 1710.«

Der Bußruf, das Bild Gottes inmitten von Donner, Blitz, Hagel und Krachen, vor allem aber die Warnung vor dem baldigen Ende: das ist die Stimme des Apokalyptikers, die barockes Schnörkelwerk nicht verdecken kann. Ja, sogar die »Versiegelung«, die Aufforderung, das aus dem Donnern Gottes zu ihm Gesprochene zu verschweigen, priesterlich zu bewahren, wie bei Johannes im 10. Kapitel – alles wiederholt sich bei Tennhardt:[94]

»Den 2. November 1707 drey Stunden vor Tage, sprach der Herr: ›Stehe auf und schreib!‹ Den 3. dito gleichfalls drei Stunden vor Tag. Was ich geschrieben, ist in der Warnungsstimme zu lesen. Es wurde mir auch in dieser Nacht eine sonderbare Erkenntnis gegeben: als ich sie schreiben wollte, so konnte ich nicht und mußte ablassen, wie es im Original wird zu sehen seyn.«

Wegen seiner »Tractätelein«: »Worte Gottes oder Tractätlein an den sogenannten geistlichen Stand« und »Worte Gottes oder letzte Warnungs- und Erbauungsstimme Jesu Christi« wurde er 1708 für vierzehn Tage in den Nürnberger Wasserturm gesperrt und hatte anschließend noch lange Zeit Hausarrest. In seiner »Kurzen Unterweisung vom inneren Wort Gottes« geht er darauf ein. Punkt 13 lautet:

[94] Tennhardt, Lebenslauf, S. 116

»Finden sich auch noch heute Menschen, die das innere Wort in Wahrheit haben und Gott in sich reden hören? O ja, solche werden meist durch die wider sie ergehenden Verfolgungen gekennzeichnet; es mögen aber noch manche im Verborgenen sein, die dieser gnädigen An- und Einsprache gewürdigt werden. (Ps. 31. 20. 21).«

In der altbewährten lehrhaften Form des Gesprächs zwischen Jünger und Meister (Plato) heißt es an anderer Stelle, Punkt 22: »Läßt sich das Wort zu allen Zeiten und so oft man es begehrt hören? – Seine vernehmliche Stimme hört man nicht immerzu, am allerwenigsten, wenn man es etwa aus geistiger Eigenliebigkeit wegen allerlei Kleinigkeiten gern hätte, sondern mehr nur in wichtigen Angelegenheiten und großen Leibes- und besonderen Seelennöten, wo es sich bei gutwilligen Herzen meist das erstemal eröffnet und sie dadurch der wahrhaftigen, wesenhaften Gegenwart und innersten Beiwohnung ihres größten und gnädigen Gottes und Vaters, zu ihrem ewigen Heil und Trost versichert. Je treuer die Seele jedoch dem inneren Wort in allen seinen An- und Einsprüchen wird, und je näher sie Gott in Jesus Christus und Seiner heiligen Nachfolge kommt, desto mehr und öfter wird sie es in sich zu hören gewürdigt.« (Joh. 14, 15–23) und weiter sagt er in Punkt 31: »Ist es aber genug, daß man das Wort des Herrn in sich hört, und darf man es dabei bewenden lassen? – Nein, sondern man muß dem, was man von ihm zu seiner Unterweisung gehört hat, auch treu und mit großem Fleiß nachkommen und darin beständig fortfahren, will man diese Gnade nicht wieder verlieren. (Jak. 1, 21–25; Joh. 7, 37; 8, 31. 32; 15, 4–7). Was jedoch den Gott liebenden Seelen um so viel leichter ist, als dieses Wort alle dazu nötige Kraft in sich führt und mit sich bringt. (Joh. 8, 63; Phil. 4, 13)«

Wenn Gottes Stimme ruft, haben menschliche Wünsche zu schweigen: diese Forderung ergeht nicht nur an die christlichen Visionäre, sondern an alle Menschen, in denen Gottes Stimme erklingt, die zu einem inneren Gespräch mit Gott kommen.

Die Erfahrung solcher Zwiesprache mit Gott hat vor allem ein Denker des hebräischen Humanismus, der Autor der »Chassidischen Bücher«, Martin Buber, mitteilbar gemacht.[95]

Martin Buber (1878 – 1965): Sein reiches Leben führte von Wien über Leipzig, Berlin und Zürich, wo er studierte, über aktive Arbeit in der zionistischen Bewegung (Referat auf dem 5. zionistischen Kongreß 1899 in Basel), zur eingehenden Beschäftigung mit der jüdischen Überlieferung. Nach Promotion und Dissertation und einer Zeit der Zurückgezogenheit – seine mystische Phase – intensiviert sich Bubers wissenschaftliche Arbeit, die der Erforschung des jüdischen Chassidismus gewidmet ist. Seit 1916 beschäftigt ihn die Frage von »Ich und Du«, von 1925 an arbeitet er an der Verdeutschung der hebräischen Bibel. Die 1930 übernommene Professur für Religionswissenschaft und jüdische Ethik an der Universität in Frankfurt a. M. legt er 1933 wegen Hitlers Machtübernahme nieder. Im März 1938 verläßt er Deutschland, um in Jerusalem eine neue Heimat zu finden. Eine Fülle von Werken, Vorträgen, Reisen begleiten sein Leben bis zu seinem Ende. Die Beziehung zu Gott, zu Bubers »ewigem Du« schildert er selbst so:[96]

»Es ist dies, daß der Mensch aus dem Moment der höchsten Begegnung nicht als der gleiche hervorgeht, als der er in ihn eingetreten ist. Der Moment der Begegnung ist nicht ein »Erlebnis«, das sich in der empfänglichen Seele erregt und selig rundet: es geschieht da etwas am Menschen. Das ist zuweilen ein Anhauch, zuweilen wie ein Ringkampf, gleichviel: es geschieht. Der Mensch, der aus dem Wesensakt der reinen Beziehung tritt, hat in seinem Wesen ein Mehr, ein Hinzugewachsenes, von dem er zuvor nicht wußte und dessen Ursprung er nicht rechtmäßig

[95] vgl. Gerhard Wehr, Martin Buber in Selbstzeugnissen und Bilddokumenten, ro-ro-ro-Monographie 1968, sowie vom gleichen Autor: Der Chassidismus. Mysterium und spirituelle Lebenspraxis, Freiburg 1978

[96] Martin Buber, Ich und Du, 1923

zu bezeichnen vermag . . . Der Mensch empfängt, und er empfängt nicht einen ›Inhalt‹, sondern eine Gegenwart, eine Gegenwart als Kraft« und »Die Gottesbegegnung widerfährt dem Menschen nicht, auf daß er sich mit Gott befasse, sondern auf daß er den Sinn an der Welt bewähre. Alle Offenbarung ist Berufung und Sendung.«

Ob diese Offenbarung nun einem Apostel Christi zuteil wird, oder anderen christlichen Mystikern in seiner Nachfolge, auch der Jude Buber, der gläubige Mensch schlechthin erfährt sie in gleicher zwingender Form. Emil Brunner[97] sagt dazu: »Die wahrhafte Größe Martin Bubers wird gerade und nur dort deutlich, wo er nicht als Exeget jüdischer oder christlicher Schriften oder als vergleichender Religionshistoriker spricht, sondern wo er durch seine religiöse Schau die Situation des heutigen Menschen erleuchtet.« Dem sei die Würdigung Bubers durch Paul Tillich[98] beigegeben: ». . . was die protestantische Theologie von seiner religiösen Botschaft und von seinen theologischen Gedanken aufgenommen hat und aufnehmen sollte . . ., das ist nicht wenig . . . Seine Bedeutung liegt für mich auf dreifachem Gebiet: 1. In Bubers existentialistischer Interpretation der prophetischen Religion; 2. in seiner Wiederentdeckung der Mystik als einem Element innerhalb der prophetischen Religion; 3. in seinem Verständnis für die Beziehung von prophetischer Religion und Kultur, besonders im Bereich des Sozialen und des Politischen.«

Nach diesem in der Öffentlichkeit der Welt, der Universitäten und Kongresse sich abspielenden Leben folgt nun die Vita eines fast unbekannten, unscheinbaren und armen Musikers, der durch das Erlebnis der inneren Stimme und Gottes Schreibauftrag seiner Existenz eine andere Richtung gab. Er stellte die Stimme seines Herzens über jede Vernunft, weil er wußte, daß Gott es war, der durch diese Herzensstimme zu ihm sprach.

---

[97] Emil Brunner, Judentum und Christentum bei Martin Buber, 1963
[98] Paul Tillich, Martin Buber and Christian Thought, 1948

Jakob Lorber[99] (1800 – 1864) stammt aus einer bäuerlichen, katholischen Familie, die unweit der Kreisstadt Marburg an der Drau in der Untersteiermark ansässig war. Zunächst wurde er Dorfschullehrer, besuchte dann das Gymnasium und absolvierte anschließend einen Kurs für Lehrer an Hauptschulen. Trotz seines guten Examens fand er aber nicht gleich eine entsprechende Stellung. So betrieb er weiter sein Steckenpferd, die Musik, spielte Klavier und Geige und trat als Solist in Violinkonzerten auf. Nebenbei schrieb er Musik-Kritiken für Tageszeitungen über Konzerte und Opernaufführungen. Der berühmte Geigenvirtuose und Komponist Nicolo Paganini nahm ihn als Schüler an und vermittelte ihm einen Auftritt als Violinsolist an der Mailänder Scala.

Eine lebenslange Freundschaft verband Lorber mit dem Komponisten Anselm Hüttenbrenner, der Direktor des Steiermärkischen Musikvereins und wiederum ein Freund Franz Schuberts war. Lorbers musikalische Leistungen und seine persönlichen Verbindungen brachten ihm schließlich vom Theater in Triest ein Stellenangebot als zweiter Kapellmeister ein. An jenem Tag jedoch, da Lorber voll Freude seine Zusage schreiben wollte, nahm sein Leben eine für ihn wie für seine Freunde ganz unerwartete Wendung.

Am 15. März 1840 zur frühen Morgenstunde hörte er klar und deutlich eine Stimme, die aus seinem Herzen kam und ihm befahl: »Nimm deinen Griffel und schreibe!« Er gehorchte und schrieb von da an jeden Tag – wach und physisch gesund – mehrere Stunden auf, was ihm diese innere Stimme diktierte. Das ihn soeben noch lockende Angebot einer Lebensstellung als Kapellmeister schlug er aus – es schien ihm unvereinbar mit dem von Gott erteilten Auftrag. So blieb er in Graz in seinem bescheidenen Zimmer wohnen, verdiente sich das Notwendigste als Musiklehrer und verzichtete auf eine Ehe und auf beruflichen Erfolg. Nur seinen abendlichen Dämmerschoppen

[99] Kurt Eggenstein, Der unbekannte Prophet Jakob Lorber, Bietigheim 1973

gab er nicht auf. Seine Freunde, zu denen der Bürgermeister von Graz, Andreas Hüttenbrenner, und Ritter von Leitner gehörten, hielten trotz anfänglicher Zweifel treu zu ihm.

Vierundzwanzig Jahre lang schrieb Lorber ein Manuskript nach dem anderen ohne Verbesserung oder Ergänzung, ja, ohne jede Pause des Nachdenkens. Auch nach längerer Unterbrechung las er nie das vorher Geschriebene nach: das innere Diktat ging von selbst an der richtigen Stelle weiter. Zu seinen Lebzeiten wußten um diese besondere Gabe nur seine Freunde, denen er in den letzten kränklichen Jahren seines Lebens das Gehörte diktierte.

Durch die innere Stimme war ihm gesagt worden, daß sein Werk erst nach seinem Tod gedruckt würde. Als dies 1877 in Deutschland geschah, stellte sich heraus, daß Lorber in 24 Jahren über 10 000 Druckseiten niedergeschrieben hatte. Die Manuskripte selbst, die zusammen als »Neuoffenbarung« bezeichnet werden, sind erhalten und liegen beim Lorber-Verlag in Bietigheim zur Einsicht offen. Es handelt sich um 16 zum Teil mehrbändige Werke, unter denen das Hauptwerk, das »Große Evangelium Johannes«[100] hervorzuheben ist.

Nur wenige Seiten seiner Eingebungen wurden ohne Nennung seines Namens zu seinen Lebzeiten veröffentlicht. Er lebte ganz im Verborgenen als ein ausgeglichener, seelisch vollkommen gesunder Mensch, der im Freundeskreis im Rahmen seiner Möglichkeiten sich gern freigebig zeigte. Sein Lebenswerk brachte ihm aber keinerlei Einnahmen; er mußte alle persönlichen Wünsche diesem Auftrag unterordnen. So fühlte er sich oft der Aufgabe nicht gewachsen und bat Gott um Befreiung; doch das Diktat ging weiter, und Lorber gehorchte bis an sein Lebensende.

Der Inhalt dieser im Wachzustand geschriebenen oder den Freunden flüssig diktierten Schriften war zwar in Stil und Sprache ein Produkt Lorbers, aber der Inhalt blieb

[100] Jakob Lorber, Das große Evangelium Johannes, Bietigheim, 6. Auflage 1967, 11 Bände

der damaligen Zeit weithin unverständlich. Alles, was die Aufzeichnungen über Atome und Elementarteilchen, über Anthropogenese und Paläontologie, über die Astronomie und den Aufbau des Weltalls, ja über kommende technische Errungenschaften aussagten, konnte gar nicht aus Lorbers Verstand stammen. Da das innere Diktat Fremdwörter nicht buchstabiert hatte, sahen Lorber oder seine Freunde später im Lexikon nach; doch blieben ihnen manche Texte ganz unzugänglich. Die durch die innere Stimme übermittelten Schilderungen erschienen wie Hirngespinste, wie Phantastereien und Science fiction – die damals noch keine Anhänger hatte. Daß die moderne Wissenschaft die Aussagen Lorbers inzwischen bestätigen konnte, ist erstaunlich.[101] Für unsere Zeit, in der die Welle des Materialismus breite Bevölkerungsschichten vergiftet hat und wo jegliche Transzendenz suspekt ist, sollte es nachdenklich stimmen, wie viele klare Hinweise Lorber auf Dinge gab, die viel später durch die Wissenschaft »neu« entdeckt worden sind. Um so mehr wird man dem wesentlicheren Teil der Botschaft seiner inneren Stimme Glauben schenken, die von »den letzten Dingen« spricht – von dem, was das versiegelte Buch zum Inhalt hat.

Lorbers Freund und Biograph, der österreichische Dichter Ritter von Leitner,[102] hat bezeugt: »Bemerkenswert dürfte sein, daß Lorber die Innere Stimme, welche er die des Herrn nannte, stets im Herzen, jene anderen Geister aber im Hinterhaupt zu hören behauptete. Wiewohl Lorber tausende von Bögen mechanistisch vollschrieb, kann man ihn doch nicht ein eigentliches Schreibmedium nennen, nämlich ein Medium, dem die Hand mechanisch durch eine fremde Intelligenz geführt wird. Er schrieb vielmehr stets selbsttätig nieder, was er von einer fremden Intelligenz ihm eingeflüstert hörte und er wie mit dem Ohr zu vernehmen meinte.«

Jakob Lorber selbst schrieb 1858 darüber an einen Freund: »Bezüglich des Inneren Wortes, wie man dasselbe

[101] Kurt Eggenstein, Der Prophet Lorbert, Bietigheim 1975
[102] von Leitner, Jakob Lorber — sein Lebensbild, Bietigheim 1930

vernimmt, kann ich, von mir selbst sprechend, nur sagen, daß ich des Herrn heiligstes Wort stets in der Gegend des Herzens wie einen höchst klaren Gedanken licht und rein, wie ausgesprochene Worte vernehme. Niemand, sei er auch noch so nahestehend, kann etwas von irgendeiner Stimme hören. Für mich erklingt diese Gnadenstimme aber dennoch heller als jeder noch so laute materielle Ton. Das ist aber nun auch schon alles, was ich Ihnen aus meiner Erfahrung sagen kann«. Auch diese Worte dokumentieren, daß Lorber ein bescheidener, nüchterner Mann war.

Der Schriftsteller und Theologe Hellmuth von Schweinitz[103] betont: »Das Phänomen Lorber mit der Deutung der Tiefenpsychologie abzutun, ist keine überzeugende Erklärung. Denn was in seinen Schriften an die Oberfläche seines Bewußtseins tritt, sind Erkenntnisse, die aus der Sphäre seines beschränkten menschlichen Wissens nicht stammen können. Zu ihrer Aneignung würde ein Menschenleben nicht ausreichen und alle schöpferische Phantasie nicht genügen.« »Die Tiefenpsychologie ist ein unzureichender Weg zum Verständnis einer Sache, die mit psychoanalytischen Argumenten einfach nicht deutbar ist. Genau so wenig kann das Lebenswerk Lorbers durch philosophische oder theologische Spekulationen erklärt werden. Es bleibt bei ihm, wie bei allen prophetischen Phänomenen, ein unerklärbarer Rest, den man leugnen oder annehmen muß«.

Auch Lorber ist – wie Johannes – ein Prediger in der Wüste, der nicht nur zur Umkehr aufruft, sondern auch ausführlich schildert, was »danach« geschieht. Auch ihm wird Erkenntnis des Lebenssinnes zuteil, und auch er betont die Eschatologie und das »Bald«.

---

[103] aus Kurt Eggenstein, a.a.O.

2. LICHTVISION

a) *innere Erleuchtung*

Mehr als innere Erleuchtung denn als Lichtvision ist zu bezeichnen, was Joachim von Fiore widerfuhr.

Joachim von Fiore (gest. 1202) war ein kalabrischer Abt, ein gelehrter Schrifttheologe seiner Zeit, an dem sich die radikale Reformbewegung der franziskanischen Joachimiten anschloß. Er hat sich eingehend mit der Apokalypse des Johannes befaßt. Aus eigener Schilderung erfahren wir von seinem Erleuchtungserlebnis am Pfingstmorgen 1190:[104]

»Als ich um die Matutin aus dem Schlaf erwachte, da nahm ich zur Meditation dieses Buch (die Johannesapokalypse) in die Hand. Da durchfuhr plötzlich zu der Stunde, in der unser Löwe vom Stamme Juda auferstanden ist, eine Helligkeit der Erkenntnis die Augen meines Geistes, und es enthüllte sich mir die Erfüllung (plenitudo) dieses Buches und die symmetrische innere Bezogenheit (concordia) des Alten und Neuen Testamentes.«

In Joachim von Fiore, diesem ernsthaften Theologen, begegnet uns zugleich ein Mensch, der versuchte, in bester Absicht die göttliche Botschaft naiv in menschlich-irdische Meßzahlen umzusetzen. So hat er für das Jahr 1260 den Weltuntergang vorausgesagt und damit in seiner Zeit großes Aufsehen erregt.

Mit einem Abtun dieser Verirrung aus unserem »Besserwissen« heraus, ist es aber nicht getan. Nikolaus von Kues (1401—1461), Andreas Osiander (1489—1542) und

---

[104] aus Ernst Benz, Ecclesia Spiritualis, Kirchenidee u. Geschichtstheologie der franziskanischen Reformation, Darmstadt 1964

Johann Heinrich Alstedt (1588—1638) sind allesamt namhafte Theologen, die sich auf ähnliche Weise irrten. Auch Albrecht Bengel wäre hier zu nennen, der für 1836 das »Ende der Tage« ankündigte.

Kurt Hutten[105] hat sich mit dieser Art Prophetie, die die Offenbarung des Johannes auslöste, eingehend beschäftigt und sich mit entsprechenden Strömungen unserer Zeit auseinandergesetzt. Dabei erstellte er eine Übersicht, in der er 175 Fälle von Enderwartungen anführt. Allerdings geben die wenigsten so genaue Jahreszahlen wie Joachim von Fiore. In seinem Werk stellt Kurt Hutten fest, daß trotz starker Vernachlässigung des Eschatologischen in der kirchlichen Verkündigung die Zukunftserwartung der Offenbarung bis in unsere Zeit hinein wirkt. Immer dann, wenn die in der Apokalypse erwähnten »Vorzeichen« wie Abfall und Verfolgung, Kriege, Hungersnöte, Erdbeben und Seuchen eintrafen, wurde die Hoffnung auf die Zeit »danach« gesetzt. Solche Zeiten hochgespannter Enderwartung waren die Christenverfolgungen durch die römischen Kaiser und die Kämpfe zwischen Kaiser und Papst. Eschatologische Erwartung knüpfte sich auch an das Jahr 1000 und die nachfolgenden Jahrzehnte, weil man glaubte, daß nun das mit Christus angebrochene tausendjährige Reich zuende gehe. Die Verderbnis der Kirchen im Mittelalter hatte ebenso Enderwartungen zur Folge, ebenso wie der Zusammenprall mit dem Islam und die Geißel der Pest. Nicht zuletzt haben die sozialen Krisen des ausgehenden Mittelalters die Menschen verunsichert und sie Ausschau halten lassen nach höherem Halt. Das galt auch für die Zeit der Reformation und Gegenreformation, für die Frühzeit des Pietismus, die Jahre der Französischen Revolution, bis in unsere Tage mit ihren katastrophalen Ereignissen. Kein Jahrhundert, in dem nicht irgendwo Wiederkunftserwartung lebendig geworden wäre. Die Sehnsucht liegt im Menschen, ist vorgegeben. Und so verschieden auch die

---

[105] Kurt Hutten, Seher - Grübler - Enthusiasten, Stuttgart, 11. Auflg. 1968

Deutungen waren, in einer Aussage stimmen alle überein: »Das Ende kommt bald!«

Ignatius von Loyola (1491 – 1556) empfängt eine ähnliche intellektuelle Erleuchtung wie Joachim von Fiore über dem Lesen der Apokalypse.[106] In der dritten Person berichtete er, wie er am Fluß von Manresa »die Erkenntnis vieler Dinge über das geistliche Leben sowohl als auch über die Wahrheiten des Glaubens und über das menschliche Wissen« erhielt. »Dies war von einer großen Erleuchtung begleitet, daß ihm alles in neuem Licht erschien . . . und er eine große Klarheit in seinem Verstand empfing«. Dieses Ereignis, das ihm auf dem Weg zur Kirche zuteil wurde, bewirkte bei ihm eine völlige innere Wandlung. Bis dahin war dieser Spanier — berühmt als Begründer des Jesuitenordens — ein durchaus weltlicher Mensch gewesen. Er sagt selbst: »Bis zum Alter von 26 Jahren war er den Nichtigkeiten der Welt ergeben und hatte besonderen Gefallen am Waffendienst, verbunden mit dem eitlen Verlangen, sich dabei Ehre zu gewinnen.« Und bei Fülöp-Miller[107] ist zu lesen: »Wie wenig er sich als Jüngling durch Lauterkeit des Charakters auszeichnete, geht deutlich aus seinem eigenen Geständnis hervor. Viele Jahrzehnte später hat er, damals schon der abgeklärte Ordensgeneral, einem Mitbruder reumütig erzählt, er habe sich als junger Ritter nicht geschämt, heimlich einen Diebstahl zu begehen und dann ruhig zugesehen, wie ein Unschuldiger an seiner Statt bestraft wurde.« In einem amtlichen Dokument aus dem Jahr 1515 ist über seinen Charakter zu lesen: »hinterlistig, gewalttätig und rachsüchtig«. Treffender als diese richterlichen Unterstellungen scheint die Kennzeichnung »unstillbarer Ehrgeiz« zu sein: Er wurde Offizier und brannte darauf, sich vor allen anderen auszuzeichnen. Ignatius von Loyola berichtet in der Lebensbeschreibung über seine Bekehrung: »Sein Geist war hier-

---

106 Ignatius von Loyola, Lebenserinnerungen, 3. Kap. § 30

107 René Fülöp-Miller, Macht und Geheimnis der Jesuiten, München 1947

durch so erleuchtet, als wäre er ein anderer Mensch geworden, und als hätte er einen ganz anderen Intellekt erhalten. Nachdem dieser Zustand ziemlich lange Zeit gedauert hatte, beugte er vor dem Kreuze, das sich daselbst befand, die Knie, um Gott zu danken«.

Wenn Ignatius später wichtige Entscheidungen über seinen Orden zu fällen hatte, wandte er sich im Gebet an Gott und wartete auf die himmlische Bestätigung. Wieder in der dritten Person sagte er über sich:[108] »So oft es ihm beliebe, könne er jederzeit Gott finden, und auch jetzt erlebe er viele Gesichte, insbesondere Gesichte der geschilderten Art, daß er Christus als eine Art Sonne schaue. Diese Erscheinungen werden ihm häufig zuteil, wenn er über wichtige Angelegenheiten zu reden habe, und er erblicke darin regelmäßig eine Bestätigung seiner Anordnungen und Urteile.«

Die Vision Christi als einer Sonne — entsprechend dem Gott-Christus mit dem flammenden Auge im ersten Kapitel der Apokalypse — soll hinführen zu den äußeren Visionen.

b) *äußere Vision*

Eine Lichtvision mit vielen typischen Merkmalen überkam einen jungen Pächter – er war noch nicht 20 Jahre alt — am 21. 9. 1823 in Nordamerika. In seinem Vorwort zum Buch Mormon[109] hat Joseph Smith sie geschildert: »Während ich so im Gebet zu Gott begriffen war, gewahrte ich, daß ein Licht in meinem Zimmer erschien, das zunahm, bis der Raum heller war als am Mittag, worauf alsbald ein Engel neben meinem Bett erschien, in der Luft stehend, denn seine Füße berührten den Boden nicht. Er war mit einem losen Gewand von außerordentlicher Weiße bekleidet. Es war weißer als irgend etwas, was ich je gesehen; auch glaube ich nicht, daß etwas

[108] Ignatius von Loyola, Bekenntnisse
[109] Das Buch Mormon, 15. deutsche Auflage 1964

Irdisches so auserlesen weiß und glänzend gemacht werden könnte. Seine Hände waren bloß, auch seine Arme, bis etwas über dem Handgelenk; auch seine Füße waren unbekleidet, ebenso seine Beine, bis ein wenig über den Knöcheln. Sein Haupt und sein Hals waren ebenfalls bloß. Nicht nur war sein Kleid außerordentlich weiß, sondern seine ganze Erscheinung war von unbeschreiblicher Herrlichkeit und sein Antlitz leuchtete wie Blitze. Das Zimmer war außerordentlich hell, aber nicht so hell wie in unmittelbarer Nähe seiner Gestalt. Als ich ihn zuerst sah, fürchtete ich mich, aber die Furcht verließ mich bald. Er nannte mich beim Namen und sagte mir, er sei als ein Bote von der Gegenwart Gottes zu mir gesandt worden und heiße Moroni; Gott habe ein Werk für mich zu tun, und mein Name werde bei allen Völkern, Geschlechtern und Sprachen für gut oder böse gelten, oder man werde bei allen Völkern sowohl Gutes als auch Böses von mir sagen. Er sagte, es sei ein auf goldenen Platten geschriebenes Buch aufbewahrt, das einen Bericht von den früheren Einwohnern dieses Kontinents und ihrem Ursprung gebe; auch sei darin die Fülle des ewigen Evangeliums enthalten, wie es der Heiland jenen alten Einwohnern verkündigt habe. Mit den Platten seien auch zwei Steine in silbernen Bogen aufbewahrt worden; diese an einem Brustschild befestigten Steine bildeten den sogenannten Urim und Thummin, und wer ihn besaß und gebrauchte, sei in alten oder früheren Zeiten ›Seher‹ genannt worden, und Gott habe ihn für die Übersetzung des Buches bereitet . . . Während er mit mir über die Platten sprach, sah ich im Geiste den Ort, wo sie aufbewahrt waren, und zwar so klar und deutlich, daß ich ihn sofort wiedererkannte, als ich ihn besuchte. Nach diesen Mitteilungen sah ich, wie sich das Licht im Zimmer um ihn, der zu mir gesprochen, zusammenzuziehen begann, und dies hielt an, bis der Raum wieder dunkel war, außer um ihn herum. Dann konnte ich plötzlich wie durch einen Lichtschacht in den Himmel sehen, und der Besucher stieg empor, bis er gänzlich verschwand und das Zimmer wieder so dunkel war wie vor der Erscheinung des himmlischen Lichts. Ich lag nun da und dachte über die Merkwürdigkeit dessen nach, was ich gesehen, und verwunderte mich sehr über das, was dieser außerordentliche Bote mir gesagt hatte. Da, noch in meine Betrachtungen versunken, gewahrte ich plötzlich, daß mein Zimmer wieder anfing, sich zu erhellen, und — als geschehe es in einem Augenblick — stand plötzlich derselbe himmlische Bote wiederum an der Seite meines Bettes. Er begann das mir bei seinem ersten Besuch Gesagte ohne die geringste Abweichung zu wiederholen. Dann unterrichtete er mich über große Strafgerichte, die über die Erde kommen werden, mit gewaltigen Verwüstungen durch Hungersnot, Schwert und Pestilenz, und daß alle diese schrecklichen Heimsuchungen in diesem Geschlecht über die Erde kommen würden. Nachdem er diese Dinge mitgeteilt, stieg er wieder gen Himmel wie zuvor.«

Smith berichtet weiter, daß diese Erscheinung in der selben Nacht ein drittesmal mit der gleichen Botschaft zu ihm kam. Am nächsten Tag fand er die Platten an der bezeichneten Stelle in ihrem Versteck. Dort belehrte ihn der himmlische Bote, daß die Zeit für eine Herausnahme noch nicht reif sei und forderte ihn auf, jedes Jahr am 22. 9. wieder dahin zu kommen. In Befolgung dieser Anordnung traf Smith dort alljährlich den himmlischen Boten, der ihm die Botschaft wiederholte, bis er am 22. 9. 1827 unter strengen Anweisungen ihm die Platten aushändigte und ihm die Wichtigkeit seiner Mission als Übersetzer eindringlich vor Augen stellte. Die Goldplatten Nephis, Mormons und Ethers und die Messingplatten Labans übersetzte Smith auftragsgemäß. Die Echtheit der Platten ließ er sich einmal von drei, ein andermal von acht Zeugen bestätigen.[110] Diese bezeugten, daß sie die Platten mit ihren Händen angefaßt und die altertümlichen Einritzungen darauf betrachtet hätten: »Wir geben unsere Namen, um der Welt das zu bezeugen, was wir gesehen haben. Und wir lügen nicht und rufen Gott zum Zeugen an.«

---

[110] Buch Mormon, a.a.O., Vorwort IX

Weiter berichtete Smith: »Als dann der Bote kam und sie (die Platten) wie vereinbart zurückverlangte, übergab ich sie ihm, und er hat sie bis auf diesen Tag in seiner Obhut, den 2. 5. 1839.« »Der alte Bericht, der auf diese Weise aus der Erde hervorgebracht wurde, als die Stimme eines Volkes, das aus dem Staube spricht, und der, wie durch göttliche Bestätigung bezeugt wird, durch die Macht und Gabe Gottes in eine neuzeitliche Sprache übersetzt wurde, ward für die Welt im Jahre 1830 als das Buch Mormon veröffentlicht.«

Der Himmel öffnet sich, eine Lichtgestalt in strahlendem Weiß erteilt Aufträge, alte Wahrheiten kommen ans Tageslicht und die Warnung vor dem baldigen Ende ertönt: die Entsprechungen zur Apokalypse des Johannes sind zahlreich und ebenso zu den Visionen anderer Charismatiker, auf die in der Folge noch eingegangen werden soll.

Aus der Neuen Welt — und den vielfach umstrittenen Berichten des Buches Mormon — kehren wir nach Europa zurück und lassen uns von der ersten Mystikerin des deutschen Sprachgebiets sagen, was ihr widerfuhr.

Hildegard von Bingen (1098—1179) stammte aus einem rheinischen Adelsgeschlecht und wurde an der Nahe, auf Schloß Böckelheim, geboren. Schon früh hatte sie Visionen, und ihre Zeitgenossen waren bereit, Religion visionär zu erfahren.[111] Als Äbtissin leitete sie das Kloster auf dem Rupertsberg bei Bingen. Sie war eine eindringliche Predigerin und wurde vom Domkapitel in Mainz und Köln zu Missionswochen angefordert. Ihre Bußrufe begnügten sich nicht mit vager Allgemeinheit; gezielt brandmarkte sie auch die Sitten- und Zügellosigkeit des Klerus. Dieses Verhalten weist sie aus als tatkräftige, mutige Frau.

»Ihr kennt weder Gott, noch fürchtet ihr den Men-

[111] Friedrich Heer, Aufgang Europas, Eine Studie zu den Zusammenhängen zwischen politischer Religiosität, Frömmigkeitsstil und dem Werden Europas im 12. Jahrhundert, Wien-Zürich 1949

schen; ihr seid keine Prediger, wie sie Gott wünscht. Eitlem Weltruhm ergeben, seid ihr bisweilen Ritter, bisweilen Knechte, bisweilen spielende Sänger eitler Mären ... Geiz, Reichtum, Wohlleben, in diesen Zeichen steht euer Leben! Tag Gottes solltet ihr sein — in Wahrheit seid ihr jedoch finstere Nacht. Deshalb steht euch ein schweres Strafgericht bevor. Ein neues Ketzervolk wird über euch Schänder des Heiligen kommen, das noch schlimmer sein wird als das Ketzervolk der Gegenwart. Dieses Ketzervolk wird euch überall verfolgen und eure üblen Werke aufdecken. Es wird euch entlarven — und verlachen.«[112]

Hildegard von Bingen erfuhr ihre Gesichte bei hellem Bewußtsein. Sie beobachtete scharf und reflektierte nachträglich den erlebten Zustand. Da sie vieles schriftlich festhielt, ist manches überliefert. In der Vorrede ihres Hauptwerkes[113] steht zu lesen: »Im Jahre 1141 der Menschwerdung des Sohnes Gottes, Jesu Christi, als ich 42 Jahre und 7 Monate alt war, kam ein feuriges Licht mit Blitzesleuchten vom offenen Himmel hernieder. Es durchströmte mein Gehirn und durchglühte mir Herz und Brust gleich einer Flamme, die jedoch nicht brannte, sondern wärmte, wie die Sonne den Gegenstand erwärmt, über den sie ihre Strahlen ergießt. Nun war mir plötzlich der Sinn der Schriften erschlossen, des Psalteriums, des Evangeliums und auch der übrigen katholischen Bücher des Alten und Neuen Testaments. Doch erlange ich dadurch nicht die Fähigkeit, die einzelnen Worte zu übersetzen, noch auch die Kenntnis von der Silbentrennung und von den grammatischen Fällen und Zeiten.«

Weiter schildert sie in diesem Werk ihr erstes Gesicht, wie sie auf einem großen Berg etwas sieht: »Darauf thronte ein so Lichtherrlicher, daß meine Augen von dem Glanz geblendet wurden.« Zu einer Vision vom neuen Jerusalem, der göttlichen Stadt oder heiligen Kirche sagt sie: »Da sah ich zu Füßen der Säule auf dem Pflaster des Gebäudes eine Gestalt. Sie blickte zeitweilig auf die Säule,

---

112 aus Friedrich Heer, a.a.O.

113 Hildegard von Bingen, Sci vias, Erkenne die Wege

zeitweise auf die Menschen, die im Gebäude einhergingen. Auch sie war wie Blitzesleuchten und Herrlichkeit, so daß ich wegen des übergroßen Glanzes, der aus ihr strahlte, weder ihr Angesicht noch ihre Gewänder betrachten konnte.«

So gibt uns Hildegard von Bingen Bestätigung für verschiedene Arten von Lichtvisionen. In den Visionsberichten dieser klugen Frau trifft man häufig auf lehrhafte Züge, wie ja die Johannesapokalypse ebenfalls von paränetischen[114] und lehrhaften Elementen durchzogen ist: etwa die Weisungen, die in den Briefen an die sieben Gemeinden erteilt werden.

---

114 parärese = Teil der Predigt, der sich mit Ermahnungen befaßt

3. VOM GEIST ENTRÜCKT

Gertrud von Helfta (1256—1302) wurde als Kind armer Eltern in Thüringen geboren und im fünften Lebensjahr dem Kloster Helfta übergeben. Sie war vielseitig interessiert und erwarb sich gute weltlich-literarische Kenntnisse. Nach einer Identitätskrise brachte ein Christuserlebnis am 21. Januar 1281 die für sie entscheidende Wende. Sie empfand die Gegenwart Christi wie die eines persönlichen Freundes, mit dem man alles teilen und besprechen kann. »Und wie sehr ich auch seither mit meinem Geiste in vergänglichen Dingen umherirrte und Freude suchend mich zerstreute, so habe ich doch, wenn ich zu meinem Innern heimkehrte, Dich immer sogleich gefunden, von jener Stunde bis zum heutigen Tage.«[115]

Von da an sind die Bibel, die Werke Augustins und die Schriften von Bernhard von Clairvaux ihre liebste Lektüre. Nach einer Phase ungewöhnlich strengen Lebens erkannte sie, daß Liebe wichtiger ist als Askese und »frei sich lassend dem göttlichen Gnadenzuge gab sie sich in allem dar als ein Werkzeug zu jeglichem Werk der Liebe, das Gott an ihr und mit ihr ausrichten wollte, daß sie denn auch nicht zauderte, mit dem Gott und Herrn aller Dinge — menschlich zu reden: gleich und gleich zu spielen.«

40 Jahre und 11 Tage stand sie als Äbtissin dem Benediktinerkloster vor, ein Amt, das Tatkraft, Menschenführung, Umsicht und Liebe forderte. Dann zwang ein

[115] alles hier Zitierte ist entnommen dem »Gertrudenbuch«, das sie einer Freundin diktierte, den Revelationes Gertrudianae ac Mechtildianae, Poitiers-Paris 1875—77; dieses ist enthalten im 3.—5. Buch der Insinuationes divinae pietatis

Schlaganfall sie auf das Krankenlager. Doch diese »Stilllegung« empfand sie als Vorbereitung für tiefere visionäre Erfahrungen, als »Kräftigung des Geistes«. Die Krankheit wird zum »günstigen Schlag von der Hand des Allmächtigen«. Sie erkennt darin »ein Einweichen des Wachses der Seele«, in die erst dann das göttliche Siegel eingedrückt werden kann, wenn es durch das Leiden der Krankheit weich geworden ist.

Immer wieder betont sie, wie schwierig es ist, ihre Visionen in Worte zu fassen. So heißt es in ihrem Buch der Offenbarungen:[116] »Weil aber Gertrud aus menschlicher Gebrechlichkeit diese im Spiegel der göttlichen Klarheit erschaute Offenbarung nicht mit Worten auszudrücken vermöchte, so gebrauchte sie Gleichnisse und Bilder, um etwas davon zu entdecken.« »Wie Schüler durch das Alphabet allmählich zur Lehre von den Gesetzen des Denkens gelangen, so mögen jene hierdurch wie durch gemalte Bilder zum innerlichen Verkosten jenes verborgenen Mannas geführt werden, das durch keinerlei Beimischung von körperlichen Bildern mitgeteilt werden kann.«

Bei Gertrud von Helfta findet sich einer der seltenen Fälle, daß es in der Vision zu einer Identifizierung mit Maria — als dem Urbild der gläubigen Seele — kommt. So wie Johannes im Geist »entrückt« wurde in eine andere Welt, so heißt es hier: »Nachdem Gertrud den Befehl der allerseligsten Jungfrau getreulich erfüllt hatte, wurde sie verzückt und im Geiste zu jener hohen Stufe der Glorie emporgehoben, die sich diese Himmelskönigin durch ihre Verdienste erworben hatte, so daß sie geschmückt mit den Gnaden dieser jungfräulichen Mutter dem Herrn unaussprechlich gefiel und alle Engel und Heiligen herbeikamen, um ihr ihre Ehrfurcht zu bezeugen.«

Juliane von Norwich (1343 – 1413) war von frühester Jugend an den Fragen des Glaubens verbunden. Vor allem war die Schau der Passion eine Hoffnung ihrer Frömmigkeit. Von daher rührt auch ihre Vorstellung, daß Krank-

---

116 Gertrud von Helfta, Leben und Offenbarungen, Regensburg 1875

heit, Schmerzen und Leid der sicherste Läuterungsweg seien — eine nicht ganz unbedenkliche Vorstellung, die im negativen Fall zu einem »mystischen Masochismus« führen kann.

Hören wir die junge Nonne:[117] »Was die zweite Gnade angeht, so kam sie mir in meiner Zerknirschung von selbst und ohne daß ich sie suchte: ein freiwilliger Wunsch nach einer von Gott geschickten körperlichen Krankheit . . . Ich wollte, diese Krankheit solle so schwer sein, daß sie sogar zum Tode führen könne, so daß ich dabei alle Sterbesakramente der Heiligen Kirche empfangen dürfte . . . Die Krankheit wünschte ich mir in Gedanken für mein 30. Lebensjahr«.

Als Juliane 30 Jahre alt war, ging dieser Wunsch beinahe in Erfüllung. Doch am 8. Mai 1373, als alle sie in schwerster Krankheit auf ihrem Totenbett wähnten, überfluteten sie innerhalb von 24 Stunden 15 Visionen, nach denen sie plötzlich und völlig geheilt ins Leben zurückkehrte. Die sechzehnte Offenbarung erfolgte in der nächsten Nacht. Diese empfand sie als »das Endergebnis und die Bestätigung all der fünfzehn«. Von da ab — so schreibt Juliane selbst — sah sie ihre weitere Lebensaufgabe darin, den Sinn ihrer Visionen zu erleuchten.

Als Rekluse[118] eingemauert, lebte sie in einer kleinen Zelle hinter einem Kirchenpfeiler der Kirche von Norwich, nahm teil an allen liturgischen Handlungen der Kirche und verharrte in ununterbrochener Kontemplation. Anfangs herrschen die emotionalen Züge ihrer geistlichen Liebesmystik vor. Späterhin läßt sich in ihren Schriften deutlich erkennen, daß nach und nach eine Umformung der Bildvision zugunsten der Lehrvision erfolgte. Oft heißt es dann: »So wurde ich denn hier belehrt . . .«

Juliane ist eine bescheidene Seele: »Nicht wegen meiner Offenbarungen bin ich gut, sondern nur, wenn ich Gott mehr liebe, und so darf und sollte jeder tun, der solches

---

117 Juliane von Norwich, Offenbarungen der göttlichen Liebe, deutsch von G. Gerlach, Dokumente der Religion 14, Paderborn 1927

118 Reklux = Einsiedlerin

sieht und hört mit gutem Willen und reiner Absicht ... Ich bin sicher, daß meine Offenbarungen mir zum Besten anderer geschenkt wurden, denn wahrlich nicht wurden sie mir gezeigt, weil Gott mich lieber hätte als die geringste Seele in Seiner Gnade; ich bin überzeugt, daß es sehr viele gibt, die niemals Offenbarungen noch Gesichte hatten, sondern nur die allgemeine Lehre der Heiligen Kirche, und die Gott besser lieben als ich.«

Bei einer Erscheinung Gottes,[119] der ihr eine Haselnuß zeigt, die sie als unbedeutend, geringfügig und vergänglich abtun will, wird sie belehrt: »Es besteht und wird ewig bestehen, weil Gott es liebt, und so hat alles das Sein durch die Liebe Gottes.«

Die Unabhängigkeit von äußeren Dingen und der innere Reichtum dieser gläubigen Mystikerin zeigt sich auch in dem, was Juliane zur Einleitung ihrer Visionsberichte schreibt: »Unser Herr öffnete meine geistlichen Augen und zeigte mir meine Seele inmitten meines Herzens; ich sah meine Seele so groß, als sei sie ein Königreich, und was ich darin sah, so schien es mir, sei eine ehrenreiche Stadt. Inmitten dieser Stadt thronte der Herr, wahrer Gott und wahrer Mensch: schön von Gestalt und Aussehen, der herrliche, höchste Herr; und ich sah ihn in Seiner Majestät, mit Ruhm bekleidet. Er thronte mitten in der Seele, in Ruhe und Frieden, und beherrscht und behütet Himmel und Erde und alles, was ist. Die Menschheit zusammen mit der Gottheit thront in Ruhe und die Gottheit regiert und leitet ohne Werkzeug und ohne Betriebsamkeit; und meine Seele ist beseeligend von der Gottheit in Besitz genommen, die da ist die Herrschaft, Macht, Höchste Weisheit, Höchste Güte.«

Taucht bei dieser Schilderung vor unserem inneren Auge nicht das Bild des Johannes vom neuen Jerusalem auf, wo Gott und Mensch ohne Werkzeug und Betriebsamkeit in Ruhe und Frieden miteinander leben, weil die verirrten und durch Leid geläuterten Menschenkinder endlich heimgefunden haben zu dem, der alles in allem ist ...?

---

[119] Einleitung der »Kleineren Fassung« ihrer Aufzeichnungen

Marina von Escobar (1554 – 1633), eine im Kloster lebende, adlige Spanierin schildert ihre Entraffung ins himmlische Jerusalem:[120]

»Eines anderen Tages kam Christus der Herr mit vielen Engeln, mit denen er sich ganz fröhlich unterhielt. Er nahte sich mir und sprach: ›Willst du mit mir gehen?‹ Ich antwortete schnell: ›Ja, Herr!‹ Hierauf umfing er gleichsam meine Seele, vereinigte sie mit seiner Gottheit in einer unaussprechlichen Weise und nahm mich ins himmlische Jerusalem mit; der Leib aber blieb wie halbtot zurück. Denn 24 Stunden war er damals ohne Seele; und es schien mir, daß nur einiges Leben in ihm geblieben war, so daß ich meinen Engeln, die zurückgeblieben waren, auf irgendeine Frage gleichsam im Unverstand die Antwort gab: ›Ich bin tot.‹ Als ich wieder zu mir kam, redete mich der Herr an: ›Denkst du nicht daran, daß ich dir gesagt habe, du werdest in der Weise sterben, wie wenn abends einer Frau der Rock abgenommen wird, um sie ins Bett zu legen?‹«

An anderer Stelle heißt es abschließend, nachdem die Engel sie nach einer Entrückung in ihre Klosterzelle zurückbrachten: »Ich sprach zu meinem Schutzengel: ›Heiliger Engel, sage mir, welche Bewandtnis hatte es mit diesem Geheimnisse, denn es schien die Seele vom Leibe getrennt und dieser tot zu sein? Und aus anderen Ursachen fühlte ich, daß ich hier war. Wie konnte ich aber mich selbst als tot erkennen?‹ Der heilige Engel antwortete mir: ›Schwester, lasse es gut sein, der allmächtige Herr kann es tun. Dies ist ein tiefes Geheimnis, grüble nicht nach . . . Hat dich nicht der Herr ermahnt, ohne Sorge zu sein, da die göttliche Majestät anstatt deiner reden und handeln werde, wie er es nach deiner Erfahrung an diesem Tag getan hat.‹«

Eine Lichtvision nach ihrer Entraffung in die höhere Dimension hat Marina eindrucksvoll beschrieben: »Als ich

---

[120] Das wundersame Leben der ehrwürdigen Jungfrau Marina von Escobar aus Vallisolet. Nach ihren eigenen Aufzeichnungen dargestellt von P. Ludwig de Ponte und P. Andreas Pinto Ramirez, in deutscher Bearbeitung nach dem Original, Regensburg 1861 und 1864

mein Bewußtsein wiedererlangte, sah ich gleichsam eine göttliche und überhimmlische Sonne, die mit den schönsten und lieblichsten Strahlen die Höhen rings um sie beleuchtete, wobei meine Seele, von diesen Strahlen getroffen, sich gleichsam mit ihr verschmolz. Ich verlor mich selbst und vermag mit Worten nicht zu erklären (denn keine Worte sind imstande, es anzudeuten), welche göttlichen Dinge ich in Gott geschaut, und im Lichte seiner göttlichen Strahlenhülle (ich gebrauche dieses Wort, weil ich zur Erklärung dieses Geheimnisses kein anderes finde) erkannt habe. Ich kann nicht sagen, wie lange ich so mit diesem Licht verschmolzen gewesen, noch wie oder von wem ich dahin gebracht worden sei.«

Viele Elemente, die sich auch bei der Johannesapokalypse finden, erkennt man aus dieser Schilderung wieder: »Da versenkten mich die Engel plötzlich in einen himmlischen Brunnen, der ebenfalls ein Himmel und von himmelblauer Farbe war. Ich ging da bis an die Brust hinein und wurde darin, ich weiß nicht wie, ganz neu geschaffen und kam als eine andere heraus. Der Herr aber in Gestalt einer göttlichen Sonne bestrahlte mich mit wunderbarem Lichte, so daß auch ich erglänzte und meine Augen von den Strahlen, die aus meinen Armen, Händen, Fingern und meiner Brust hervorbrachen, geblendet wurden. In diesem Zustand blieb ich zwei Tage, wonach ich in mein Kämmerlein zurückgebracht wurde.«

Eine besonders eigenwillige Trinitätsvision, die Bestätigung der Eins in der Drei, faßt Marina in die Worte: »Diese Heiligen führten mich vor das Angesicht Gottes, wo ich auf den Boden hingestreckt, die Füße des Herrn zu küssen begann, und wobei ich ein großes Geheimnis gewahrte; denn ich küßte in der Art zugleich die Füße einer und dreier Personen, daß ich in einem drei und in dreien einen Fuß umfaßte, was mir Gott so lebhaft vor Augen stellte, daß ich mich ganz in Bewunderung verlor.«

Die Wirkung des heiligen Geistes, das Erwachen der reinen Liebe, drückt sie so aus: »Bald vernahm ich aus dem Himmel ein großes Brausen und Getöse und dachte verwundert, was es wäre. Denn lange Erfahrung hat mich gelehrt, daß beinahe immer, wenn die dritte Person der allerheiligsten Dreifaltigkeit ihre Majestät und Herrlichkeit schauen läßt und auf Erden etwas wirkt, was diesem höchsten Geist zugeschrieben zu werden pflegt, solches Brausen und solche Bewegung vorangeht, wie wenn die Himmel erschüttert und mit ihrer Größe und Schwere gegen die Erde gekehrt würden. Es stieg aber dieser Göttliche Geist . . . in Begleitung vieler Engel nieder, ergriff mich auf eine unerklärliche Weise und führte mich mit sich in den Himmel.«

Ausführlichen Berichten über die Öffnung in die andere Dimension, wie sie uns von dem sowohl im humanistischen als auch im naturwissenschaftlichen Geist gründlich geschulten schwedischen Visionär Emanuel Swedenborg übermittelt wurden, geht Ernst Benz[121] nach.

Swedenborg ist ein protestantischer Visionär der Aufklärungszeit, der wie kein anderer zuvor seine eigenen visionären Erlebnisse systematisch zur Darstellung brachte. Eine theoretische Erkenntnislehre sollte die bei ihm überwiegenden visionären Lehrgespräche einheitlich überwölben. Seine Visionen brachten meist Schul- oder Disputationsszenen im Himmel zur Anschauung. Da er sein ganzes Leben lang seine Mitmenschen vor Versuchen spiritistischer Art gewarnt hatte — er selbst, den man ohne Recht als »Spiritist« abtun wollte, hat nie Versuche in dieser Richtung unternommen — er wendete sich nur mit wissenschaftlichen Publikationen in lateinischer Sprache an die Öffentlichkeit. Er hoffte, dadurch Abstand zu abergläubischen und spiritistischen Kreisen zu halten und war überzeugt, daß seine Wahrheiten, auch wenn sie zunächst nur einer begrenzten Öffentlichkeit zugängig waren, künftig zur Erhellung vieler dienen könnten.

In seinem 81. Lebensjahr, 1769, begann er das Werk,[122] das den Abschluß und Höhepunkt seiner Theologie bildet. In vier Bänden wurde es 1771 gedruckt.

---

121 Ernst Benz, Emanuel Swedenborg, Zürich 1969, 2. Auflage

122 Emanuel Swedenborg, Die wahre christliche Religion, deutsche Übersetzung von Dr. Friedemann Horn, Zürich

Emanuael Swedenborg (1689 – 1772) stammt aus einem schwedischen Bergbau- und Pastorengeschlecht. Sein Vater war Hofprediger von Karl XI. und dem »jungen Löwen« Karl XII und zeigte Neigung zum deutschen Pietismus und zur Reformorthodoxie, die auch seine Familie teilte. Als drittes von acht Kindern kam Emanuel am 29. 1. 1689 in Stockholm zur Welt. Als der Vater Bischof von Skara geworden war und 1702 nach Brunsbo zog, ging Emanuel nach Uppsala zum Studium. Damals erlebte der schwedische Humanismus an der altehrwürdigen Universität seine Blütezeit. Den jungen Swedenborg interessierten neben den traditionellen Geisteswisssenschaften vor allem Mathematik, Astronomie und Technik.

1710 reist er zu Studien nach England und riskiert bei der damals noch gefahrvollen Reise sein Leben. Er wird in den Kreis um Newton aufgenommen, schließt sich dem Astronom Flamsteed an, dichtet lateinische Oden und beschäftigt sich mit englischer Literatur. Neben dem naturwissenschaftlichen Stoff eignet er sich systematisch handwerkliche Kenntnisse an: das Schreinern, Gravieren und Anfertigen von Uhren und mathematischen Instrumenten. Er will seine Erfindungen selbst anfertigen können.

1713—1714 erweitert er seine Kenntnisse in Paris und kehrt mit Erfindungen nach Schweden zurück. Das Problem des »Tauchbootes«, die Entwicklung eines Salvengeschützes, verbesserte Pumpen, die Erfindung neuartiger Uhren fielen in sein Programm; Instrumentenherstellung, Schleusenbau, automatische Wagen und »Luftmaschinen« nehmen sein Interesse gefangen. Ein nach seinen Plänen konstruiertes Flugzeug wurde später im schwedischen Pavillion der Ausstellung in Chicago gezeigt. Doch neben der Zeichnung einer Wasseruhr und einer Zugbrücke stehen ganz andere, noch subtilere Entwürfe — so der »Plan einer Methode, um durch Analysierung die Wünsche und Neigungen des Gemütes festzustellen« oder der Entwurf eines »universalen Musikinstrumentes, wodurch jemand, der mit der Musik durchaus nicht vertraut ist, alle Arten von Melodien spielen kann, die mit Noten auf einem Papier verzeichnet sind«.

1715 ernennt ihn Karl XII zum außerordentlichen Assessor am Bergwerkskollegium. Eine Flut von Veröffentlichungen begleitet seine Tätigkeit im Bergbau: über Verfahren der Eisenschmelze, über Schiffswerften, Kanalschleusen und Salzwerke, über Papierproduktion, Erzverhüttung und Gesteinsforschung. 1717 folgt ein zehnbändiges Lehrbuch der Algebra. Daneben beschäftigt er sich mit astronomischen und anatomischen Studien.

Zwischen 1736 und 1744 fährt er häufig auf Studienreisen, kehrt mit neuen Erfindungen zurück. Die gelehrten Zeitschriften aller Länder besprachen seine Bücher. Seine Reisen führen ihn nach Kopenhagen, Hamburg, Amsterdam, Aachen, Leipzig, Kassel, Prag, Karlsbad, Dresden, Berlin, Köln, Lüttich, Paris und Venedig, und von allen Orten kehrt er mit neuen Manuskripten zurück.

Im Frühjahr 1747 wurde ihm einstimmig das Amt des Präsidenten des Kgl. Bergwerkskollegiums in Schweden angetragen. Ihn freute die Anerkennung, doch das Amt schlug er aus, um »das Werk zu vollenden, zu dem ich nunmehr bestellt bin«. Denn schon hatten tiefe innere Wandlungen seinem Leben eine andere Richtung gegeben: der Naturforscher war zum Visionär geworden.

Swedenborg nahm jetzt Abschied von seinem Beruf. Er selbst teilte sein Leben in »vorher« und »nachher«. Ostern 1744 hatte ihn eine Vision bekehrt, eine zweite am Ostertag des folgenden Jahres berief ihn zu einem neuen Leben. Die wenigsten seiner Kollegen ahnten, daß »das zu vollendende Werk« nichts mit seinem erfolgreichen Leben als Naturforscher, Erfinder und Bergwerksfachmann zu tun hatte. Seinen Sitz in der Schwedischen Akademie der Wissenschaften behielt er zunächst bei; noch 1763 hielt er einen von der Akademie veröffentlichten Vortrag über »Beschreibung der Art und Weise, wie Marmorplatten für Tische und andere Ornamente eingelegt werden«. Nach seiner feierlichen Verabschiedung 1747 reiste er nach London, um dort seine »Arcana Coelestia« drucken zu lassen, die er nach seinen Bekehrungs- und Berufungsvisionen geschrieben hatte.

Keinesfalls fiel er nun durch Änderungen seines Lebensstiles oder seines Verhaltens zu den Mitmenschen auf. Er nahm gern an den üblichen Geselligkeiten seiner Kreise teil, blieb bei erstaunlicher geistiger Produktivität bis in sein hohes Alter gesund und gewöhnte sich — ganz im Gegensatz zu den Jahren vorher — einen fast spartanisch-asketischen Lebenszuschnitt an. Da er aber als Gelehrter und Junggeselle allein lebte, irritierte er niemand durch diese Wandlung. Er wird als ausgeglichene, in sich ruhende Persönlichkeit geschildert. Am 29. 3. 1772 ist er in London gestorben.

Wie man sich um den »verborgenen und ganz wunderbaren Sinn« (Bischof Dionysios von Alexandria) der Offenbarung des Johannes bemühen muß, so sollte ein aufmerksames Beobachten, Nachempfinden und Durchdenken von Swedenborgs Visionen dazu verhelfen, zum Verständnis seiner Sendung vorzustoßen. Schließlich hat hier ein anerkannter 55jähriger Naturforscher, ein Denker und Philosoph aufgrund einer Bekehrungs- und Berufungsvision den Rest seines Lebens diesen »letzten Fragen« gewidmet.

Wie der Visionär Johannes hinter das Geheimnis des versiegelten Buches kommen wollte, wie er die Entsiegelung durch Christus erfährt, und wie er als »Berichterstatter Gottes« die Einweihungs- und Schulungspfade in der anderen Dimension verfolgt und Auskunft gibt über die Phasen des »Danach«, so ist bei Swedenborg — wie auch bei Jakob Lorber — das Zentralthema: Christus als der Weg zur Heimkehr, zur Rückkehr des früher Gott so nahen Ebenbildes, des intuitiven adamitischen Menschen, der nach dem Fall sich so in die Materie verrannt und eingemauert hat, daß er ohne die göttlich-christliche Hilfe verloren und verdammt wäre. Doch mit und in Christus darf er erneut aufbrechen und sich den Weg freikämpfen gegen die Materie, um erlöst am Schluß der Tage den paradiesischen Schöpfungsgarten um so bewußter und dankbarer — nämlich bescheiden geworden — neu geschenkt zu erhalten im Bild des Paradiesesgartens des himmlischen Jerusalems mit seinem Lebensbaum und dem Vater, der dem verlorengewesenen Sohn jede Träne abwischt.

Ernst Benz[123] drückt das so aus: Der Mensch sei die Gestalt, in der das geschaffene Universum sich wiederum mit Gott vereine und in einer Schau der unteren und der oberen Welt in seinen Ursprung, die höchste, schöpferische Vernunft, zurückkehre, wodurch sich »der von Ewigkeit her vorausbestimmte Kreis vollendet«.

Swedenborgs religiöse Krise hatte bereits 1736 begonnen. Er schreibt darüber in seinem Tagebuch am 27. August 1748: »Bevor mein Sinn eröffnet wurde, so daß ich mit Geistern verkehren konnte, hatte ich mehrere Jahre lang solche Evidenzen, daß ich mich jetzt wundere, daß mir die ganze Zeit über nicht die Erkenntnis aufging, daß mich der Herr durch Vermittlung von Geistern leitete. Während einiger Jahre hatte ich nicht nur Träume, durch die ich über die Dinge belehrt wurde, über die ich eben schrieb, sondern ich erfuhr auch während des Schreibens Veränderungen meines Zustandes, indem ein außerordentliches Licht in den Dingen erschien, die ich schrieb. Später hatte ich mancherlei Visionen mit geschlossenen Augen und wunderbare Erleuchtungen.«

Was ihn in diesen Jahren besonders in den Bann schlug, waren die Arbeiten an seinem Werk »Regnum Animale«,[124] eine Anatomie, die er verfaßte, nachdem er mit dem Seziermesser hinter die Geheimnisse des tierischen und menschlichen Organismus zu kommen versucht hatte. Träume und Lichtvisionen, die er als Bestätigung empfand, begleiteten seine Studien und die Niederschrift dieses Werkes. Immer stärker fühlte er sich in eine höhere Erkenntnis hineingerissen durch blitzartige Erhellungen seines Geistes. Die Infragestellung seines wissenschaftli-

---

[123] Ernst Benz, Emanuel Swedenborg a.a.O.

[124] Emanuel Swedenborg, Regnum Animale: »Aufbau der animalischen Welt« 1740 Teil 1 — Von den Eingeweiden des Unterleibs oder den Organen der niederen Region —; 1741 Teil 2: »Reich des Animalischen, anatomisch, physisch und philosophisch betrachtet« — Von den Eingeweiden der Brust oder den Organen der höheren Region —; 1743 Teil 3: Von der Haut, den Sinnen des Gefühls und des Geschmacks u. d. organischen Formen im Allgemeinen.

chen Strebens bedrängte ihn ebenso wie die seiner persönlichen Würdigkeit. Eine tiefgehende Erschütterung seines wissenschaftlichen Ehrgeizes und Hochmutes führte ihn zu einer sittlichen, geistlich-innerlichen Selbstreinigung und zu einem neuen Prinzip des Lebens.

In der Osterwoche 1744 widerfährt ihm die entscheidende Christusvision. Sie offenbart ihm, daß Erfüllung und Seligkeit nicht durch Erkenntnis, sondern durch Erfahrungen der Liebe und des Heils zuteil werden. Von da an ist Christus der Mittelpunkt seines Lebens.

Die Erfahrung des 9. 4. 1744 schildert er so: »Ich war von einer innerlichen Freude erfüllt, die ich am ganzen Leibe verspürte. Alles deuchte mir auf eine überschwängliche Art hinaufzuführen, gleichsam in die Höhe zu fliegen und in einen unendlichen Mittelpunkt zu münden. Hier im Mittelpunkt war amor ipse, die Liebe selbst. Von hier breitete es sich in Kreisen wieder aus und stieg hernieder in einer unbegreiflichen Kreisbewegung, vom Mittelpunkt her, der die Liebe war.«

Ein Jahr danach, Ostern 1745, als Swedenborg von sich sagte, daß er den Kampf gegen sexuelle Neigungen, seine Leidenschaft für Frauen und vor allem gegen seine ihn immer wieder überfallende Eßlust[125] bereits mit Erfolg bestanden habe, kam es zu seiner Berufungsvision. Auf diese Berufung durch Gott hat Swedenborg immer wieder hingewiesen, denn »Gott der Herr, der Weltenschöpfer und Erlöser, habe mich erwählt, den Menschen

125 »Um Mittag beim Essen sprach mit mir ein Engel, der bei mir war, daß ich bei Tisch nicht zu sehr dem Bauche fröhnen sollte. Dann war es mir genau, wie wenn ein Dunst aus den Poren meines Körpers ausströmte, wie ein Wasserdampf, der deutlich sichtbar war und auf den Boden niedersank; dort erschien ein Teppich, auf dem sich der Dunst sammelte und sich in allerlei Würmer verwandelte, die auf dem Tisch sich versammelten und augenblicklich mit einem Knall verbrannten. Ein feuriges Licht erschien dann an der Stelle und ein Knistern wurde hörbar. Es war mir, als ob alle Würmer, die aus unmäßigem Appetit erzeugt werden können, ausgestoßen und verbrannt worden seien und ich jetzt von denselben gereinigt sei. Daraus kann man ersehen, was die üppige Lebensart und dergleichen in sich schließt. April 1745.«

den geistigen Sinn der Heiligen Schrift auszulegen, und werde mir selbst diktieren, was ich über diesen Gegenstand schreiben solle. In der nämlichen Nacht wurden mir, um mich zu überzeugen, die Geisterwelt, die Hölle und der Himmel geöffnet, wo ich mehrere Personen meiner Bekanntschaft aus allen Ständen traf. Von diesem Tag an entsagte ich aller weltlichen Gelehrsamkeit und arbeitete nur noch in geistigen Dingen gemäß dem, was der Herr mir zu schreiben befahl. Täglich öffnete mir der Herr in der Folge die Augen meines Geistes, so daß ich imstande war, bei völligem Wachen zu sehen, was in der anderen Welt vorging, und ganz wach mit Engeln und Geistern zu reden.«

Swedenborg erkannte von diesem Zeitpunkt an, daß seine Aufgabe die Erschließung des geistigen Sinnes der Bibel sei. Die ungehinderte Schau der geistigen Welt hatte sich ihm geöffnet, und er fühlte die Verpflichtung, das ihm zuteilgewordene Wissen weiterzureichen. Swedenborg sieht sich — wie der Apokalyptiker Johannes — als Gottes Werkzeug und Sprachrohr, als Übermittler einer Botschaft aus der anderen Dimension, die den Menschen »dringend« angeht.

So schreibt er in seinem ersten großen Werk nach der Berufungsvision, in seinen »Adversaria«: »Was geistig durch Ereignisse unseres Lebens dargestellt wird, das kommt einem nicht zum Bewußtsein, es sei denn nach dem Willen Gottes, was manchmal erst lange Zeit nachher eintritt. So ist auch mir auf Grund der Barmherzigkeit Gottes vieles zugestoßen, von dem ich im Augenblicke, als es geschah, nicht erkannte, was die betreffenden Ereignisse meines Lebens bedeuteten; später aber wurde ich über einige, ja sogar mehrere belehrt, woraus ich entnehmen konnte, daß der Zügel der göttlichen Vorsehung von meiner Kindheit an die Ereignisse meines Lebens lenkte, und zwar so, daß ich schließlich zu dem Ende gelangte, damit ich auf diese Weise durch die Kenntnis der Dinge der Natur zur Erkenntnis durchdrang und so auf Grund der göttlichen Barmherzigkeit als Werkzeug dienen konnte, um das innerste Geheimnis des Wortes Gottes zu eröffnen. So ist nun offenbar, was bisher nicht eröffnet wurde.«

Aufschlußreich sind für Swedenborgs Selbstverständnis seiner Aufgabe auch zwei Briefstellen, die jeweils Schreiben an den württembergischen Prälaten Oetinger entnommen sind. Im Brief vom 23. 9. 1766 schreibt Swedenborg: »Ich kann heilig beteuern, daß mir der Herr selbst erschienen ist und daß er mich gesandt hat zu tun, was ich tue, und daß er zu diesem Zweck das Innere meines Geistes, das heißt meinen Geistmenschen, aufgeschlossen hat, damit ich Dinge, die in der geistigen Welt sind, sehen und alle, die sich daselbst befinden, hören können und dies nun schon 22 Jahre hindurch.«

Und am 11. 11. 1766 schreibt er noch ausführlicher, um die Frage zu beantworten, warum er als Philosoph dazu ersehen worden sei, die Geheimnisse des Himmels zu eröffnen: »Dies ist zu dem Ende geschehen, damit das Geistige, das heutzutage offenbart wird, in natürlicher und vernünftiger Weise gelehrt und verstanden werde. Denn die geistigen Wahrheiten haben eine Entsprechung in den natürlichen Wahrheiten, laufen in diese aus und beruhen auf diesen. Aus diesem Grunde wurde ich vom Herrn zuerst in die Naturwissenschaften eingeführt und so vorbereitet, und dies geschah von dem Jahr 1710—1744, da mir der Himmel eröffnet worden. Es wird auch jeder durch das Natürliche zum Geistlichen geführt, denn der Mensch wird natürlich geboren, zur Sittlichkeit erzogen und nachher vom Herrn geistig gezeugt. Aber dies hat mir der Herr gegeben, die Wahrheit geistig zu lieben, das heißt, nicht nur tun um der Ehre oder des Gewinns, sondern um der Wahrheit selbst willen.«

Auf den Apokalyptiker kommt er in seiner »Wahren Christlichen Religion« im Hinblick auf seine Visionen zu sprechen: »Daß dergleichen Dinge, wie sie in den ›Denkwürdigkeiten‹ (Schilderung seiner Visionen) beschrieben werden, in den Himmeln wirklich erscheinen, zeigt sich deutlich an ähnlichen Dingen, die Johannes sah und die in der Offenbarung beschrieben sind, sowie an solchen, die

die Propheten sahen und die im Wort des Alten Testaments beschrieben wurden.«

Religionsgeschichtlich besteht allerdings ein wichtiger Unterschied zwischen den Visionen der Bibel und denen Swedenborgs: Im Wesentlichen beschränken sich die alten Propheten auf die Beschreibung des in den Visionen Gehörten und Gesehenen, wobei der Sinn verhüllt bleibt oder nur zu erahnen ist. Swedenborg dagegen empfindet seine Auditionen und Visionen als Verpflichtung zur Auslegung des Sinns und damit zur Erklärung des Bibelworts als der Urbotschaft aus dem »versiegelten Buch«. Er bringt keine neuen Verheißungen, sondern er enthüllt, was in Rätseln und Gleichnissen der Heiligen Schrift verborgen blieb. So schreibt er in der Vorrede zu seiner »Enthüllten Offenbarung Johannis«: »Jedermann kann einsehen, daß die Offenbarung durch niemand anders erklärt werden kann als durch den Herrn allein, denn die einzelnen Worte derselben enthalten Geheimnisse, die man ohne Offenbarung nie wissen würde. Daher hat es dem Herrn gefallen, mir das Gesicht meines Geistes zu öffnen und mich zu lehren. Man glaube also nicht, daß ich etwas von mir selbst oder irgendeinem Engel genommen habe, sondern allein vom Herrn.«

So wie Emanuel Swedenborg sich von Gott beauftragt fühlte, den Sinn der Bibel zu entschlüsseln und eine neue, von irdischen Zutaten gereinigte Lehre zu verkünden, so hat jener Inder, dessen Geschichte nun folgt, sich ebenfalls auf die Unmittelbarkeit seiner spirituellen Erfahrungen berufen, ganz unbekümmert um dogmatische Grenzen.

Sadhu Sundar Singh (1889 – 1930?) sind Lehrvisionen zuteil geworden – Ähnlichkeit zu den von Swedenborg geschilderten belehrenden Gesprächen mit Engeln und Geistern zeigte vor allem seine 1926 in englischer Sprache in

[126] Sadhu Sundar Singh, Gesichte der Geisteswelt, Eine kurze Beschreibung des Geisteslebens, seiner verschiedenen Seinszustände und des Schicksals guter und böser Menschen, wie es in Gesichten geschaut wurde.

Subatho/Indien erschienene Abhandlung »Gesichte der Geisterwelt«.[126] Durch Fragen aufmerksam gemacht, las er die ihm bis dahin unbekannten Werke Swedenborgs und war überrascht über die augenfällige Übereinstimmung.

Im Vorwort der zitierten Schrift schildert dieser indische Mystiker — der in den dreißiger Jahren spurlos im Himalaja verschwand — seine Berufung und ihre Folgen: »In Kotgarh wurden vor 14 Jahren, während ich betete, meine Augen für die himmlische Schau aufgetan. So lebendig sah ich alles, daß ich dachte, ich müßte gestorben sein und meine Seele sei in die Herrlichkeit des Himmels eingegangen. Doch auch in den folgenden Jahren haben diese Gesichte weiterhin mein Leben bereichert. Ich kann sie nicht herbeirufen, wann ich will; aber gewöhnlich, wenn ich bete oder mich in mein Inneres versenke — mitunter acht- oder zehnmal in einem Monat — werden meine Geistes-Augen aufgetan: ich kann in den Himmel blicken, wandle für ein oder zwei Stunden mit Christus Jesus in der Herrlichkeit der himmlischen Welt und halte Zwiegespräche mit Engeln und Geistern. Vieles von dem, was sie mir auf meine Fragen geantwortet haben, ist in meinen Büchern veröffentlicht worden, und die unaussprechliche Verzückung jener Geistgemeinschaft macht, daß ich mich nach der Zeit sehne, wo ich für immer in die Seligkeit und Gemeinschaft der Erlösten eintreten darf.«

Alles also, was der Visionär in der anderen Dimension erschaut, wird zum Lehrgegenstand, denn in Frage und Antwort wird ihm — ganz nach den Regeln der theologischen oder philosophischen Disputation – geistige Erkenntnis zuteil. So schreibt Singh im Vorwort 1930:[127] »Manche mögen meinen, diese Gesichte seien nur eine Art Spiritismus; aber ich möchte ausdrücklich betonen: es besteht ein wesentlicher Unterschied! Der Spiritismus behauptet, Botschaften und Zeichen von Geistern aus dem Dunklen vorzulegen; aber sie sind für gewöhnlich so lük-

---

[127] Übersetzung von Friso Melzer, Sadhu Sundar Singh, Gesichte, S. 206 aus »Gesammelte Schriften«, 2. Aufl., Stuttgart 1951

kenhaft und unverständlich, wenn nicht sogar wirklich trügerisch, daß sie ihre Nachfolger eher von der Wahrheit fort als zu ihr hinführen. In diesen Gesichten andererseits sehe ich lebendig und deutlich jedes einzelne der Herrlichkeit der Geisterwelt, und ich habe die höchst wirkliche Gemeinschaft mit den Heiligen erhebend erfahren, mitten in der unvorstellbar strahlenden und schönen Umgebung einer sichtbar gewordenen Geisterwelt. Von diesen Engeln und Heiligen habe ich Botschaften empfangen: nicht unbestimmte, bruchstückhafte und ausweichende Botschaften aus dem Unsichtbaren, sondern klare und verständliche Aufklärung vieler Fragen, die mich gequält haben.«

Damit setzt er sich zugleich ab gegen die spiritistischen Praktiken der Madame Blavatsky[128] und des Oberst Olcott[129] in Madras.

In diesem Inder zeigt sich die Ausnahme von der Regel, nach der einem Christen Christus und einem Buddhisten Buddha erscheint. Bei Sri Aurobindo, seinem Landsmann und Zeitgenossen, erfolgte die persönliche Gotteserfahrung in den hinduistischen Gestalten von Ishvara, Narayana oder Vasudeva, die er selbst als die persönlichen Aspekte Gottes bezeichnete. Der Hindu Sundar Singh aber wurde zum christlichen »Sadhu« aufgrund folgender charakteristischen Licht-Vision, die seinem an Christus gerichteten Gebet antwortete:[130]

»Als ich von dem Gebet aufstand, sah ich ein leuchtendes Wesen vor mir stehen, in Licht und Schönheit gekleidet. Es sprach kein Wort. Und weil meine Augen voller Tränen waren, sah ich ihn nicht ganz deutlich. Dennoch entströmten ihm blitzgleiche Strahlen lebensschenkender Liebe mit solcher Kraft, daß sie bis in meine Seele drangen und sie durchfluteten. Sogleich wußte ich, mein lieber Heiland stand vor mir. Ich sprang sofort von dem Felsen,

---

[128] Helena Petrowna Blavatsky, 1831—1891, Begründerin der Theosophischen Gesellschaft zusammen mit dem Oberst

[129] Henry Steel Olcott, 1832—1907

[130] Sadhu Sundar Singh, Gesicht, S. 13

wo ich gesessen hatte, auf und fiel ihm zu Füßen. In seiner Hand hielt er den Schlüssel meines Herzens. Er öffnete die innere Kammer meines Herzens mit dem Schlüssel seiner Liebe und erfüllte es mit Seiner Gegenwart. Und wo ich hinblickte, nach innen oder außen, überall sah ich nur Ihn.«

Bei Singhs tiefeingewurzelter Abneigung gegen die in Indien tätigen christlichen Missionskirchen schloß er sich keiner an und hat sich selbst nur auf diese Vision berufen und auf die himmlische Geist-Kirche verwiesen, wo die Geister der vollendeten Menschen bei Gott versammelt sind. Die »andere Dimension« ist es, um die es ihm geht, und man erkennt den Reinigungsweg des Apokalyptikers, der hinführt zur Wiedergeburt durch die Paradiesquelle, wenn Singh schreibt:[131] »Ich habe viele Male gesehen: Wenn die Geister der Guten, der Söhne des Lichts, in die Geisterwelt eintreten, so baden sie zu allererst in dem nicht zu fühlenden luftgleichen Wasser eines kristallklaren Ozeans, und darin finden sie eine starke und erheiternde Erfrischung. Sie bewegen sich mitten in diesen wunderbaren Wassern, als ob sie im Freien wären. Weder ertrinken sie darin, noch machen die Wasser sie naß: vielmehr treten sie, wunderbar gereinigt, erfrischt und geläutert, in die Welt der Herrlichkeit und des Lichts ein, wo sie ewig in der Gegenwart ihres lieben Herrn und in der Gemeinsamkeit zahlloser Heiliger und Engel bleiben werden.« Marina von Escobar hat im Mittelalter die gleiche Erfahrung dieses »himmlischen Brunnen, der ebenfalls ein Himmel und von himmelblauer Farbe war« gemacht, aus dem sie »ganz neu geschaffen« als eine andere herauskam.

Wie schwer eine visionäre Botschaft über die transzendente Welt in irdische Worte zu fassen ist, spricht Singh in der Einleitung seiner »Gesichte« so aus: »Ich werde versuchen, eine kurze Erklärung aus den Erfahrungen meiner Gesichte zu geben, obgleich ich nicht alles beschreiben kann, was ich in den Gesichten von der Gei-

---

131 Sadhu Sundar Singh, Gesichte der Geisteswelt a.a.O.

steswelt geschaut habe, denn die Sprache und die Bilder dieser Welt reichen nicht zu, um diese Geisteswirklichkeit auszudrücken; und der bloße Versuch, diese Herrlichkeit des Geschauten in gewöhnliche Sprache zurückzubilden, führt leicht zu Mißverständnissen. Ich habe deshalb den Bericht aller jener feinen geistigen Vorgänge auslassen müssen, für den nur die Geistersprache zureicht, und will nur ein paar schlichte und lehrreiche Vorfälle mitteilen, die sich für alle als nützlich erwiesen haben. Und da früher oder später jeder einmal in diese unsichtbare Geisteswelt eintreten muß, wird es nicht ohne Nutzen sein, wenn wir uns bis zu einem gewissen Grade mit ihr vertraut machen.«

Wenn hier Sadhu Sundar Singh als beispielhafte Gestalt eines wahren Visionärs geschildert wird, so entspricht dies der Auffassung von Ernst Benz,[132] der gegen die Angriffe des Schweizer Pfarrers und Psychiaters Oskar Pfister die Verteidigung Friedrich Heilers[133] für diesen Mystiker des Ostens als zutreffend erkannte.

Der erste Abschnitt der Untersuchungen, wie weit die Offenbarung des Johannes durch die Jahrhunderte hin bestätigt wurde, ist hiermit abgeschlossen. Audition, Vision und Entrückung in eine andere Dimension als die befremdlichste Aussage dieses letzten Buches der Bibel haben sich durch Wiederholungen, ähnlich einer wissenschaftlichen Versuchsreihe, aber unter jeweils anderen zeitlichen und menschlichen Bedingungen, in wechselseitiger Ergänzung und Erweiterung bestätigt. Die »Welt danach« erhielt Konturen als der gestaltreiche Raum, der hinter und über allen irdischen Erscheinungen liegt und für den unsere Sinne nur unvollkommen eingerichtet sind.

Mein Versuch, eine Bestätigung der Apokalypse durch die Jahrhunderte aufzuzeigen, hält sich an den Weg, den die Offenbarung einschlägt. Hier wurde auf die Fragen

---

132 Ernst Benz, Die Vision a.a.O.

133 Friedrich Heiler, Sadhu Sundar Singh, Ein Apostel des Ostens und Westens, München 1924

eingegangen, die in den ersten vier Kapiteln der Apokalypse angesichts der Visionen hervortreten. Doch neben die Beschäftigung mit den Visionären und ihren Aussagen sollte immer und immer wieder der Text der Offenbarung Johannes selber treten. Das »Wort Gottes des Ursprungs« durchzieht und übertönt alles. Man sollte diesem Ton nachhorchen ...

B EINZELAUSSAGEN VERSCHIEDENER VISIONÄRE ZUM THEMENKREIS DER APOKALYPSE DES JOHANNES

Zu Beginn stehe der wohl bekannteste Mystiker des deutschen Sprachraumes, der Philosophus Teutonicus *Jakob Böhme*, der »Görlitzer Schusterphilosoph«.

Wie schon einmal in dieser Abhandlung der Bericht über einen strahlenden Geist und großen Gelehrten abgelöst wurde vom Bericht über einen schlichten Musiker (Martin Buber – Jakob Lorber), so soll jetzt nach dem Lebenslauf des angesehenenen Naturforschers Swedenborg über einen unscheinbaren schlesischen Schuster berichtet werden, von dem nicht einmal ein zu seinen Lebzeiten gemaltes Bild existiert.

Diesen »hochbegnadeten deutschen Wundermann« beschreibt Abraham von Franckenberg:[134] »Seine äußerliche Leibesgestalt war verfallen und von schlichtem Ansehen, kleiner Statur, niedriger Stirn, erhobener Schläfe, etwas gekrümmter Nase, grau und fast himmelblau glitzernden Augen, sonsten wie die Fenster am Tempel Salomonis, kurzdünnen Bartes, kleinlautender Stimme, doch holdseliger Rede, züchtig in Gebärden, bescheiden in Worten, demütig im Wandel, geduldig in Leiden, sanftmütig im Herzen.«

Jakob Böhme (1575 – 1624) wurde in Alt-Seidenberg bei Görlitz als Kind von »Bauersleuten guter deutscher Art«[135] geboren. Er hütet nicht nur das Vieh, sondern

---

[134] Abraham von Franckenberg, Ausführlicher Bericht in: Jakob Böhme, Sämtliche Schriften, Bd. 10, Stuttgart 1961

[135] alle Angaben aus: Gerhard Wehr, Jakob Böhme in Selbstzeugnissen und Bilddokumenten, ro-ro-ro-Monographie 1971. (Wichtige Werke Jakob Böhmes erscheinen, erläutert von G. Wehr, im Aurum Verlag, Freiburg).

besucht auch die Dorfschule, ehe er seine Schusterlehre beginnt. Nach der Wanderszeit des Gesellen folgte seine Niederlassung als Schuhmachermeister in Görlitz, wo ihm 1599 seine Bürgerurkunde ausgestellt wird. Im Mai des gleichen Jahres heiratet er und kauft sich im Sommer sein Haus. Zwischen 1600 und 1606 werden vier Söhne ins Taufregister eingetragen. Sein Leben läuft in der vorgegebenen Bahn eines Schuhmachermeisters und Familienvaters der damaligen Zeit.

Unbemerkt bleibt zunächst, daß ihn Anfang 1600 »das göttliche Licht« ergreift. Erst von Januar bis Juni 1612 bringt er seine geistig-geistlichen Erfahrungen zu Papier. Sein Manuskript »Morgenröte im Aufgang« wird ohne sein Wissen von Freunden kopiert und wandert von Hand zu Hand. Wie zur Zeit des Johannes bewegen endzeitliche Gedanken die Menschen; die Parusie (Wiederkehr Christi) wird herbeigesehnt.
Als aber eine Abschrift des Manuskriptes dem Görlitzer Oberpfarrer in die Hände kommt, brandmarkt dieser am 28. 7. 1613 den erschreckten Schuster, der wie immer im sonntäglichen Gottesdienst sitzt, mit einer Droh- und Strafpredigt. Nach einem Glaubensverhör erhält Jakob Böhme Schreibverbot. Im gleichen Jahr gibt er seinen Beruf auf und beginnt mit seiner lebenstüchtigen Frau einen Garnhandel. Bei Geschäftsreisen kann er nun seine Freunde leicht besuchen. Er entschließt sich, Gott mehr zu gehorchen als den Menschen und greift 1618 wieder zur Feder. Am 10. 12. 1622 schreibt er:

»Wiewohl ich ein einfältiger Mann bin und der hohen Kunst und des Studii unerfahren, ist auch niemals meine Übung gewesen, mich in hoher Meisterschaft zu üben und große Geheimnisse in meiner Vernunft zu fassen. Sondern meine Übung ist äußerlich ein gemein Handwerk gewesen, damit ich mich lange Zeit ehrlich ernähret; daneben ist meine innerliche Übung mit fast (d. h. sehr) strenger Begierde in das Streben meines angeerbten Menschen gegangen ... Habe auch mein Handwerk um deswillen liegen lassen, Gott und meinen Brüdern in diesem Berufe zu dienen und meinen Lohn in dem Himmel zu empfangen, ob ich gleich von Babel und dem Antichrist muß Undank haben.«

Sein gesamtes literarisches Werk – abgesehen von der »Morgenröte«, die er im Original-Manuskript beim Pfarramt abliefern mußte, wo sie bis 1641 in Verwahrung blieb! – entsteht in seinen sechs letzten Lebensjahren: es füllt in der Ausgabe von 1730 acht stattliche Textbände.[136] Böhme schrieb also mit großer Konzentration, bereichert durch Gespräche mit den Freunden, die zugleich auch die finanzielle Sicherung seiner Familie übernehmen.

Doch Böhmes Gemeindepfarrer macht ihm seine Religions- und Geistesfreiheit streitig. Offiziellen Anschuldigungen folgt eine Vorladung nach Dresden. Die Disputation dort verläuft nicht so, wie Jakob Böhme erhofft. Seine Familie ist den Anfeindungen der aufgehetzten Bürger schutzlos ausgeliefert. Kreislaufstörungen, Wassersucht und ein rascher Kräfteverfall machen dem Leben diese frommen Mannes am 17. 1. 1624 ein frühes Ende. Nicht nur, daß dem Sterbenden zunächst die letzte Ölung verweigert wurde: auch die Beerdigung erfolgte gegen Hindernisse, und das später von Freunden errichtete Grabkreuz wurde besudelt und zerbrochen. Wie ruhig steht dagegen das Wort da, das Jakob Böhme Freunden ins Stammbuch schrieb:

Wem Zeit ist wie Ewigkeit
Und Ewigkeit wie Zeit,
Der ist befreit
Von allem Streit.

Was beim Lesen der Werke von Jakob Böhme fasziniert — in seine umständliche Sprache liest man sich gut ein — und was den Leser wiederum zur Offenbarung des Johannes hinführt, ist dies: Im ersten Kapitel sieht Johannes Gott-Christus in Leinen gekleidet (Zeichen des Priestertums nach Ex. 28, 4) und mit goldenem Gürtel ge-

[136] Hier sei besonders auf die von Gerhard Wehr neu kommentierten Bände verwiesen: Jakob Böhme, Christosophia, Freiburg 1975; Jakob Böhme, Aurora, Freiburg 1977; Jakob Böhme, Von der Gnadenwahl, Freiburg 1977

gürtet (Zeichen der Königswürde nach 1 Makk. 10, 89). Gottes weißes Haar versinnbildlicht Ewigkeit, die flammenden Augen Allwissenheit, die Füße aus Erz Allgegenwart und die Stimme Majestät. Nach seiner Entrückung im vierten Kapitel erfährt Johannes Gott als den Thronenden, als eine leibhaftige Person, in der alles, was zum Menschen gehört, auf geistige Weise verkörpert ist.

Diesem *homo maximus,* diesem unermeßlichen Makrokosmos in seinem Farbenglanz, von Donnern und Blitzen umgeben, steht nun der menschliche Mikrokosmos gegenüber, das Ebenbild Gottes, dem aber nach dem »Fall« das Weisheitsbuch verschlossen ist.

Bei Jakob Böhme findet sich eine visionäre Beschreibung des Menschen vor dem Fall: er sieht ihn als den androgynen *Adam,* der noch innerlich mit der himmlischen Sophia verbunden war. Die »Sophia« wird hier verstanden[137] als das ursprüngliche Gottesbild im Menschen, die himmlische Braut Adams, die in ihm wohnt und sich dabei zur mann-weiblichen Ganzheit, zur »imago dei« verbindet. Als aber Adam sich von Gott abwendet und sich selbst Gott sein will, »verfällt« er der Materie und das Buch des Lebens wird ihm versiegelt.

Nach Jakob Böhme hat sich in der Jungfrau Maria die Verbindung der menschlichen Natur mit der himmlischen Sophia, die nach dem Fall Adams abgerissen war, erneut vollzogen: Sophia, die vor dem Adam floh, als dieser fern von Gott leben wollte — wozu er frei ist —, kehrt in Maria wieder in die Menschheit zurück, und durch Christus kommt die Erlösung, denn er ist der Weg zur Heimkehr zum Vater.

Auch Dante[138] kann in seiner Göttlichen Komödie nur durch die reine Liebe Beatrices, dieser Gestalt der verklärten und erleuchteten Geistseele, bis zum Empyreum als dem Raum der Transzendenz Gottes vorstoßen. Auf glei-

---

137 Ernst Benz, Der vollkommene Mensch nach Jakob Böhme, Stuttgart 1937

138 Dante Alighieri, Die Göttliche Komödie, übers. von Wilhelm G. Hertz, München 1963

che Weise wird Jakob Böhme von seiner Sophia zur inneren Erkenntnis geführt.

Wie im Spätjudentum ist dabei die »Sophia« als Gehilfin Gottes bei der Schöpfung, als der mütterliche Aspekt gesehen. Diese Sophia ist die Grundlage der Kosmologie und Anthropologie Böhmes.[139] Der Gott, der »die Tränen abwischt« und die Dürstenden zur ewigen Quelle führt, verkörpert nicht nur das männliche Attribut der Gerechtigkeit, sondern in gleichem Maße den weiblich-verzeihenden Aspekt der Liebe. So ist letztlich die himmlische Sophia oder Braut bei Jakob Böhme Gott selbst: Gott als die schaffende Lebenskraft des Universums.

Ein deutlicher Hinweis auf eine visionäre Schau dieser »Sophia« findet sich in Böhmes Schrift »Von wahrer Buße«, wo sich die Sophia mit der Seele unterhält; dies werde nur »von den Unsern verstanden, so dieses Kleinod geschmekket haben und sonst niemanden wissende . . . So springt die Sele in ihrem Leibe vor großen Freuden auf . . . Wir wollen das in dieser Welt verrichten, darzu wir von Gott verordnet sind, und wollen Ihm dienen in seinem Tempel, der wir selbst sind«.

Mit einer »Zuschrift an den Leser« schließt Böhme ähnlich wie der Apokalyptiker: »Lieber Leser, haltet dieses für kein ungewis Gedichte, es ist der wahre Grund und hält innen die ganze heilige Schrift: dan das Buch des Lebens Jesu Christi ist darinnen klar vor Augen gemahlet, wie es vom Autor selbst erkant worden, das es ist sein Process gewesen: Er gibt dir das Beste, das er hat, Gott gebe das Gedeyen! Es ist ein schweres Urteil über den Spötter dieses erkannt worden. Er sey gewarnet!«

Zu ähnlichen, ja im wesentlichen völlig gleichen Erkenntnissen kommen Swedenborg und Jakob Lorber in ihrer Kosmologie und Anthropologie, die ihnen jeweils visionär oder im inneren Wort »zugekommen« sind.

Die Frage nach der *göttlichen Dreifaltigkeit* mit dem verwirrenden Aspekt der drei Personen — wie bei Marina

---

139 Dazu mit fundierter Kommentierung von Gerhard Wehr: Jakob Böhme, Von der Gnadenwahl, Aurum Verlag, Freiburg 1977

von Escobar in ihrer Vision — bewegte auch Jakob Böhme und Emanuel Swedenborg. Beide erhielten die innere Gewißheit, daß da nicht drei Götter waren, die je für sich existiert hätten. Der Vater ist für Jakob Böhme[140] der Inbegriff »der ganzen göttlichen Kraft, daraus alle Kreaturen worden sind. Der Sohn ist in dem Vater, des Vaters Herze oder Licht . . . Der Heilige Geist gehet vom Vater und Sohne aus.«

Swedenborg erlebt visionär eine Art Anti-Nicänum im Himmel, das mit dem revidierten Konzilbeschluß in feierlichem Finale ausklingt:[141] »In dem Herrn Gott Heiland Jesus Christus ist eine göttliche Dreieinheit, bestehend aus dem Urgöttlichen, das der Vater heißt, dem Göttlich-Menschlichen, das der Sohn heißt, und dem ausgehenden Göttlichen, das der Heilige Geist heißt.«

Das gewaltige Bild, das dieser eine und einzige Gott gibt, der sich uns in drei Aspekten öffnet, stammt aus Urzeiten, ist dem Menschen archetypisch eingepflanzt. Wenn wir uns zu diesem Ursprung mit Hilfe der Symbolsprache zurücktasten, stellen wir fest, daß uns die männlich-aktiven Symbole für das Denken und Handeln im Glauben am nächsten liegen (in hoc signo vinces!).[142]

Erst dahinter entdecken wir die von unserer rastlosen Zeit des »Machens« fast verschütteten mütterlich-passiven Symbole für die Liebe und die Institution.

Die Kirche des Ostens aber — dort lebte die Tradition des Alten Testaments und der Apokalypse lange weiter fort — hat eine betonte Verehrung der Gottesmutter entwickelt. Und die byzantinische Kirche kennt eine *Sophiologie*, eine Lehre von der göttlichen Weisheit mit weiblichen Zügen, wie sie Jakob Böhme darzustellen versucht hat. Auf diesem altverwurzelten Baum erst entwickelte sich als junges Reis im Westen die »Mariologie«, wie sie

---

140 Jakob Böhme, Aurora oder Morgenröte im Aufgang, Freiburg 1977

141 Emanuel Swedenborg, Wahre Christliche Religion a.a.O.

142 In diesem Zeichen wirst du siegen; von Eusebius Pamphili überliefert in der Biographie von Konstantin I, 286—337, der das Christentum zur Staatsreligion erhob

in der Vision der Gertrud von Helfta sich kundgab: eine weitere »Vermenschlichung«, die das Wunder Gottes dem immer realer werdenden Menschen leichter faßbar machte.

Visionäre Erfassung der himmlischen Sophia verdanken wir in poetischer Sprache dem mittelalterlichen Mystiker Heinrich Seuse. Als dieser über das 24. Kapitel des Jesus Sirach meditierte, in dem eine Beschreibung der Gestalt der himmlischen Weisheit gegeben wird, erschien sie ihm selbst:[143] »Sie schwebte hoch über ihm in einem Thron aus Wolken, sie leuchtete wie der Morgenstern und schien wie die blinkende Sonne; ihre Krone war Ewigkeit, ihr Gewand war Seligkeit, ihre Worte waren Süßigkeit und ihre Umarmung war aller Lust Befriedigung. Sie war fern und nah, hoch und niedrig, sie war gegenwärtig und doch verborgen. Sie ließ mit sich umgehen und doch konnte niemand sie ergreifen. Sie reichte über den Rand des höchsten Himmels und berührte den tiefsten Grund des Abgrunds. Sie zerteilte sich von einem Ende bis zum anderen gewaltig und richtete alle Dinge fröhlich aus. Wenn er jetzt meinte, eine schöne Jungfrau zu haben, plötzlich fand er einen stolzen Jüngling. Bisweilen gebärdete sie sich als eine weise Meisterin, bisweilen hielt sie sich wie eine stattliche Geliebte. Sie beugte sich liebreich zu ihm und grüßte ihn gar freundlich und sprach gütig zu ihm: »Gib mir dein Herz, mein Sohn!« (Spr 23, 26). Er fiel ihr zu Füßen und dankte ihr herzlich aus demütigem Grunde. Soviel ward ihm zuteil und diesmal sollte ihm nicht mehr werden.«

Ein schöneres Bild als diese Vision von der himmlischen Sophia wird sich kaum finden lassen.

Heinrich Seuse oder Suso (1295 – 1366) – wir wissen nicht viel über ihn — entstammte wohl dem Patriziergeschlecht von Berg, hatte sich aber nach seiner früh verstorbenen Mutter umbenannt. Ganz im Gegensatz zu seinem Vater war diese tief religiös, und ihren Mädchennamen

[143] Heinrich Seuse, Deutsche Schriften, übertr. u. eingel. von W. Lehmann, 2 Bde, 2. Aufl. 1922

Sus — Seuse selbst leitete ihn ethymologisch von »sausen« her — wandelte Heinrich in Suso oder Seuse ab. Als 13-jähriger trat er in Konstanz bei den Dominikanern ein. Wie zunächst die Liebe zur Mutter für ihn bestimmend war, wurde es von da an die Liebe zu Gott. »Er hatte von Jugend auf ein minnereiches Herz«, beschreibt der Mystiker sich selbst.[144] Seinen ekstatischen Durchbruch zu Gott hält er in einer Visionsschilderung fest. Diese Vision wurde ihm zuteil, als er ganz allein und bedrückt in der Kirche saß, im »ersten Anfang in seinem 18. Lebensjahr. Obgleich er davon fünf Jahre geistliches Gewand getragen hatte, war dennoch sein Gemüt ungesammelt.«

Seuse gehörte zu jenen Menschen, die es schwer mit sich selbst haben; sowohl physisch als auch psychisch hatte er sein ganzes Leben lang zu kämpfen. Er entwickelte sich zu einem Meister der Askese im Fasten, im Ertragen von Ungeziefer, in der Selbstpeinigung mit Folterwerkzeugen, wofür dem heutigen Menschen jedes Verständnis fehlt. Die Lehren, die er auf der Kölner Ordenshochschule durch seinen Lehrer Meister Eckhart erhalten hatte, lebten in ihm weiter. Neben seiner Tätigkeit als Prediger in Konstanz versah er Reisedienste. »Des Seusen mühsame und selige Wanderwege zwischen Konstanz und Köln«[145] sind überliefert und dichterisch gestaltet.

Seine leitende Stellung als Prior des Dominikaner-Konvents von Konstanz mußte er aufgeben, weil er treu zu dem inzwischen exkommunizierten Meister Eckhart hielt. In der Stille und Abgeschiedenheit des Ulmer Dominikaner-Konvents schrieb er in den folgenden Jahren seine geistliche Selbstbiographie. Darin veröffentlichte er auch einen Visionsbericht: Er habe seinen Lehrer Meister Eckhart in der anderen Dimension gesehen und gesprochen, und dieser befinde sich in »überschwenglicher Herrlichkeit, in die seine Seele rein in Gott vergottet war«.

Zu dieser Vision des im Jenseits weilenden Lehrers

---

[144] Heinrich Seuse, Deutsche Schriften a.a.O.: alle Zitate sind dort entnommen

[145] Otto Gilber, Bruder Heinrich, Karlsruhe 1946

schreibt Ernst Benz:[146] »Von hier aus gesehen erhält auch die Befragung Meister Eckharts in der Vision ihre besondere Bedeutung, denn durch den Mund seines Schülers Seuse setzt der verstorbene und exkommunizierte Meister nach seinem Tode seine Lehrtätigkeit fort und verkündet dem Schüler den Grundgedanken seiner Lebenslehre in denselben Worten, die der Lebende in seinen Schriften und Predigten gebraucht hatte und um deretwillen er von der höchsten kirchlichen Autorität verurteilt worden war, seine Lehre von der Gelassenheit, von dem Entsinken der Selbstheit als Voraussetzung der Vergottung der Seele, in der Mahnung zur »stillen Geduldsamkeit gegen alle wölfischen Menschen«, die die eindrucksvolle Zusammenfassung jener Haltung ist, die Eckhart selbst während der Zeit seiner Verfolgungen gegenüber seinen kirchlichen Verfolgern eingenommen hatte, fand wohl Seuse eine tröstliche Bestätigung seiner eigenen geistlichen Erfahrung und eine Ermutigung zum weiteren Ausharren in seiner eigenen Situation der Verfolgung.«

Ein umfangreiches literarisches Werk hinterlassend, starb Heinrich Seuse 1366 im Kloster zu Ulm. Conrad Gröber, der unlängst verstorbene Freiburger Erzbischof, der die neueste und umfassendste Biographie dieses Dominikaners schrieb, gibt folgendes Bild:[147] »Seuse, der zeitlebens ringende, durch und durch künstlerische Mensch, mit dem von Haus aus gärend wilden, blühenden, liebehungrigen Gemüt, das sich in den heißesten Kämpfen von außen und innen immer wieder zerriß. Und doch gelang es dem Unnachgiebigen zuletzt, das ‚Fiat voluntas tua', Dein Wille geschehe, in Gelassenheit zu sprechen, mochte es sich darum handeln, Kasteiungen zu übernehmen oder Kasteiungen aufzugeben, in Visionen und Entrückungen zu schwelgen oder ins lichtlos schwarze Meer der Schwermut zu versinken und an sich selber zu zweifeln oder zu verzweifeln, oder sein eigenes Suchen und Sehnen, sein

[146] Ernst Benz, Die Vision a.a.O.
[147] entnommen aus: Josef Mahlberg, Heilige und Ketzer, Bietigheim 1950

Irren und Leiden, sein Unterliegen und Siegen vor der Welt auszubreiten wie ein aufgeschlagenes Buch. Das Kostbarste in Seuses außerordentlichem Leben ist gewiß in allererster Linie der göttlichen Gnade zuzuschreiben, die mit ihm spielte, wie der Harfenist spielt auf seinem willigen, wohlgestimmten Instrument, um ihm rauschende Töne des Jubels, heftige Akkorde der zürnenden Mahnung oder zitternde Klänge der weinenden Trauer zu entlocken. Auch in seinen Schriften erblickte er nie sein eigenes Werk, sondern das der Erleuchtung und Offenbarung von oben.«

Im fünften Kapitel der Apokalypse ertönt zuerst das »neue Lied« durch die vier Eckwesen, die 24 Ältesten und die Stimmen der vielen Engel. Das erwartende Lauschen, ja das sehnsüchtige Hinhorchen auf diese *himmlische Musik,* auf das »neue Lied« aus den Himmeln, war der Zeit Seuses vertraut. Es bringt ihm das Vergessen seiner Leiden. So schreibt er: »Es geschah in der Engel-Nacht, daß es ihm in einem Gesicht war, als höre er Engelsgesang und süßes himmlisches Getön. Davon ward ihm so wohl, daß er all seines Leidens vergaß. Und ihrer eine sprach zu ihm: ›Sieh, wie du von uns gern den Gesang der Ewigkeit hörst, so hören wir von dir gern den Gesang von der ewigen Weisheit.‹ Und er sprach danach also: ›Dies ist aus dem Gesang, den die auserwählten Heiligen fröhlich singen werden am Jüngsten Tag, wenn sie erschauen, daß sie in immerwährender Freude der Ewigkeit bestätigt sind.‹«

Für die altkirchlichen und mittelalterlichen Gläubigen war der Zusammenhang zwischen Kirchenmusik und Engelsgesang reine Wirklichkeit.[148] Bei jeder Messe vereinigen sich die Chöre der Engel mit dem Chor der irdischen Gemeinde. So sah es Papst Gregor d. Gr.: »Wer von den Gläubigen möchte daran zweifeln, daß gerade in der Stunde des Opfers die Himmel sich öffnen und die Chöre der Engel zugegen sind? Oben und Unten verbinden sich, Himmel und Erde, Sichtbares und Unsichtbares werden

[148] dazu ausführlich: Reinhold Hammerstein, Die Musik der Engel, Untersuchungen zur Musikanschauung des Mittelalters, Bern-München 1962, dem die folgenden Ziate entnommen sind.

Eins.« Ebenso weiß der die Liturgie der östlich-orthodoxen Kirche mitprägende Johannes Chrisostomus: »Nachdem Christus die Zwischenwand zwischen Himmel und Erde niedergelegt hat . . ., hat er uns diesen Lobgesang vom Himmel gebracht.« Und Gregor von Nazianz gibt die Weisung: »Mit den Engeln sollst du den Hymnus sprechen, mit den Erzengeln Chöre führen. Ein gemeinsamer Festgesang vereinigt die himmlischen und irdischen Tugenden.«

Beim »Sanctus« der Eucharistie erfolgt die Aufforderung zum gemeinsamen Lobeshymnus, dem »Gloria«, das die Einswerdung von Himmel und Erde preist. Deshalb schreibt Reihold Hammerstein, in den Erklärungen der betreffenden liturgischen Stücke werde betont, »daß durch Christi Geburt die beiden zerrissenen Hälften der Welt wieder zusammengefügt, die durch die Erbsünde gestörte Harmonie wieder hergestellt und ein einziger mystischer Chor aus Himmels- und Erdenbewohnern gebildet worden sei, der gemeinsam Gott lobt und dankt.«

Nicht nur lehrt alte Tradition, daß himmlische und irdische Chöre in der Eucharistie zusammenklingen, sondern auch die Art des Singens, die Melodie zum Lobpreis Gottes, ist visionär den Gläubigen übermittelt. Das Werk der Hildegard von Bingen[149] enthält Texte, die sie selbst »Engelssprache« genannt hat, und bei ihr lesen wir, sie habe gehört, wie die Engel auf diese Art gesprochen und gesungen hätten.

Schon Ignatius, Bischof von Antiochien, Apostelschüler und Märtyrer[150] des ersten christlichen Jahrhunderts, sah visionär, »wie die Engel wechselweise den Lobgesang der Heiligen Trinität feierten«, und er überlieferte die Melodien, die er in seiner Vision vernahm, der Kirche. Die Musiktradition des Mittelalters weiß Ähnliches von Aurelianus,[151] der sich zur Mitte des 9. Jahrhunderts ausführlich mit der Engelsmusik beschäftigte — so mit dem

---

149 Hildegard von Bingen, Sci vias a.a.O.
150 Sokrates, Historia Ecclesiastica
151 Aurelianus Reomensis, Musica disciplina

»Halleluja«, das ein Mönch auf dem Monte Gargano vernahm und den Gläubigen weitergab. Engel waren also die Stifter und Erfinder der Kirchenmusik, sind immer wieder so gesehen worden.[152]

Auch viele Visionäre berichten von Engelschören. Die detaillierte Beschreibung einer musikalischen Audition verdanken wir dem Prämonstratensermönch Hermann Josef von Steinfeld, der 1150 in Köln geboren wurde und 1229 in der Eifel starb, wo er in der Abteikirche in Steinfeld beigesetzt wurde.[153] Als einmal ein Freund an einer seiner Kompositionen etwas auszusetzen fand, sagte ihm Hermann Josef:[154] »›Nicht ich allein habe den Sang komponiert, sondern die heiligen Tauben haben mir dabei geholfen‹, sprach er, mich bedeutend. Als ich nun nach der Weise dieser wunderbaren Offenbarung fragte, fuhr er fort: ›Da ich, nachdem die Worte des Liedes niedergeschrieben waren, verlegen um die Melodie, mich auf meinem Bett niederlegte, da hörte ich, wie ein Chor der Jungfrauen, über mir in der Luft schwebend, mir die Melodie vorsang, die ich dann, wie ich sie von ihnen gelernt, den Worten unterzusetzen mich bemühte.‹ Darauf ich: ›Das aber scheint doch unglaublich und einem Märchen ähnlich, daß irgendjemand, wie geschickt er auch sei, einen einmal gehörten Gesang also dem Gedächtnis einpräge, und ihn zudem auch niederschriebe.‹ Aufgeregt durch diese Worte und bemüht, dem Zweifelnden genugzutun, löste er nun meine Verwunderung durch noch Wunderbareres, indem er hinzusetzte: ›So oft es mir begegnete, daß ich ihren Gesang vergaß und andere Noten niederschrieb, als ich Töne gehört hatte, huben sie an, die Töne, die ich vergessen, über mir nochmal zu singen. Sie wiederholten das abermal und nochmal und so oft, bis sich die Klänge aufs Beste meinem Gedächtnis eingeprägt, und ich nun das Geschriebene aufsetzte, und das sie mich gelehrt, aufs

---

[152] R. Hammerstein, Die Musik der Engel a.a.O.

[153] aus: Johannes Walterscheid, Deutsche Heilige, S. 352

[154] Vita des Hermann Josef von Steinfeld (auch von »Köln« genannt)

genaueste niederzuschreiben.‹ Er begann dann jene Strophen des Liedes abzusingen, die ihm seine Lehrmeisterinnen in solcher Weise durch öftere Wiederholung eingeprägt, sie dem Horchenden mit solcher fröhlicher Heiterkeit vorsingend, daß über der Erzählung Seele und Antlitz ihm in wunderbarer Fröhlichkeit bewegt wurden.«

Visionär-ekstatischen Ursprung nimmt auch ein Werk des Komponisten Pfitzner in Anspruch. Teile der »Missa Papae Marcelli Palestrina« will er »von oben« empfangen haben.

Joseph von Görres[155] schreibt zu dieser Art himmlischer Musik: »Von vielen der älteren Kirchenlieder, die, während so viel Anderes gewechselt und gewandelt, in ihrer Größe, durchdringenden und erschütternden Gewalt, Würde, Schöne oder reizenden Anmuth und Lieblichkeit, so viele Jahrhunderte durchtönt, in ewiger Jugend immer dieselben an Wirkung und Gewalt beharrend, darf man glauben, daß sie ähnlichen Ursprungs in einer vom höheren Geist hingenommenen Seele gefunden. Selbst Palästrina hat ja bekanntlich von einer seiner besten Compositionen ausgesagt, wie er sie vorsingenden Engeln nachgeschrieben.«

Der Schlußchor des Messias von Georg Friedrich Händel fand seine Niederschrift nach einem beglückenden Traum. So schreibt Arnold Schering im Vorwort zu seiner Messias-Ausgabe: »Als Händel sein Oratorium ›Der Messias‹ zu Ende führen wollte, ermattete die Eingebung des Komponisten. In einem Traum aber wurde ihm jener unvergleichliche Schlußchor geschenkt, den er sogleich nach dem Erwachen niederzuschreiben begann und der zu den Höhepunkten der Kirchenmusik zählt.«

Zum Abschluß dieser Betrachtung der himmlischen Musik sei nochmals Heinrich Seuse mit zwei Schilderungen das Wort gegeben: »Da, als es Zeit war nach seiner Gewohnheit und er aufstehen wollte, da war ihm gleichsam, als sei er in einem himmlischen Chore, und da sang man

[155] Joseph von Görres, Die christliche Mystik, Bde. 1—4, Regensburg 1836—1842

das ›Magnificat‹ Gottes Mutter zum Lobe. Als das aus war, da trat die Jungfrau dort hervor und gebot dem Bruder, daß er den Vers ›O vernalis rosula‹ anfinge, der da heißt: O du feines sommerliches Roselein. Er gedachte, was sie damit meine, und doch wollte er ihr gehorsam sein und hob mit fröhlichem Gemüt an: O vernalis rosula, und alsbald fingen ihrer drei oder vier Jünglinge vom himmlischen Ingesinde, das in dem Chore stand, an, mit ihm zu singen; darnach die andere Schar, alle zusammen um die Wette und sangen so recht gemütvoll, daß es so süß erscholl, als ob alle Saitenspiele erklangen; und den Überschall konnte seine sterbliche Natur nicht länger erleiden, und er kam wieder zu sich selbst.«

»Am lichten Morgen, da man den fröhlichen Gesang singen sollte: ›Lux fulgebit‹, da war der Diener des Morgens in seiner Kapelle in eine stille Ruhe seiner äußeren Sinne gekommen. Da war ihm in einem Gesicht, als würde er in einen Chor geführt, wo man die Messe sang. In dem Chor war eine große Schar des himmlischen Ingesindes, von Gott dahingeschickt, damit sie eine neue Melodie himmlischen Getönes sangen. Das taten sie und sangen ein neues fröhliches Getön, das er nie gehört hat, und das war so süß, daß ihm deuchte, seine Seele verflösse vor rechter Freude. Aber sonderlich ward das ›Sanctus‹ gar herrlich gesungen, und auch er hob an und sang mit ihnen. Als man an das Wort kam ›Benedictus qui venit‹, da erhoben sie ihre Stimme gar hoch, und da hob auch der Priester unsern Herrn auf . . . und es deuchte ihm, daß lieblicher übersinnlicher Glanz von ihm zu seiner Seele dringe, unaussprechlich allen Zungen. Und währenddem ward sein Herz und seine Seele ganz voll neuer heißer Begierde und inneren Lichtes.«

Das »neue Lied« der Offenbarung des Johannes tönt durch die Jahrhunderte.

Die »große Schar des himmlischen Ingesindes«: was versteht der Apokalyptiker, welche Vorstellungen haben die Visonäre durch die Zeiten, wenn sie von Engeln reden?

---

156 Bremer Biblische Hand-Konkordanz, Neuausgabe München 1948

Allein im Alten Testament — der Grundlage der Apokalypse des Johannes — wird von Engeln in 47 unterschiedlichen Redewendungen gesprochen.[156] Unser deutsches Wort »Engel« ist aus dem griechischen *σφραγίς(ángelos* = Bote; lat. *angelus)* hervorgegangen. Den Gemeinden Asiens, an die Johannes schrieb, waren diese Geistwesen vertraut: Die Boten Gottes, auch »Gottessöhne« genannt[157], übermittelten nicht nur Gottes Befehle, sondern schützten, warnten und trösteten die ihnen anvertrauten Menschen, die sich auf ihre Hilfe verlassen konnten. Paulus[158] bezeichnet sie als »dienende Geister, zur Hilfe ausgesandt für die Erben des Heils«. Im letzten Kapitel der Apokalypse[159] wird Johannes zum zweitenmal belehrt, daß Engel ebenso Knechte Gottes sind wie Johannes und die Propheten.

Emanuel Swedenborg[160] weiß von den Engeln aus seinen Lehrvisionen: »Engel sind substantiell Menschen und leben untereinander wie die Menschen der natürlichen Welten in Räumen und in Zeiten, die durch die Zustände ihrer Gemüter bestimmt werden. Es gibt keinen Engel, der nicht einst ein Erdenmensch war. Alle Engel in den Himmeln sind erfüllt vom Herrn, denn sie sind im Herrn und der Herr ist in ihnen. Ungeachtet dessen aber redet und handelt ein jeder seinem Geisteszustand entsprechend, Unter den geistigen Engeln verstehen wir jene, die aus dem Wort weise sind, unter den himmlischen Engeln jene, die aus dem Wort Liebe haben. Es gibt eine Universalsprache, welcher sich alle Engel und Geister bedienen, und die nichts mit irgendeiner menschlichen Sprache gemein hat. Jeder Geist oder Engel, der mit einem Menschen spricht, bedient sich dabei dessen Sprache. Jeder Mensch wird nach seinem Tode von Engeln unterrichtet, aber nur diejenigen werden in den Himmel aufgenommen, welche

157 Ijob 1, 6
158 Hebr. 1, 14
159 Offb. 22, 9
160 Emanuel Swedenborg, Die wahre christliche Religion, a.a.O. Band 4

die Wahrheit sehen und daraus auch das Falsche erkennen. Der wiedergeborene Mensch steht in Gemeinschaft mit den Geistern der Hölle. Die Weisheit der himmlischen Engel ist derjenigen der geistigen Engel beinahe ebenso überlegen, wie deren Weisheit der Weisheit der Menschen.«

Jakob Lorber[161] wird durch seine innere Stimme von einem Engel unterrichtet: »Wir Engel vermögen nichts aus uns zu tun, sondern alles durch den alleinigen, allmächtigen Willen des Herrn« und »Was wir urgeschaffene Geister sind, so ist bei uns zahllosen allein nur das männlich-positive Wesen als völlig ausnahmslos waltend, aber es ist dennoch in jedem von uns auch das weiblich-negative Prinzip vollkommen gegenwärtig, und so stellt ein jeder Engel in sich die vollkommene Ehe der Himmel Gottes dar. Es hängt ganz von uns ab, ob wir uns in der männlichen oder in der weiblichen Form zeigen wollen, und alles in einer und derselben geistigen Haut. Darin aber, daß wir in uns selbst ein Zweiwesen sind, liegt auch der Grund, daß wir nie altern können, weil sich in uns die beiden Pole ewig gleichfort unterstützen.«

In dem aus dem 20. Jahrhundert stammenden »Weltbild eines Optimisten« — Gerhart L' Arronge wählte den Untertitel für sein kleines Buch »Mein privater Himmel«[162] — wird zur »himmlischen Hierarchie« gesagt: »Große Deuter der geistigen Ordnung des Weltalls haben den Rängen der Hierarchie Namen gegeben. Wir kennen viele von ihnen, z. B. die neun Engelchöre des Dionysius Areopagita, des ersten Bischofs von Athen im 5. Jahrhundert: Die Engel, Erzengel, Kräfte, Mächte, Herrschaften, Fürstentümer, Throne, Cherubim und Seraphim. Das alles sind Bezeichnungen, die nur die Armut der menschlchen Sprache unterstreichen. Vielleicht ahnt der eine oder andere unter uns beim Klang der Wörter, deren Ausdruckskraft mit unseren Mitteln nicht zu überbieten ist, ihren unaussprechbaren Sinn. Die Engelchöre frühchrist-

[161] Jakob Lorber, Das große Evangelium Johannes a.a.O.
[162] Gerhard L'Arronge, Mein privater Himmel, Pfullingen 1966

licher Mystik sind eben Sinnbilder für unfaßbar feine und erhabene Geister, denen wir alle einmal begegnen werden. Jeder dieser Geister steht im Dienst des aus sich selbst zeugenden Lebens. Jeder erfüllt seine bestimmte Aufgabe dadurch, daß er seiner Hilfe Bedürftigen Aufgaben stellt und sie bei der Lösung unterstützt. Jeder kann seinen Schutzbefohlenen ein Stück vom Schleier der Wahrheit lüften, dessen Größe seinem Rang in der Hierarchie entspricht. Der »einfache« Engel hat vielleicht nur einen Abgeschiedenen zu betreuen, der Erzengel eine Gruppe von Engeln und so fort über alle Stufen zum Throne Gottvaters.«

Diese Vergegenwärtigung der Engel sei abgeschlossen durch Zeilen von André Frossard aus seiner kurzen Betrachtung »Engel gehen vorbei«, die in der Bibel von 1975[163] als klärendes Wort steht:

»Ich glaube nicht, daß es dem gläubigen Leser Schwierigkeiten bereiten wird, zuzugeben, daß, wenn Gott Geist ist, es auch Engel geben könne. Die reine Vernunft wird ja ihre Existenz ebensowenig leugnen können wie die jenes eigenartigen Wesens, das nicht mehr Tier und nicht nur Geist ist und das man Mensch nennt. Der biblische Schöpfungsbericht sagt zwar, daß Gott dem Menschen Macht über alle Geschöpfe dieser Welt gegeben habe; er sagt aber nicht, daß es nicht noch andere Welten und andere Geschöpfe geben könne.«

Das sechste Kapitel der Offenbarung hat in Albrecht Dürer[164] eindringliche Bilder wachgerufen. Aus der Serie von 15 Holzschnitten, die er zum letzten Buch der Bibel schuf, sind die vier apokalyptischen Reiter von großer Ausdrucksgewalt. Sie geben Geleit auf einem langen Reinigungs- und Einweihungsweg. Dabei klingt der Gedanke des Fegefeuers an, der auch im evangelischen Raum immer wieder durchdacht worden ist.

---

[163] Die Bibel, Salzburg 1975 Band 4

[164] Albrecht Dürer, 1471—1528. Die Holzschnitte befinden sich in der Nationalbibliothek in Paris

Der Verstorbene geht aus zur *Wanderung in der anderen Dimension,* wie sie Johannes in seiner Offenbarung schildert. Auch die Kunst ist eine Ausdrucksform, die zwischen den Welten vermittelt. Ein Beispiel solcher Vermittlung gibt die wundervolle musikalische Gestaltung der »Zauberflöte« von Mozart. Sie ist als »Freimaurer-Oper« charakterisert worden, weil Mozart und der Textbuchverfasser Schikaneder dieser Gesellschaft angehörten. Aber für die Freimaurer waren damals die anonym herausgegebenen Schriften des Pfarrers und Generalsuperintendenten der württembergischen Landeskirche, Johann Valentin Andreae[165] grundlegend, so die »Chymische Hochzeit Christiani Rosenkreuz« als dritte der Rosenkreuzerschriften.[166] Auf die Verbindung dieser Schrift zur Zauberflöte geht Alfons Rosenberg[167] eingehend ein.

Albert Einstein bezeichnete diese Oper als eines der wenigen Werke, »die das Kind begeistern, den reifen Mann zu Tränen rühren und den Weisen entzücken können«. Goethe schätzte die Zauberflöte auch als Dichtung hoch; ihr Inhalt erinnert nicht nur an »alte Menschheitstage«, sondern auch an altes, verlorenes Wissen, wie sie in dem Buch des Johannes mit den sieben Siegeln verschlossen war.

Ort und Zeit der Oper führen ins alte Ägypten. Wir mögen uns daran erinnern, daß aus diesem Raum das Ägyptische Totenbuch[168] stammt, das uns heute dank Übersetzung wieder zugänglich ist. Dieses Totenbuch will ein Führer sein zwischen Tod und Wiedergeburt — ein Zwischenzustand von symbolisch 49 (sieben mal sieben!) Tagen.

Von der Zeit nach dem Tod kündet auch das Tibetanische Totenbuch.[169] C. G. Jung schließt sein Geleitwort und den psychologischen Kommentar zu diesem Totenbuch,

---

165 Johann Valentin Andreae, 1586—1654
166 dazu: Gerhard Wehr, Esoterisches Christentum, Stuttgart 1975
167 A. Rosenberg, Die Zauberflöte, München 2. Aufl. 1972
168 Albert Champdor, Das ägyptische Totenbuch in Bild und Deutung, Otto Wilhelm Barth Verlag

dem »Bardo Thödol«, mit Gedanken ab, die gleichermaßen der Offenbarung des Johannes hätten gelten können: »Der Bardo Thödol war ein geheimes Buch und ist es geblieben, was wir immer für Kommentare darüber schreiben, denn sein Verständnis erfordert ein geistiges Vermögen, das keiner schlechthin besitzt, sondern nur durch eine besondere Lebensführung und -erfahrung erwerben kann. Es ist gut daß solche in puncto Inhalt und Zweck ›nutzlose‹ Bücher existieren. Sie sind bestimmt für jene Menschen, denen es zugestoßen ist, nicht mehr allzu viel vom Nutzen, vom Zweck und vom Sinn unserer derzeitigen ›Kulturwelt‹ zu halten.«

So wie der protestantische Pfarrer Johann Friedrich Oberlin seine verstorbenen Gemeindeglieder visonär in der anderen Welt begleitete, von der er Karten anfertigte unter der Überschrift »Bleibstätten der Verstorbenen«, so hat Jahrhunderte vor ihm Dante Alighieri in seiner Göttlichen Komödie das Werk geschaffen, das immer wieder und bis in unsere Tage den Menschen als ein Geleitbuch in die Räume jenseits der irdischen Existenz gedient hat. Dante griff nicht nur zurück auf den Jenseitsweg, den der Apokalyptiker schildert, sondern zeigt auch Kenntnis der griechischen Lehren zum Ursprung und Ziel der Seelen.

Plato lehrt in seinem »Phaidros« die Präexistenz der Seelen.[170] Seine »Urseelen« unterscheiden sich nach Vernunftkräften, Triebkräften und Mut — Mut als Kraft, die dem Physischen nahesteht. Nach seinem »Phaidon«[171] verliert die Seele, die ihr Gleichgewicht zugunsten der dritten Kraft aufgibt, ihren »Sitz im Himmel« (Plato sieht diesen Sitz in den Sternen und hat jedem Planet bestimmte Wesenszüge zugewiesen), Auf dem Stoff der »Weltseele« jedoch, so Plato im »Timaios«,[172] sind allein die Vernunftkräfte geschaffen. Was wir als »Fall« be-

169 Evans-Wentz, Tibetanisches Totenbuch, oder die Nachtod-Erfahrungen auf der Bardo-Stufe, deutsche Ausgabe im Walter Verlag, Olten 1971

170 Plato, 428—347 schrieb den Phaidros nach 366

171 Plato, Phaidon, 388 nach Gründung der Akademie geschrieben

172 Plato, Timaios, nach 361 geschrieben

zeichnen, sieht Plato als schuldfreies Geschick unter einem allgemeinen Weltgesetz, dessen Ziel es sei, die Seelen zu entwickeln. Ähnliche Auffassungen vertraten Parmenides,[173] Empedotymus von Syrakus und Hippasos von Metapont.[174]

Manche bezeichneten die Milchstraße als Herkunftsland der Seelen; Plato benannte dafür die Fixsterne, den untersten Saum der göttlichen Welt. Die Stoiker[175] sahen die Seele als feurig-pneumatischen Stoff, wie den Tropfen aus einer Sternen-Essenz. Pythagoras[176] lehrte die individuelle Präexistenz aller Seelen, sah aber bereits — wie auf der Synode von Konstantinopel 543 durch Papst Vigilius bestätigt — den Körper als Grab und Kerker der Seele an, die zur Sühnung einer präexistentialen Verschuldung auf die Erde herabgeschickt werde. Bei Heraklit[177] ergibt sich ein unverschuldeter, gesetzmäßig unentrinnbarer Wechsel zwischen der geistigen und der leiblichen Existenzform: alles bedarf der Veränderung, um nicht zu erstarren — πάντα ῥεῖ *(panta rhei)*, alles fließt.

Ausführlich handelt das »Henochbuch«, dessen Verfasser wohl zu Beginn des 1. Jahrhunderts in Galiläa gelebt hat, von den Fragen der Seelenwanderung. Dieses Buch der Prophetie und des Trostes, in dem der Patriarch Henoch schildert, wie er von einem Engel durch »alle Himmel« geführt wird, könnte Jesus bekanntgewesen sein, der einige Bilderreden des Henoch in seine Verkündigung übernahm.

Überraschend ist, wie hier die Sicht der Planeten und ihrer Engel, der Bleibstätten der guten und bösen Verstorbenen mit dem grandiosen, dichterischen Werk der *»Göttlichen Komödie«* Dantes übereinstimmt. Dieser gro-

---

173 Parmenides, um 540—470

174 Hippasos von Metapont, Pythagoreer, Mitte des 5. Jhrh.

175 Stoiker, Schüler der Philosophenschule, die um 308 von Zeno in Athen gegründet wurde und über Cicero auch auf die römische Welt Einfluß nahm, z. B. Seneca

176 Pythagoras, gebürtig aus Samos um 570, gestorben in Metapont 497 oder 496

177 Herakleitos aus Ephesos, um 550—480

ße Dichter des Mittelalters ist fraglos ein Visionär gewesen. Er selbst datiert die Visonen, die der späteren Gestaltung seines Hauptwerkes zugrundeliegen, auf die Osterwoche des Jahres 1300. Wie aber erklärt sich die große Ähnlichkeit in den Jenseitsschilderungen von Henoch und Dante?[178] Der Dichter konnte diese alte Prophezeiung nicht gelesen haben: Das Henoch-Buch wurde erst im 19. Jahrhundert wiederentdeckt. Ähnliche Verwandtschaft besteht zwischen den Schauungen von Swedenborg und Sadhu Sundar Singh; auch sie sind nicht durch »Einflüsse« zu erklären. Vielmehr verbinden sie gemeinsame Bilder, die aus der Gemeinsamkeit des geistigen Hintergrunds stammen, der Hintergrund dieser Welt ist.

Dante Alighieri (1265 – 1321), der größte Dichter Italiens, erwarb sich schon in jungen Jahren in seiner Heimatstadt Florenz eine universale Bildung. Beatrice war das vergeistigte Frauen-Ideal seiner Jugend, das nicht zu trennen ist von seinem Dichten. Seit ihrem neunten Lebensjahr hat er sie zärtlich verehrt. Als sie im Juni 1290 im Alter von 24 Jahren starb, suchte er Trost im Studium der Philosophie und Theologie bei den Dominikanern und Franziskanern in Florenz. In italienischer wie in lateinischer Sprache schrieb er seine Verse und nahm aktiv — doch erfolglos — am politischen Leben der Stadt im Kampf um ihre Unabhängigket teil. 1302 wurde er aus Florenz verbannt, bald auch zum Tode verurteilt. Ungeachtet einer Amnestie wurde dieses Urteil 1315 erneuert, so daß Dante von 1303 bis zu seinem Tod am 14. 9. 1321 in Ravenna zu einem Leben der Flucht gezwungen war.

Die Faszination der Göttlichen Komödie liegt nicht zuletzt darin, daß hier ein Dichter das »Danach« des Johannes — das Künftige und Obere — als ein Gegenwärtiges gestaltet hat. Sicher waren Dante Berichte über Jenseitsvisionen geläufig,[179] etwa der im 11. Jahrhundert aufgezeichnete Bericht der Vision von Adamnam, der dessen

178 Alfons Rosenberg, Die Seelenreise, Bietigheim 1971
179 August Ruegg, Die Jenseitsvorstellungen von Dante, Zürich 1945

Aufstieg durch sieben Himmel bis zu Gott schildert. Merkwürdiger noch sind die Visionen des irischen Edelmanns Tundalo (zwischen 1148 und 1160), die Dante ebenso kannte wie die Gesichter des Mönches Alberich von Montecassino, die 1127 aufgezeichnet wurden. Neben der griechischen Überlieferung haben Römisches (Somnium »Scipionis«) und Arabisches (Himmelfahrt Muhammeds) wie auch zeitgenössische Texte (der Tesoretto des Bruno Latini) auf Dantes Werk gewirkt. Gleichwohl ist der visionäre Kern eigener Prägung unübersehbar.

In rund 40 000 Versen hat Dante ein großes Lehrgebäude entworfen, das zugleich ein Bild der Welt ist, in der auch das Diesseits seiner Epoche überall Spuren hinterlassen hat. Vor allem in der Hölle tritt der Zeitbezug stärker hervor, wo Sünder und Büßer als markante Einzelgestalten oder als phantastische Scharen kräftiger gezeichnet sind als die Gestalten im Paradies.

Zur Gliederung der Göttlichen Komödie vermerkt die Brockhaus-Enzyklopädie[180], das Werk sei in kunstvoller Zahlensymbolik aufgebaut: Drei Hauptteile gliedern sich in jeweils 33 Gesänge und der Einleitungsgesang rundet die Zahl zur Hundert — 100 ist zehnmal zehn, die Zehn aber enthält dreimal das Symbol der Trinität: 3 mal 3 plus die Eins, die Einigkeit.

Auch die dreigeteilte Strophe, die Terzine, paßt zu dieser Zahlenmystik. Systematisch ist auch die Konstruktion der Jenseitsreiche. Der Höllentrichter fällt in neun Kreisen ab bis zum Erdmittelpunkt, dem Sitz Luzifers. Der Purgatoriumsberg[181] steigt auf der jenseitigen Hemisphäre in der Verlängerung der Höllenachse kegelförmig in neun Stufen aus dem Ozean auf und wird vom irdischen Paradies gekrönt. Das Paradiso wölbt sich in neun konzentrisch kreisenden Himmeln um die Erde, und diese Himmel sind umschlossen vom Empyreum, dem Sitz der Gottheit, dem Ausgang des Seins und der Bewegung.

Durch den Raum der Göttlichen Komödie führt eine

---

[180] Brockhaus Enzyklopädie, Wiesbaden 1968, Bd. 4
[181] der Berg der »Reinigung« oder »Läuterung«

umfassende Seelenreise, die den Kosmos und seine Planetensphäre berührt. Wie eine Kristallschale überwölbt der Fixsternhimmel der Tierkreisbilder die Sternsphäre, und höher oben schwebt der Kristallhimmel über dem *Primum Mobile*. Am Gipfelpunkt des Alls aber öffnet sich der alle Sphären umfassende Feuerhimmel, das Empyreum.

Nach mühsamer Berg-Wanderung durch das Purgatorium — es ist nicht »Fegefeuer« im Sinne eines Teiles der Hölle, sondern entspricht der Zeit »danach« im Sinne des Johannes —, erreicht jede Seele nach ihrer Reife den eigenen Ort der himmlischen Bestimmung. Wie in Platos »Timaios« läßt Dante die Seelen, welche die ihnen gewährte irdische Zeit gut genutzt haben, wieder zurückkehren zu dem Stern, der ihnen »verwandt« ist. Da heißt es im 4. Gesang des Paradieses:[182]

> Er läßt zu ihrem Stern die Seele drehen
> Und glaubt, daß sie von dort sich aufgemacht,
> Als sie Natur zur Seinsform ausersehen.

Dante sieht im Mond den Paradiesort der Schwankenden, im Merkur den der Sterbenden, in der Venus den der Liebenden, in der Sonne den der Könige, im Mars den für die Glaubensstreiter, im Jupiter den für gerechte und milde Juristen und im Saturn den für heilige Einsiedler.

In den Abgrund der Hölle wird ihm Vergil[183] als Führer geschickt, der ihn bis auf die Höhe des Läuterungsberges begleitet. Dort aber übernimmt Beatrice die Führung durch die Himmelssphären, abgelöst wiederum vom heiligen Bernhard von Clairvaux,[184] der zu Maria und zur letzten Gottesschau im Empyreum führt.

Himmel und Hölle sieht Dante als Endverhältnisse der Seelen, und dazwischen erstreckt sich das weite Gebiet der veränderlichen Reinigungszustände der Seele. Wie beim Läuterungsweg des Apokalyptikers erfolgt bei Dante ein von Stufe zu Stufe fortschreitender Aufstieg im Purga-

---

[182] Dante Alighieri, Die göttliche Komödie a.a.O., S. 326
[183] Vergil, 70 v. Chr. — 19. n. Chr.
[184] Bernhard von Clairvaux, 1091—1153

torium des göttlichen Schauspiels. Vom Pförtner-Engel des Purgatoriums muß sich Dante sieben P *(peccata* = Sünde) auf die Stirn ritzen lassen.[185] In jedem der sieben Reinigungskreise geht es darum, eine »Hauptsünde« zu sühnen. Mit dem Fittich eines Engels wird nach Überwindung der Schuld Zeichen für Zeichen getilgt: welch großartiges Bild der Aufhebung der »umgekehrten« Versiegelung oder der »Anti-Zeichnung« (Offb. 7, 108)!

Aus der Seele der Schuld wird eine solche des Lichts. So kann Dante am Schluß des Läuterungsberges sagen:[186]

Ich kehrte wieder von dem heiligen Bronnen,
Verjüngt, wie's junge Pflanzen sind im Kerne,
Die, sich erneuernd, neues Laub gewonnen,
Bereit und rein, zu steigen in die Sterne!

Worte Alfons Rosenbergs[187] mögen hier erläutern: »Dantes durch die Offenbarung vermittelten Aussagen sind gleichsam mächtige Monolithe und Brückenpfeiler, versenkt in den Sumpf der menschlichen Unwissenheit und Blindheit, über die der Dichter durch sein Werk eine Brücke vom Diesseits ins Jenseits schlägt. Der Glaube trägt das Werk des berufenen Dichters; dieses aber verbindet und verlebendigt die großen Grundaussagen des Glaubens. Trotz seiner relativen Zeitgebundenheit und der Subjektivität ist der Dichter, vom Glauben erleuchtet und in Kraft der ihm eingeprägten Ideen und Urbilder, befähigt, vom übersinnlichen Lande der Jenseitsorte sinnlich-sinnhafte Aussage zu machen. Die eigentümliche Übereinstimmung der verschiedenen dichterischen und visionären Aussagen über die Orte und das Leben im Jenseits, bei allen Unterschieden, die sich durch die Zeit, den oft unerhellten Glauben und den Grad der Erleuchtung einstellten, ist bereits ein Hinweis auf den Wahrheitsgehalt solcher Gesichte.«

Nicht nur die Wissenschaft selbst hat das Numinose wiederentdeckt. Breite Bevölkerungsschichten beginnen zu

---

185 Läuterungsberg, IX Gesang, S. 197
186 Dante Alighieri, 33. Gesang, S. 307 Göttliche Komödie
187 Alfons Rosenberg, Die Seelenreise a.a.O.

ahnen, daß nicht alles »machbar« ist, daß es noch mehr gibt als das Hangeln nach immer höheren Statussymbolen, die die innere Leere nicht mehr zukleistern können. Ich möchte nicht unterlassen, aufmerksam zu machen auf einige gute Veröffentlichungen zu diesen Fragen, die durch Ärzte, Psychologen und Seelsorger in den letzten Jahren erfolgen.[188–196]

Aus seiner letzten Vorlesungsreihe im Sommersemester 1961, die in dem Büchlein »Chiffren der Transzendenz« nach dem Tonband festgehalten wurde, möchte ich Karl Jaspers[197] zu Wort kommen lassen: »Das Gegenwärtige ist das Einfache und Unbegreifliche, das in dem mittelalterlichen Vers spricht, den ich in der ersten Vorlesung dieses Semesters zitierte:

Ich komme, ich weiß nicht woher,
Ich bin, ich weiß nicht wer,
Ich starb', ich weiß nicht wann,
Ich geh', ich weiß nicht wohin,
Mich wunderts, daß ich fröhlich bin.

Fröhlichkeit, Freude, wenn sie nicht nur der schöne Lebensjubel vitaler Kraft ist und mit ihr dahinschwindet, wenn sie vielmehr die Gewißheit des ewigen Ursprungs

---

188 Eckart Wiesenhütter, Blick nach drüben, Selbsterfahrungen im Sterben, Bielefeld 1974

189 Nils-Olof Jacobson, Leben nach dem Tod? Düsseldorf, Wien, Econ-Verlag 1970 (aus d. Schwedischen)

190 Elisabeth Kübler-Ross, Reifwerden zum Tode, Stuttgart, Berlin, Kreuz Verlag 1976

191 Raymond A. Moody, Leben nach dem Tod, Hamburg, Rowohlt 1977 (aus dem Amerikanischen)

192 Karl Rahner, Zur Theologie des Todes, Freiburg, Herder-Verlag 1958

193 Jürg Wunderli, Vernichtung oder Verwandlung? Der Tod als Verhängnis und Hoffnung, Stuttgart, Klett Edition Alpha, 1976

194 Wilhelm Bitter, Alter und Tod, Stuttgart, Klett, 1974

195 Alfons Rosenberg, Leben nach dem Sterben, München, Kösel-Verlag 1974

196 Johann Christian Hampe, Sterben ist doch ganz anders, Stuttgart 1975

197 Karl Jaspers, Chiffren der Transzendenz, Piper-Reihe 1970

hat, dann ist sie in erfüllter Gegenwärtigkeit, solange wir da sind, immer noch und immer wieder möglich.«

Die Gewißheit des ewigen Ursprungs, von der Jaspers hier spricht, trägt, schützt und stützt auch anfangs jene Gemeinden Asiens, an die Johannes schreibt, trägt auch den Einzelmenschen oder die großen theogonischen Weltentage bis zur Mitte ihrer Zeit. Doch dann senkt sich der Bogen.

Mit dem elften Kapitel, der Mitte und dem Herzstück der Apokalypse, ist dieser Wendepunkt erreicht. Beim Klang der siebenten Posaune hat Christus die Herrschaft über den Kosmos angetreten (Offb. 11, 15—19). Nach der Freude des Beginns mit der Erkenntnis des göttlichen Ursprungs erwächst nach Überwindung von Versuchungen — ja, trotz Schuld, Leid und Tod — die Siegesgewißheit des Endes: Christus hat uns den Weg freigemacht zur Heimkehr zum Vater, zu unserem Ursprung. Wir dürfen uns nur nicht beirren lassen. Alles Toben der feindlichen Mächte kann dem nichts anhaben, der »sein Gewand weißgewaschen« hat und nun der goldenen Straße folgt, die in die himmlische Stadt führt.

Dieses Endziel ist von vielen Visionären erschaut worden; wurde erschaut von einer besonders begnadeten und anerkannten Visionärin, deren Geschichte hier kurz umrissen sei, deren fromme Inbilder im Umriß gegeben werden sollen.

Brigitta von Schweden[198] (1303 – 1373) war alles andere als aus der Abgeschiedenheit eines Klosters hervorgegangen. Sie lebte nicht allein in Gesellschaft von Mönchen und Geistlichen, sondern hatte auch Umgang mit hervorragenden Juristen und Politikern. Als ihre »himmlischen Offenbarungen« begannen, war sie Mutter von acht Kindern, eine gesunde Frau mit praktischer Lebenserfahrung, Menschenkenntnis und guter, durchaus kritischer Selbstbeobachtung. Dem Papst stellt sie sich in einem in der dritten

---

[198] »Die Offenbarungen der heiligen Brigitta von Schweden, ausgewählt und eingeleitet von Sven Stolpe, Frankfurt 1961

Person gehaltenen Selbstbericht so vor:[199] »Euch, hochwürdiger Vater, tue ich Witwe einiges kund: Einem Weibe, das in seinem Vaterlande lebte, sind viel gar wunderbare Dinge eröffnet worden, von denen auf Grund sorgfältiger Prüfungen durch Bischöfe, Klosterlehrer und Weltkleriker bestätigt wurde, daß sie aus einer frommen und wundertätigen Erleuchtung des Heiligen Geistes und nicht anderswoher hervorgingen, und das haben auch der König und die Königin jenes Reiches mit als zutreffend anerkannt.«

Über eine Ekstase sagt sie aus: »Es geschah der Frau Brigitta, als sie sich eifriger im Gebet ergab, daß ihre Leibeskräfte gleichsam dahinschwanden, ihre Seele aber begann mit allen ihren Kräften aufs vollkommenste stark zu werden, zu schauen, reden und empfinden, was geistlich ist. Auf solche Weise also öfters entrafft, hörte sie, wie vieles ihr im Geist oder in geistlicher und intellektualer Schau auf geistliche Weise verkündet wurde.«

Aufgrund ihrer prophetischen Visionen über das Schicksal der Päpste, Kardinale, Bischöfe, Könige und Fürsten — sie war gewiß »hellsichtig« — griff Brigitta in die Politik ein, wozu sie sich wie selbstverständlich berechtigt fühlte. Denn nicht *sie* kritisierte die Kirche, staatliche Verfallserscheinungen und schlechte Menschen aller Stände, sondern Gott sprach tadelnd aus ihren Gesichten. Nach dem Durchbruch ihrer visionären Begabung hatte sie sich zunächst dagegen gewehrt, aus Furcht vor der Illusion. Doch sie berichtet selbst, wie sie bestärkt wurde: »Als einige Jahre nach dem Tode ihres Gatten vergangen waren und Brigitta über ihre Lage in Sorge war, da umgoß sie der Geist des Herrn und entflammte sie, und im Geist entrafft, schaute sie eine leuchtende Wolke, und aus der Wolke hörte sie eine Stimme, die zu ihr sprach: ›Ich bin dein Gott, ich will mit dir reden!‹ Da erschrak sie sehr und befürchtete, es möchte eine Täuschung des Feindes sein. Da hörte sie zum anderen Mal: ›Fürchte dich nicht, denn ich bin der Schöpfer des Alls, nicht der Verführer.

[199] alle Zitate aus Ernst Benz, Die Vision a.a.O.

Wisse, daß ich nicht allein um deinetwillen rede, sondern um des Heiles aller Christen willen. Höre also, was ich rede. Du sollst meine Braut und mein Sprachrohr sein, du wirst geistliche Dinge und himmlische Geheimnisse hören und schauen, und mein Geist wird mit dir bleiben bis zum Tode.‹«

»Sprachrohr«, »geistliche Dinge« und »himmlische Geheimnisse« — da ist das letzte Buch der Bibel plötzlich nahe und gegenwärtig wird, was Johannes wiederfuhr.

Wenn in einer Vision von Brigitta eine Reise gefordert wurde, brach sie unverzüglich auf. Wiederholt reiste sie unter Gefahren und großen Strapazen nach Rom. Auf einer Pilgerfahrt nach Jerusalem suchte sie in Bethlehem näheres über die Geburt Christi zu erfahren, und das Bild, welches ihr dort visionär zuteil wurde, übte einen entscheidenden Einfluß auf die Darstellung in der kirchlichen Kunst des 14. Jahrhunderts aus.

Die Kritik, die Brigitta offen an den geistlichen Führern der Kirche laut werden ließ, spricht auch aus ihrer Vision von der »starken Burg«, eine Erscheinungsform der himmlischen Stadt des Johannes: »Ein Herr hatte eine starke Burg, in der waren Güter, nämlich eine nie verfaulende Speise, die allen Hunger vertrieb, ein Heilwasser, das allen Durst löschte, ein köstlicher Duft, der alles Giftige vertrieb und Waffen zur Vernichtung jeglichen Feindes. Schließlich wird die Burg belagert. Da spricht der Herr zu seinem Diener, dem Herold: ›Gehe und rufe mit lauter Stimme also zu meinen Soldaten: Ich, euer Herr, werde mein Lager befreien. Wer immer mir gutwillig nachfolgt, der wird mit mir in der Herrlichkeit sein und an Ehre gleich sein. Wer aber im Kampfe fällt, den werde ich auferwecken zu einem Leben, das weder Mangel noch Angst kennt und werde ihm ewig dauernde Ehre und unversieglichen Überfluß schenken.‹ Der Herold nun, nach Empfang dieses Befehls, begann zu rufen, gab sich aber weniger Mühe beim Rufen, so daß sein Rufen nicht bis zu dem tüchtigsten Ritter gelangte, und deswegen ließ dieser Ritter vom Kampfe ab. Was soll nun der Herr mit einem Streiter machen, der an sich gerne arbeiten wollte, der aber nicht die Stimme des Herolds hörte? Sicherlich wird er für seinen guten Willen belohnt werden, aber der lässige Herold wird nicht ohne Tadel ausgehen.

›Jene Burg ist die heilige Kirche, gegründet auf das Blut meines Sohnes. In ihr ist sein Leib, der jeden Hunger vertreibt, das Wasser der evangelischen Weisheit, der Duft der Beispiele seiner Heiligen und die Waffen seines Leidens. Diese Burg ist jetzt von ihren Feinden belagert, die in der heiligen Kirche in großer Zahl erfunden werden. Zur Verminderung dieser Feinde dürfen die Gottesfreunde nicht müßig werden, denn ihr Lohn wird nicht zeitlich sein, sondern ein solcher, der kein Ende kennt!‹«

Brigitta hat die himmlische Macht als die heilige Kirche gesehen. Noch weiter ging Meister Eckart, der sie ganz individualistisch als »Seelenstadt« empfand. In einer Predigt sagt er: »Bemerke: Jesus, das Heil, geht und kommt in eine Stadt, das heißt, in die gegen die Versuchungen des Fleisches der Welt und des Teufels wohl befestigte und gesicherte Seele, nach dem Wort: ›Der Heiland wird in ihr (der Stadt Zion) als Mauer und Vormauer stehen‹ (Jes. 26, 1) Ferner ist die Stadt die Einheit und Ruhe der Bürger, das heißt der Kräfte, Vermögen und Affekte. Um nun darin das Ganze, nämlich das Eine in der Seele, aufzusuchen, kommt Jesus: ›In der geheiligten Stadt habe ich in gleicher Weise geruht‹« (Jes. Sir. 25, 15).

Meister Eckhart (1260 – 1327) entstammt ritterlichem Geschlecht und wurde in Hochheim bei Gotha geboren. Er trat bei den Dominikanern in Erfurt ein, studierte in Köln, Straßburg und Paris und erhielt das theologische Lehramt. Er leitete die Ordensprovinz Sachsen und lehrte ab 1314 in Straßburg und Köln. Eine Reihe lateinischer und deutscher Schriften sind von ihm überliefert. 1326 wurde ein Verfahren wegen Ketzerei gegen ihn eingeleitet, denn der Kölner Erzbischof Heinrich von Virneburg, ein Franziskaner, beschuldigte ihn, der Dominikaner war, daß er seinen Hörern einen Weg zu Gott weise, auf dem sie weder einen Priester nötig hätten noch eines Gottesdienstes bedürften. Dieser Prozeß endete mit einem Freispruch, doch ein zweiter verurteilte ihn zwei Jahre nach seinem Tode (1327) mit der Begründung, daß Eckhart »mehr wissen wollte, als ihm erlaubt war«!

Das, was Meister Eckhart als Voraussetzung zum Verständnis seiner Predigten anführte, kann in besonderer Weise auch für das der Offenbarung gelten: »Wer meine Predigten verstehen will, muß fünf Dinge vollbracht haben. Er muß geistig gesammelt sein und über jeder Versuchung stehen. Sein ganzes Streben muß auf das höchste Gut gerichtet sein. Er muß auf seinen eigenen Willen verzichtet haben, um nur Gottes Willen zu tun. Er muß sich bemühen, ein Anfänger unter Anfängern zu werden. Und er muß ein Meister in der Kunst der Selbstbeherrschung und Selbstüberwindung geworden sein.«

Daß heißt — in unsere Normalsprache übersetzt —, daß wir erkennen müssen, daß wir stets nur unvollkommen Gottes Wort in der Apokalypse oder im tieferen Sinn vieler Predigten verstehen werden, denn wer auf dieser Erde könnte von sich sagen, daß er die fünf Bedingungen erfülle, die Meister Eckhart als Voraussetzung fordert?

Wenn Eckharts Predigten auch oft schwer verständlich waren, so hat er sich doch klar und unmißverständlich zu einer Frage ausgedrückt, die immer wieder die Visionäre durch die Jahrhunderte beschäftigte: er warnt vor der Überbewertung der ekstatischen Zustände. Ebenso wie Swedenborg der christlichen Nächstenliebe und ihrer helfenden Tat mehr Wert beilegte als dem Glauben, betont Meister Eckhart[200] — und ich will ihm hier beipflichten: »Wie ich auch sonst schon gesagt habe: Wäre der Mensch so in Verzückung, wie's Sankt Paulus war, und wüßte einen kranken Menschen, der eines Süppleins von ihm bedürfte, ich erachte es für weit besser, du ließest aus Liebe von der Verzückung ab und dientest dem Bedürftigen in größerer Liebe.«

200 Meister Eckhart, Deutsche Predigten, hrsg. v. Quint, Bd. I, tract. 2, S. 221

Liebe üben, anderen helfen: das ist unsere Aufgabe *hier*, und dies geht allem anderen vor. Jedes Ding hat seine Zeit — und jede Daseinsform stellt andere Anforderungen.

Meister Eckharts Aufforderungen zur Bescheidenheit — zur Erkenntnis, ein Anfänger unter Anfängern auf dieser Erde zu sein — klingt wunderbar an bei einem großen Dichter schlichter Verse, dessen Bild zum Beschluß hier stehen soll.

Matthias Claudius (1740 – 1815), der seine Werke unter dem Decknamen »Asmus« herausgab, sprach als »Wandsbecker Bothe« über alle Schranken von Stand und Bildung hinweg die Menschen an. Wohl war er äußerlich erfolglos, denn sein Studium von Theologie und Jura brachte ihm nur vorübergehende, unbefriedigende Tätigkeiten als Privatsekretär in Kopenhagen, als Journalist in Hamburg und später bei der Aufsicht der Schleswig-Holstein'schen Bank in Wandsbek. Seine Lebensaufgabe sah er darin, ein guter Familienvater zu sein.[201]

Wohl stand er dem »Göttinger Hain« um Klopstock nahe, war befreundet mit Voß und Stolberg in Eutin und fühlte sich verbunden mit Lavater, Herder und Hamann, die mit ihm gegen die Vernunftphilosophie Kants ankämpften, doch bleibt er mit seiner Lyrik ganz für sich, die ihren eigenen, frommen, gemütstiefen und kindlichen Ton hat.

Viele Generationen deutschsprachiger Menschen verbinden mit dem Namen von Matthias Claudius das schlichte Lied »Der Mond ist aufgegangen«. Die Melodie klingt im Herzen an, das Bild des schweigenden, in aufsteigende Nebel gehüllten Waldes taucht vor dem inneren Auge empor, und der Friede Gottes, der höher ist als alle Vernunft, durchdringt den von der Hast des Tages erschöpften Menschen.

Das Geheimnis des Endes — sei es das des irdischen

---

201 vgl. Isabella Hüttenauer, Matthias Claudius, Die Botschaft des Dichters an unsere Zeit, Freiburg-München 1952

Tages, des menschlichen Lebens oder gar das aller Zeiten — wird nur in Demut erfahren.

Matthias Claudius schreibt:[202] »Am liebsten lese ich in St. Johannis. In ihm ist so etwas ganz Wunderbares, Dämmerung und Nacht, und durch sie der schnelle zuckende Blitz und sanftes Abendgewölk und hinter dem Gewölk der große volle Mond leibhaftig!

So etwas Schwermütiges und Ahnungsvolles, daß man nicht satt werden kann. Es ist mir immer beim Lesen im Johannes, als ob ich ihn beim letzten Abendmahl an der Brust des Meisters vor mir liegen sehe, als ob sein Engel mir's Licht hält und mir bei gewissen Stellen um den Hals fallen und etwas ins Ohr sagen wolle. Ich versteh' lang nicht alles, was ich lese, aber oft ist's doch, als schwebt es fern von mir, was Johannes meinte, und auch da, wo ich in einen ganz dunklen Ort hineinsehe, habe ich doch eine Vorempfindung vor einem großen, herrlichen Sinn, den ich einmal verstehen werde, und darum greif ich so nach jeder neuen Erklärung des Johannes. Zwar die meisten kräuseln nur an dem Abendgewölke, und der Mond hinter ihm hat gute Ruhe.«

---

[202] aus J. Tennhardt, Vom inneren Wort, a.a.O.

ZUSAMMENFASSUNG UND RÜCKBLICK

Die Arbeit wollte aufzeigen, daß die Offenbarung des Johannes heute genauso gültig und in ihrer Botschaft gewichtig ist, wie zu der Zeit, wo sie niedergeschrieben wurde. Sie hat nichts an Aktualität verloren.

Ein »Stein des Anstoßes« ist sie immer gewesen, und sie ist und bleibt ein geheimnisvolles Buch trotz aller Kommentare durch die Jahrhunderte. Es wäre vermessen, zu behaupten, man habe die Tiefen ausgelotet, die darin enthalten sind.

Jede Zeit betrachtet aus ihrem Blickwinkel heraus die Botschaft der Offenbarung. Bald kommen Herz und Gemüt zu Wort, bald der Verstand, die Ratio. Oft wird der Interpret auch versuchen, auf allen Wegen das Ziel zu erreichen. Doch zu keiner Zeit ist jemandem Erkenntnis geschenkt worden ohne echtes Bemühen und innere Anteilnahme.

Dem Johannes auf der Insel Patmos ist etwas widerfahren, was im Alten Testament schon den Propheten widerfuhr — eine alte Tradition also, die sich bis in unsere Tage immer erneuert hat:

Aus äußerer oder innerer Not sucht der Gläubige im *Gebet* Kraft. Eine *Audition,* als äußere oder innere Stimme, trifft ihn mit einer Botschaft von »oben«.

Manchmal erfolgt ein *Schreibauftrag,* eine *Vision,* in Form innerer Erleuchtung und Erwärmung oder als äußere, blendende Erscheinung eines überirdischen Wesens. *Vom Geist entrückt* öffnet sich eine neue Dimension. Mit einem helfenden und belehrenden »Geistführer«, oft einem *Engel,* werden Dinge erfahren wie die *himmlische Musik* oder Erlebnisse, die sich nur mühsam und unvollkommen in menschliche Bildersprache umsetzen lassen.

Die Bildmotive sind die gleichen, ob sie nun aus »uralten Menschheitstagen« uns überliefert sind wie im Tarot, der Kabbala, der Numerologie und Astrologie, oder ob sie aus neuerer Erfindung kommen. Und gleich sind nicht nur die Bilder, sondern vor allem die drängende Botschaft will — mal laut, mal leise, hier durch Äußeres verdeckt und dort offenkundig — in unser Herz und in unsere Sinnen dringen.

GEDANKEN ZUM SCHLUSS

Wo wir Menschen viele Worte brauchen — und der Exeget dieser Arbeit mußte auswählen aus einer Fülle von Berichten und klugen Gedanken über die Apokalypse des Johannes — spricht Gott nur eines.

Gott gab den »Logos« in diese Welt bis in unsere Tage. In seinem *Gebet* — auch Gebet des Herrn oder »Vaterunser« genannt — überreichte er uns den Schlüssel, der uns nicht nur die Geheimnisse der Offenbarung des Johannes aufschließt, sondern zugleich die Frage nach dem Sinn von Leid und Tod unserer menschlichen Existenz beantwortet.

Der Urbeginn, der Anfang (nicht nur des visionären Geschehens der Apokalypse) liegt im Gebet, dieser Gabe Gottes an den Menschen — und zwar *nur* an den Menschen. Die Aufgabe des Menschen ist es, sein irdisch-menschliches Ende mit dem göttlichen Anfang zu verbinden. Denn wie am Schluß der Offenbarung gesagt wird: »Ich bin das Alpha und das Omega, der Erste und der Letzte, der Anfang und das Ende. Selig, wer sein Gewand wäscht! Er hat Anrecht am Baum des Lebens und er wird durch die Tore in die Stadt eintreten! ... Wer hört, der rufe: komm! Wer dürstet, der komme! Wer Verlangen hat, empfange Wasser des Lebens als Geschenk.«

Das drängende »Komm, Herr Jesus« beendet den Epilog der Offenbarung. Das »Maram atha« der Urgemeinde wird voll Verlangen und stets dringend und aktuell ertönen, solange es »Ebenbilder Gottes« auf Erden gibt.

Im Gebet des Herrn haben wir den wichtigsten Schlüssel unseres Lebens erhalten. Warum verlegen wir ihn so oft, warum verstecken wir ihn gar vor uns selbst, wollen nichts von ihm wissen und hasten weiter durch die vielen uns zerreibenden Dinge des menschlichen Alltags? Wir haben doch die frohe Botschaft, die im hellen Licht unsere Herzen reinigen und den Frieden Gottes dort einziehen lassen will: Wie es war im Anfang, jetzt und immerdar und von Ewigkeit zu Ewigkeit.

Daß heißt, daß wir wissen, daß unser Ursprung in Gott liegt. Wenn wir uns sehnsüchtig nach ihm ausstrecken, wird uns schon hier etwas von dem zuteil, was »in den Himmeln« ist. Indem wir sprechen: »Unser Vater, der du bist im Himmel«, bekennen wir, daß wir um unsere Gottes-Kindschaft wissen. Wir müssen aber erst unsern Weg finden: nicht nur durch körperliche Not mannigfaltiger Art, sondern auch durch Gottesfremde, die Negation Gottes oder die Rebellion gegen ihn, durch Schuld und Sünde. Erst, wenn wir »Ja« zu allen Prüfungen sagen und selbst den Tod nach dem Gesetz des »Stirb und Werde« (Joh. 12, 24) auf uns nehmen, erst dann stoßen wir zur Heilsgewißheit vor, der wir mit dem »Komm« des Apokalyptikers freudig entgegengehen:

»Denn dein ist das Reich und die Kraft
und die Herrlichkeit in Ewigkeit.«

Peter Wust,[203] der Münsteraner Philosoph, hat diese letzte Bescheidung im Gebet in gültige Worte von Schluß und Abschied gefaßt:

»Wenn Sie mich nun fragen wollten, bevor ich jetzt gehe, endgültig gehe, ob ich nicht einen Zauberschlüssel kenne, der einem das letzte Tor zur Weisheit des Lebens erschließen könne, dann würde ich Ihnen antworten: Ja!

Und zwar ist dieser Zauberschlüssel nicht die Reflexion, wie Sie es von einem Philosophen erwarten möchten, sondern das Gebet. Das Gebet als letzte Hingabe gefaßt, macht still, macht kindlich, macht objektiv. Die großen Dinge des Daseins werden nur den betenden Geistern geschenkt.«

---

[203] Peter Wust, Gestalten und Gedanken, Kösel-Verlag

ABKÜRZUNGSVERZEICHNIS

a.a.O.	am angeführten Ort
Auflg.	Auflage
Dan.	Buch Daniel
Ex.	Buch Exodus (2. Mose)
Ez.	Buch Hesekiel
f., ff.	folgende
frz.	französisch
Gal.	Brief an die Galater
Gen.	Buch Genesis (1. Mose)
Hebr.	Brief an die Hebräer
Ijob	Buch Hiob
Jer.	Buch Jeremia
Jes.	Buch Jesaja
Jes. Sir.	Jesus Sirach
Joh.	Evangelium nach Johannes
1 Joh.	1. Brief des Johannes
Kap.	Kapitel
1 Kor.	1. Brief an die Korinther
Lk.	Evangelium nach Lukas
lt.	lateinisch
Makk.	Buch der Makkabäer, 1. und 2.
Mich.	Buch Micha
Mk.	Evangelium nach Markus
Mt.	Evangelium nach Matthäus
Nah.	Buch Nahum
Offb.	Offenbarung des Johannes (Apc)
p.	pagina (Seite)
Ps.	Buch der Psalmen
Spr.	Buch der Sprichwörter
S.	Seite
V.	Vers

LITERATURVERZEICHNIS

Robert Ardrey, Adam kam aus Afrika München 1973

Augustin, De civitate Dei, geschrieben 413—426

Aurelius Augustinus, Bekenntnisse, Vollständige Ausgabe, eingel. und übertr. v. W. Thimme, Zürich und Stuttgart 2. Aufl. 1950

Sri Aurobindo, On Himself

Sri Aurobindo, Purani

Sri Aurobindo, The Life Divine

zu seinem Leben O. Wolff, rororo-Monographie a.a.O.

Ernst Benz, Die Vision, Stuttgart 1969

Ernst Benz, Asiatische Begegnungen, Düsseldorf-Köln 1963

Ernst Benz, Ecclesia Spiritualis, Kirchenidee und Geschichtstheologie der franziskanischen Reformation, Darmstadt 1964

Ernst Benz, Emanuel Swedenborg, Naturforscher und Seher, 2. Auflg. 1969 Zürich

Ernst Benz, Der vollkommene Mensch nach Jakob Böhme, Stuttgart 1937

Die Bibel in neuer Einheitsübersetzung, Andreas Verlag Salzburg 1975

Henri Birven, Der Tarot, 1960

Wilhelm Bitter, Alter und Tod, Stuttgart 1974

Emil Bock, Cäsaren und Apostel

Emil Bock, Apokalypse, Stuttgart 1951

Jakob Böhme, Sämtliche Schriften, Stuttgart 1961 neu, ferner Ausgaben mit Kommentaren von Gerhard Wehr: Christosophia, Freiburg 1975; Aurora, Freiburg 1977; Von der Gnadenwahl, Freiburg 1978 (sämtliche beim Aurum Verlag)

Brockhaus Enzyklopädie, Wiesbaden 1968 ff.

Emil Brunner, Judentum und Christentum bei Martin Buber
Martin Buber, Ich und Du, 1923
Albert Champdor, Das ägyptische Totenbuch in Bild und Deutung, Otto Wilhelm Barth Verlag
Carlo Carretto, Wo der Dornbusch brennt, Freiburg 1973
Robert Charroux, Phantastische Vergangenheit, Paris 1969
Robert Charroux, Vergessene Welten, Düsseldorf 1974
Cheiro (Graf Louis Hamon), Das Buch der Zahlen, Nachdruck 1973 Freiburg
Dante Alighieri, Die Göttliche Komödie, übers. von Wilhelm G. Hertz, München 1963
Meister Eckhart, Deutsche Predigten, hrsg. v. Quint
Kurt Eggenstein, Der unbekannte Prophet Jakob Lorber, Bietigheim 1973
Kurt Eggenstein, Der Prophet Lorber, Bietigheim 1975
Franz C. Endres, Mystik und Magie der Zahlen, Zürich, 3. Auflg. 1951
Evans-Wentz, Tibetanisches Totenbuch, oder die Nachtod-Erfahrungen auf der Bardo-Stufe, deutsche Ausgabe, Olten 1971
Paul Feine, Theologie des NT, Leipzig 3. Aufl. 1919
Abraham von Franckenberg, Bericht in Jakob Böhme, Schriften
René Fülöp-Miller, Macht und Geheimnis der Jesuiten, München 1947
Gertrud von Helfta, Revelationes Gertrudianae ac Mechtildianae, 2 Bde., Poitiers-Paris 1875—77
Gertrud von Helfta, Leben und Offenbarungen aus dem Lateinischen des ehrwündigen P. Johannes Landsperg, Priester des Karthäuser-Ordens, übers. v. M. Sintzel. 2 Bde., Regensburg, 2. Auflg. 1875
Otto Gilber, Bruder Heinrich, Karlsruhe 1946
Joseph von Görres, Die christliche Mystik, Regensburg 1836—1842
Greshake/Lohfink, Naherwartung, Auferstehung, Unsterblichkeit, Freiburg 1975
Z'ev ben Shimon Halevi, Der kabbalistische Weg, London

Warren Kenton 1972, übers. Freiburg 1975
Reinhold Hammerstein, Die Musik der Engel, Untersuchungen zur Musikanschauung des Mittelalters, Bern-München 1962
Johann Christian Hampe, Sterben ist doch ganz anders, Stuttgart 1975
Handkonkordanz zum Griechischen NT, Alfred Schmoller, Stuttgart 1938
Handkonkordanz zum Griechischen NT, Bremer Biblische, Neuausgabe München 1948
Friedrich Heer, Aufgang Europas, Eine Studie zu den Zusammenhängen zwischen politischer Religiosität, Frömmigkeitsstil und dem Werden Europas im 12. Jahrhundert. Wien-Zürich 1949
Friedrich Heiler, Sadhu Sundar Singh, Ein Apostel des Ostens und Westens, München 1924
Hildegard von Bingen, Sci vias, Erkenne die Wege nach dem Urtext übertr. u. bearb. v. M. Böckeler, Berlin 1928
Kurt Hutten, Seher-Grübler-Enthusiasten, Suttgart, 11. Auflg. 1968
Nils-Olof Jacobsen, Leben nach dem Tod? Düsseldorf-Wien, Econ-Verlag 1970 – aus dem Schwedischen
Karl Jaspers, Die großen Philosophen, Band I, München 1957
Karl Jaspers, Die Chiffren der Transzendenz, München 1970
Juliane von Norwich, Offenbarungen der göttlichen Liebe, deutsch von G. Gerlach, Dokumente der Religion 14, Paderborn 1927
Juliane von Norwich, Eine Offenbarung göttlicher Liebe. Kürzere Fassung der 16 Offenbarungen der göttlichen Liebe, Hrsg. u. aus d. Handschrift d. 15. Jhrhdts. übertragen von Schwester Anna Maria Reynolds C. P., Basel-Freiburg-Wien 1960
Otto Karrer, Die geheime Offenbarung, Köln 1940
Oscar Kiss Maerth, Der Anfang war das Ende, Düsseldorf 1971
Karl E. Kohlenberg, Enträtselte Vorzeit, München 1970

Elisabeth Kübler-Ross, Reifwerden zum Tode, Stuttgart-Berlin 1976
Gerhard L'Arronge, Mein privater Himmel, Pfullingen 1966
Ritter von Leitner, Jakob Lorber — sein Lebensbild, Bietigheit 1930
Eliphas Levi, Dogma und Ritual der Hohen Magie, Band I, 1927
Hanns Lilje, Das letzte Buch der Bibel, Hamburg 1955
Lohmeyer, Kommentar zur Offenbarung des Johannes Tübingen 1953
Jakob Lorber, Das große Evangelium Johannes, Bietigheim, 6. Auflg. 1967
Ignatius von Loyola, Lebenserinnerungen des hl. Ignatius von Loyola. Nach dem spanisch-italienischen Urtext, übertragen, eingel. u. m. Anmerk. vers. v. A. Feder, Regensburg 1922
Ignatius von Loyola, Die Bekenntnisse des Stifters der Gesellschaft Jesu, übers. v. Heinrich Röhmer, Leipzig 1902
Konrad Lorenz, Die Rückseite des Spiegels, München 1973
Josef Mahlberg, Heilige und Ketzer, Bietigheim 1950
Ulrich Mann, Vorspiel des Heils, Stuttgart 1962
Ulrich Mann, Die Religion in den Religionen, Stuttgart 1975
Ulrich Mann, Theogonische Tage, die Entwicklungsphasen des Gottesbewußtseins in der altorientalischen und biblischen Religion, 1970
Marina von Escobar, Das wundersame Leben der ehrwürdigen Jungfrau Marina von Escobar aus Vallisolet. Nach ihren eigenen Aufzeichnungen dargestellt von P. Ludwig de Ponte und P. Andreas Pinto Ramirez, in deutscher Bearbeitung nach dem Original, Regensburg 1861 und 1864
Raymond A. Moody, Leben nach dem Tod, Hamburg 1977
Desmond Morris, Der nackte Affe, München 1973
Fanny Moser, Das große Buch des Okkultismus, München 1935, Neuauflage Olten 1974

Fiedrich Nietzsche, Vom Nutzen und Nachteil der Historie für das Leben, 1874
Friedrich Nietzsche, Zarathustra Teil IV, Vom höheren Menschen
Walter Nigg, Heilige, Artemis-Verlag Zürich
Karl Rahner, Zur Theologie des Todes, Freiburg 1958
Dio Raman, Der praktische Tarot, Freiburg 1978
Thomas Ring, Existenz und Wesen in kosmologischer Sicht, Freiburg 1975
Thomas Ring, Astrologische Menschenkunde, Freiburg 1956
Alfons Rosenberg, J. Fr. Oberlin, Die Bleibstätten der Toten, Bietigheim
Alfons Rosenberg, Die Zauberflöte, München 2. Aufl. 1972
Alfons Rosenberg, Die Seelenreise, Bietigheim 1971
Alfons Rosenberg, Leben nach dem Sterben, München 1974
August Ruegg, Die Jenseitsvorstellungen von Dante, Zürich 1945
Isabella Hüttenauer, Matthias Claudius, Die Botschaft des Dichters an unsere Zeit, Freiburg-München 1952
Sadhu Sundar Singh, The Spiritual Life and the Spiritual World, London 1930; Gesammelte Schriften übersetzt von Friso Melzer, 2. Aufl. Stuttgart 1951
Heinrich Seuse, Deutsche Schriften, übertragen und eingel. von W. Lehmann, 1922
Jules Siver, Numerologie, Genf 1976
Sokrates, Historia Ecclesiastica
Jürgen Spanuth, Atlantis, Tübingen 1965
Adolf Schlatter, Erlebtes, 1929
Adolf Schlatter, Erläuterungen zum NT, Stuttgart 1921
Arhtur Schult, Das Johannisevangelium, Remagen 1965
Arthur Schult, Weltenwerden und Johannes-Apokalypse, 1976
Ethelbert Stauffer, Christus und die Caesaren, Hamburg 1960
Sven Stolpe, Die Offenbarungen der heiligen Brigitta von Schweden, Frankfurt 1961

Emanuel Swedenborg, Die wahre christliche Religion, deutsche Übersetzung von Dr. Friedemann Horn, Zürich

Emanuel Swedenborg, Regnum Animale: »Aufbau der animalischen Welt« 1740 Teil 1 — Von den Eingeweiden des Unterleibs oder den Organen der niederen Region —; 1741 Teil 2: »Reich des Animalischen anatomisch, physisch und philosophisch betrachtet« — Von den Eingeweiden der Brust oder den Organen der höheren Region —; 1743 Teil 3: Von der Haut, den Sinnen des Gefühls und des Geschmacks und den organischen Formen im allgemeinen

Johannes Tennhardt, Bürger in Nürnberg, Schriften aus Gott, Tübingen und Leipzig 1837. Nunmehr, da ihre Zeit sich erfüllt unter Dolmetschung der göttlichen Wahrzeichen darinn wahrgetreu wieder ausgegeben von Ludwig Hofacker (Erstausgabe Tennhardt in Octav und von ihm selbst besorgt 1710 ohne Angabe eines Druckers).

Johannes Tennhardt, Vom inneren Wort, Bietigheim 1961

Santa Madre Teresa De Jésus von Avila; Libro De Su Vita, Bibliotheca Mundi, Leipzig 1921: Das Leben der hl. Teresia von Jesus. Von P. Aloysius Alkofer, Sämtliche Schriften der hl. Theresia v. Jesus. 1. Bd.: Leben von ihr selbst beschrieben; neue deutsche Ausgabe, übersetzt nach der spanischen Ausgabe des P. Siverio de S. Teresa C. D., München

Tiger/Fox, Das Herrentier, München 1973

Paul Tillich, Der Mut zum Sein, Stuttgart, 1968

Paul Tillich, Martin Buber and Christian Thought, 1948

Claude Tresmontant, Paulus in Selbstzeugnissen und Bilddokumenten, rororo-Monographie 1959

Gerhard Wehr, Martin Buber in Selbstzeugnissen und Bilddokumenten, rororo-Monographie 1968

Gerhard Wehr, Jakob Böhme in Selbstzeugnissen und Bilddokumenten, rororo 1971

Gerhard Wehr, Esoterisches Christentum, Stuttgart 1975

J. Weiß, Die Offenbarung des Johannes, Göttingen 1904

Otto Wolff, Sri Aurobindo in Selbstzeugnissen und Bilddokumenten, rororo-Monographie, 1967
Johannes Walterscheid, Deutsche Heilige
Eckart Wiesenhütter, Blick nach drüben, Selbsterfahrungen im Sterben, Bielefeld 1974
Jürg Wunderli, Vernichtung oder Verwandlung? Der Tod als Verhängnis und Hoffnung, Stuttgart 1976
Peter Wust, Gestalten und Gedanken, Kösel-Verlag

NAMENSREGISTER DER WICHTIGSTEN IM TEXT ZITIERTEN VISIONÄRE IN DER CHRONOLOGISCHEN FOLGE IHRER LEBENSZEITEN

Augustinus Aurelius	354— 430
Hildegard von Bingen	1098—1179
Joachim von Fiore	gestorben 1202
Gertrud von Helfta	1256—1302
Meister Eckhart	1260—1327
Dante Alighieri	1263—1321
Heinrich Seuse	1295—1366
Brigitta von Schweden	1303—1373
Juliane von Norwich	1343—1413
Ignatius von Loyola	1491—1556
Theresa von Ávila	1515—1582
Marina von Escobar	1554—1635
Jakob Böhme	1575—1624
Johannes Tennhardt	1661—1720
Emanuel Swedenborg	1689—1772
Matthias Claudius	1740—1815
Johann Friedrich Oberlin	1740—1826
Jakob Lorber	1800—1864
Sri Aurobindo	1872—1950
Martin Buber	1878—1965
Sadhu Sundar Singh	1889—1930
Carlo Carretto	geboren 1910